Rumo à fala
três crianças autistas em psicanálise

Marie-Christine Lasnik-Penot

Rumo à fala
três crianças autistas
em psicanálise

Tradução
Procópio Abreu

Copyright © by Éditions Denoël, 1995

TÍTULO ORIGINAL
Vers la parole

Direitos de edição em língua portuguesa adquiridos pela
EDITORA CAMPO MATÊMCICO
Proibida a reprodução total ou parcial

EDITORAÇÃO ELETRÔNICA
Abreu's System Ltda

TRADUÇÃO
Procópio Abreu

REVISÃO
Sandra Felgueiras

EDITOR RESPONSÁVEL
José Nazar

CONSELHO EDITORIAL
*Bruno Palazzo Nazar
José Nazar
José Mário Simil Cordeiro
Maria Emília Lobato Lucindo
Pedro Palazzo Nazar
Teresa Palazzo Nazar
Ruth Ferreira Bastos*

Rio de Janeiro, 2011

CIP-BRASIL. CATALOGAÇÃO-NA-FONTE
SINDICATO NACIONAL DOS EDITORES DE LIVROS

P588p
Laznik-Penot, Marie-Christine
    Ruma à fala: três crianças autistas em psicanálise / Marie-Christine Laznik-Penot; Tradução Procópio Abreu – Rio de Janeiro: Companhia de Freud, 2011.

    Título original: Vers la parole
    Inclui bibliografia
    ISBN: 978-85-7724-098-2

    1. Autismo. 2. Crianças autistas. 3. Psicanálise infantil. I. Título. II. Três crianças autistas em psicanálise
97-2196   CDD: 618.928917

editora

Endereço para Correspondência

Rua Rio Pomba 455, Carlos Prates CEP: 30.720-290

Tel.: (31) 2511-2040 • (31) 99403-2227
Belo Horizonte – Minas Gerais
www.artesaeditora.com.br
e-mail: atendimento@artesaeditora.com.br

Agradecimentos

René Berouti, com sua confiança e seu apoio, permitiu este trabalho clínico;

Patrick de Neuter reviu amigavelmente o conjunto do manuscrito;

Gabriel Balbo, Jean Bergès, Élisabeth Fortineau e Betty Milan deram-me opiniões preciosas sobre muitos capítulos.

Talat Parman revisou todas as palavras em turco;

Charles Melman calorosamente me apoiou;

Graças à ajuda paciente de O. Cherif Idrissi El Ganouni, pude escrever este livro no computador.

A todos eles, minha gratidão, assim como a Bernard Penot, a quem devo escrever em francês.

Às crianças Halil, Louise e Mourad,
que tanto me ensinaram.

Sumário

AGRADECIMENTOS

PREFÁCIO   11
Marie-Christine Laznik

INTRODUÇÃO

CAPÍTULO 1   23
A tradução numa cura

CAPÍTULO 2   51
Cortes mutilantes e cortes estruturantes

CAPÍTULO 3   65
Reconhecimento de uma falta na mãe e
abertura de um espaço imaginário na criança

CAPÍTULO 4   79
O caso Mourad

CAPÍTULO 5   99
Os não do pai

CAPÍTULO 6   111
Quando *eu* [*je*] é um outro, *tu* não podes te tornar *eu* [*moi*]

CAPÍTULO 7   135
Do ritornelo autístico ao chiste O caso Louise

CAPÍTULO 8   149
Construção de mitos numa menina pós-autista

CAPÍTULO 9   179
A suplência da representação numa criança pós-autista
(Retorno a Halil)

CAPÍTULO 10   213
Se a inveja não puder desembocar no ciúme,
a fantasia não pode se instalar

CONCLUSÃO

POSFÁCIO   233
Museur ou *Scribe*: análise semiótica de uma cena clínica
Erika Maria Parlato-Oliveira

FONTES

Prefácio

Marie-Christine Laznik

Dezesseis anos nos separam da primeira edição francesa de *Rumo à fala*. O que mais evoluiu deve-se à minha prática com bebês que, em seguida, se tornaram autistas, prática que eu absolutamente não tinha naquele momento. Prática, primeiramente, com filmes familiares e, em seguida, prática clínica com bebês com risco de se tornar autistas.

A análise dos filmes familiares foi generosamente colocada à minha disposição pela equipe de Pisa e desejo aqui agradecer ao Prof. Filoppo Muratori e à Dra. Sandra Maestro. Nosso encontro ocorreu baseado em nossa paixão comum pela detecção dos sinais precoces de autismo no primeiro ano de vida. Eles conheciam os trabalhos da escola de Tours e, em particular, os de Catherine Barthélémy, eu os escutava. Eu lhes mostrava o que a situação a partir do circuito pulsional me permitia ler nos bebês que havia em seus filmes.

Se, no fundo, não mudei completamente, vale dizer que, independentemente de um posicionamento quanto à etiologia do autismo, a contribuição que ele me parece trazer é a de ter situado um malogro do fechamento do circuito pulsional entre o bebê e o outro que cuida dele. O que tem consequências dramáticas no plano intrapsíquico, neurofisiológico – toda a psique apoia-se, a partir de então, em um corpo.

Mudei, no entanto, em razão da clínica dos bebês anteriormente citados, pois penso que, muito cedo, algo não funciona do lado do bebê, como constato desde o nascimento. O que não quer dizer que se trate de um real orgânico de imediato imobilizado no bebê, uma vez que nossas intervenções muito precoces parecem modificar o quadro. Também constatamos, de maneira praticamente sistemática, uma psicogênese da situação autística, mas ao contrário do que pôde ser infelizmente dito após Betelheim: é o bebê que não responde que destrói, em poucos meses, as competências dos pais, ou pelo menos a confiança que eles têm neles mesmos. A diferença entre esses mesmos pais nas primeiras semanas, talvez até nos primeiros meses, e o estado a que chegam, por volta dos 18 meses do filho, é pungente. Os filmes familiares atestam, em muitos casos, uma mudança radical: pais atentos e calorosos que interpelavam o bebê, que o solicitavam, tornam-se com muita frequência seres imobilizados e congelados. Em outras palavras, esses mesmos pais não puderam sobreviver. Nunca se contará o bastante a epopeia de sobrevida diante de um ser para quem não se existe.

A ANÁLISE DOS FILMES FAMILIARES

A decifração atenta do filme familiar de Jérôme, bebê italiano diagnosticado como criança com autismo aos 3 anos, é cheia de ensinamentos. Só escutando muitas vezes a voz terna e melodiosa da mãe de Jérôme, quando ele só tem então oito dias, é que acabamos por decifrar, no movimento repetido de sua mão diante do rosto de seu bebê, que ela se pergunta se ele vê, tanto o olhar desse rosto que parecia virado em sua direção está no vazio.

Da mesma forma, entenderemos a questão patética da avó, que ele no filme parece olhar, a lhe perguntar rindo: "Mas o que você está olhando? Mas o que você está olhando? Mas o que você está olhando? Mostre para mim!". Pois os olhos do neto não a olham. Aí, nesse primeiro mês, ela ainda levanta a hipótese de um sujeito nele e está até disposta a partilhar sua experiência. Por quanto tempo? Por volta dos três meses, o pai ainda poderá lhe perguntar o que ele quer dizer logo que ele o olhe e emita um som; comportamento habitual dos bebês banais. Se fizermos uma microanálise de uma cena entre o bebê e a mãe quando este último tem um mês e vinte dias, entenderemos a modificação na voz materna, que se cansa conforme fracassam todas as suas ternas e doces tentativas. Até as pequenas carícias em volta da boca não conseguem fazer a atenção do filho voltar-se para ela. O pai, que os filma, lhe pede para tentar mais uma vez. Ela tenta de novo, apoiada pelo pai. Em vão. Uma parada na imagem, no fim dessa cena, permite perceber um leve traço de amargura desenhar-se no canto da boca materna, seguramente à sua revelia. Os pais, diante dessa ausência de resposta do bebê, talvez até de suas recusas atuadas – quando ele ostensivamente se volta para o lado oposto àquele em que se encontra a mãe – sustentam-se mutuamente e parecem manter a confiança.

Marco, outro bebê italiano do grupo de Pisa, bebê de dois meses e meio que, diante do pedido para olhar a mãe, vira ostensivamente a parte de cima do corpo no outro sentido, desencadeia na mãe uma interrogação: "Mas o que você está olhando?". A ausência de resposta ainda suscita um pedido: "Olha a mamãe!". Como o bebê que ela segura em pé ao trocar-lhe a fralda obstina-se em manter a parte de cima do corpo virada para a esquerda, ela acrescenta num tom alegre: "Ele não quer olhar a mamãe", e ela lhe pede para dar um "Adeus" para a câmera com a mão, como para tornar isso tudo mais leve. Esse tipo de pedido não se ouvirá mais nesse filme; a mãe vai em seguida dar um jeito para mostrar o filho sempre de costas, poupando-se, dessa maneira, da terrível cena da recusa do filho. É preciso sobreviver. Não fazer pergunta é uma excelente maneira de evitar o silêncio da não-resposta.

Certos psicanalistas daí deduziram que o pai do bebê autista não levantava a hipótese de um sujeito nele. É fácil confundir consequências com causas tanto as consequências sobre o psiquismo dos pais são rápidas e invasivas, mas, faço questão de sublinhar, não irreversíveis. Nos primeiros meses, tão logo um bebê se manifeste de outro modo, os filmes atestam a rapidez de resposta dos pais e o espanto e a alegria que sentem.

É preciso reconhecer que as pequenas mudanças dos bebês infelizmente são fugazes, e os pais rapidamente aprendem a não ter muitas esperanças, pois essas mudanças não se repetem como eles poderiam ter sonhado. Aí também, os pais vão armar-se aos poucos contra a decepção e, no fim do primeiro ano, terão com frequência se tornado de mármore. Mas como poder certificar a alegria deles nos primeiros meses?

Retomemos o caso de Jérôme. Ele permitirá, antes de mais nada, que tenhamos uma pequena ideia de uma das razões que podem levar um bebê, em risco de autismo, a não olhar um pai. Deixo aqui de lado toda causalidade, pois as ignoro, para interrogar apenas laços entre acontecimentos simultâneos e que só são, de meu ponto de vista, questões a serem trabalhadas. Como dizem os pais no filme familiar, Jérôme os teria olhado pela primeira vez, na idade de quase três meses, na seguinte situação: o pai está em casa, deitado no sofá, com o menino pequeno sobre as pernas dobradas. A mãe filmava e os pais conversavam, como se fala com um bebê, para tomar coragem. Por consequência, a voz deles era bem melodiosa. Num dado momento, sempre sem olhar quem quer que seja, Jérôme sorri para os anjos. Isso agrada os pais e melhora a prosódia da voz deles, o que tem como consequência desencadear um olhar do bebê para o pai. Então, com a voz estrangulada de emoção, este repete várias vezes, siderado: "Ele está me olhando!", "Ele está me olhando!", "Ele está me olhando". A alegria do pai se ouve claramente. Então, o bebê emite um som na direção do pai que, imediatamente, muda de registro e lhe pergunta: "O que você quer dizer?". Risos de felicidade sacodem o pai e a mãe. Mas ele aceita muito bem quando o bebê quer cortar a relação; ele se adaptou ao filho.

Os risos dos pais de Jérôme, que olha o pai e murmura, apresentam as subidas e decidas típicas da surpresa e da alegria. Isto que constitui a curva do que é chamado manhês. Como posso estar segura disso?

O registro de suas vozes[1] foi objeto de uma pesquisa multidisciplinar. Erika Parlato-Oliveira fez sua tese de doutorado em psicolinguística com o Prof. Dupoux, do Laboratório de Ciências Cognitivas e Psicolinguística da Escola Normal Superior e colabora conosco. Ela estudou a prosódia das vozes dos pais de Jérôme, comparando-as às de pais italianos que nossos colegas de Pisa lhe forneceram. Ela afirma que, sempre que Jérôme olha, é em presença de uma prosódia específica, descrita pelos psicolinguistas como o manhês[2].

Dez minutos mais tarde – como está indicado no vídeo –, a mãe põe o bebê nos braços e começa a conversar com ele. Sua voz ainda está

---

[1] Como as de vários outros pais de bebê do grupo de Pisa.

[2] Atualmente, os psicolinguistas também utilizam o termo *parentês*, já que os pais são capazes de produzir esse tipo de prosódia.

PREFÁCIO

impregnada da surpresa e da alegria do que acaba de acontecer, o que se traduz nas curvas prosódicas.

Com efeito, em um de seus primeiros artigos sobre a prosódia do "manhês", A. Fernald[3] observara que essa forma particular de prosódia em uma mãe não era praticamente encontrada nunca na linguagem de um adulto que se dirigisse a outro adulto, exceto em condições extremamente raras em que uma grande surpresa vinha junto com um grande prazer. O autor não tirava disso nenhuma consequência, mas eu havia ficado extremamente interessada por estes dois termos: surpresa e prazer. Eles vinham corresponder às noções de sideração e luz que tanto haviam interessado Freud no lugar da terceira pessoa do chiste[4]. Eu as havia retomado nos meus tratamentos psicanalíticos com uma criança autista, como pode ser visto neste livro.

Como a mãe de Jérôme se dirige ao filho com uma voz portadora dessa prosódia, ele não pode deixar de olhar. Mas, tão logo o bebê vê o rosto da mãe, começa a chorar.

Que hipóteses podemos levantar aqui? Já seria uma dificuldade com a intermodalidade? Passar do ouvido ao visto? Mas com o pai, dez minutos antes, o bebê não apresentava essa dificuldade. Teria ele visto algo tão desagradável? Talvez os traços do rosto materno? As preocupações, diante de um bebê que não responde, talvez se apaguem mais lentamente num rosto que numa voz. Não esqueçamos o leve traço de amargura que começava a surgir no canto da boca da mãe.

Três dias mais tarde, a mãe conseguirá entrar numa longa troca com seu bebê. Ambos estão, então, deitados na cama, e o bebê deve fazer um esforço para virar-se na direção do rosto materno, parcialmente oculto pelo colchão sobre o qual ele repousa. Talvez a posição muito relaxada da mãe tenha contribuído para a qualidade de sua prosódia, mas também é possível pensar que a posição do rosto materno proibia uma leitura fina demais de ínfimos traços de preocupação nesse rosto. Tão logo o bebê lhe responde, olhando-a, a surpresa e a alegria da mãe surgem melhorando sua

---

[3] Fernald A., Simon T.: "Expanded Intonation Contours in Mother's Speach to Newborns", in *Development Psychology*, 1982, 20 (1), pp. 104-113.

[4] Freud, S. 1940. Le mot d'esprit et ses rapports avec l'inconscient, France, Folio, Essais.

prosódia. Ela lhe diz muitas palavras doces, lhe declara seu amor sob todas as formas possíveis e ri de alegria das respostas do filho. Mas, embora possa retomar em eco alguns de seus vocalises, ela não se permite falar em seu lugar na primeira pessoa do singular. Ela não lhe atribui frases que se dirigiriam a ela, a mãe. Por causa disso, talvez fosse necessário falar de pseudo protoconversa. Essa dimensão louca que consiste em falar no lugar do outro – no sentido de Winnicott da loucura necessária das mães – talvez seja possível apenas em condições de segurança da capacidade materna. Um bebê que não responde deve pôr a mãe a dura prova.

Mas, sobretudo, Jérôme não apresenta, em todo o filme de que dispomos, nenhum sinal de um terceiro tempo do circuito pulsional. Ele não só não busca fazer-se entender mas, mesmo estimulado pela mãe, não busca fazer-se objeto da pulsão desta.

Uma cena instrutiva é aquela em que, na mesa de trocar fraldas, a mãe brinca de estimular o filho. Mostra-lhe o quanto seu pezinho é apetitoso, chega até a oferecê-lo para que ele o prove, o que o bebê aceita não sem um certo prazer. Mas não lhe viria à mente oferecer esse pezinho à boca da mãe, no entanto tão próxima. Não é um bebê que goste de ser comido pelo Outro. Ele não parece interessar-se pelo que poderia dar prazer a esse outro. Trevarthen costuma dizer que os bebês nascem com "*a motif for the motif of the other*". Não é o caso dos bebês que se tornam crianças com autismo que vemos nos filmes familiares.

A pulsão, como dissemos, não é a necessidade. Ela conhece um impulso constante e não as flutuações próprias à fisiologia do organismo. A pulsão se satisfaz pelo fato de que esse circuito gira e de que cada um dos tempos voltará um número infinito de vezes. Só é possível estar certo do caráter verdadeiramente pulsional dos dois primeiros tempos na medida em que tivermos constatado o terceiro. O segundo tempo, em particular, pode ser totalmente enganador. Diante de um bebê que, num procedimento autocalmante, chupa o polegar ou a chupeta, só poderemos afirmar a existência da dimensão autoerótica se soubermos que o terceiro tempo do circuito pulsional existe nele em outros momentos. Caso contrário, podemos muito bem nos ver em presença de um procedimento no qual o laço erótico com o Outro está ausente. Se retirarmos o termos *eros* do

PREFÁCIO

autoerotismo, vamos nos encontrar diante do *autismo*! Só podemos falar de um verdadeiro autoerotismo se a dimensão de representação do Outro e até de seu gozo tiver se inscrito como traço mnésico no aparelho psíquico da criança[5].

Muitos outros elementos do quadro autístico aí têm origem. Citemos, em particular, as falhas na instalação dos processos de condensação e deslocamento próprios ao pensar inconsciente. Ora, este último apresenta não só formidáveis possibilidades de ligação da excitação psíquica, mas também é capaz de criar novas ligações, de criar complexidade. Sabemos o quanto nas crianças autistas, na falta de uma possibilidade de ligação psíquica conveniente, a excitação se descarrega no corpo pelas estereotipias e automutilações. Por outro lado, estamos sem cessar confrontados com discursos relativos aos déficits ditos cognitivos próprios às crianças autistas. É indubitável que uma não-instalação conveniente da estrutura do pensar inconsciente culmina nesse tipo de déficit.

Mas quais são as relações entre tais déficits e o malogro do circuito pulsional completo? Seria preciso um quadro mais amplo que este artigo para tentar responder convenientemente[6]. Assinalemos simplesmente aqui que, quando de nossos primeiros encontros com crianças que apresentam uma síndrome de autismo primário, constatamos, no plano clínico, que

---

[5] Só faço aqui retomar o que Freud enuncia já em 1895 no *Projeto*. Ele ali afirma a necessidade do registro de traços mnésicos de *representação de desejo* ligados diretamente às experiências vividas com aquele que ele chama o *próximo caridoso*, que não deixa de ter relação com o que chamamos aqui o Outro primordial. É verdade que, mais tarde, Freud falará de um autoerotismo primário, mas essa ideia parece-me insustentável à luz de uma leitura um pouquinho que seja consistente de sua própria teoria da pulsão. Mas, sobretudo, tal concepção do autoerotismo impediria forjar modelos operantes para explicar os impasses da clínica do autismo.

[6] Existem hipóteses metapsicológicas que explicam o laço entre a instalação da estrutura do pensar inconsciente e a estruturação do circuito pulsional. Para começar a responder, digamos que esse circuito pulsional, tal como podemos identificá-lo clinicamente, suporta o trajeto das representações inconscientes no aparelho psíquico. Para poder circular, a função de representação deve passar pelo polo alucinatório de satisfação de desejo, ali onde o bebê encontra inscritos os traços mnésicos de suas primeiras experiências com esse gozo do Outro. Para aqueles que se interessam pela questão dos malogros das representações inconscientes, ver Laznik-Penot, M.-C.: Defesas autísticas e fracasso da instalação da função de representação – A psicanálise da criança (1996), Nº 19.

esse terceiro tempo do circuito pulsional está ausente. O movimento se faz unicamente em vaivém entre um ir na direção da comida e um voltar na direção de uma parte do corpo próprio, ou então na direção de um objeto que tem função de pedaço de corpo[7]. Esse vaivém não constitui, portanto, nenhum fechamento que, em seu percurso, traria consigo o que quer que fosse de um outro grande ou pequeno. Como se justamente o sistema de defesa consistisse em elidir todos os lugares psíquicos onde traços mnésicos das representações do Outro pudessem ser registrados.

O interesse desse traço clínico, identificável desde os primeiros meses de vida, bem antes da instalação da síndrome autística enquanto tal, é permitir um diagnóstico precoce.

Pouco importa aqui que a causa da não-instalação desse terceiro tempo do circuito pulsional resulte de uma certa dificuldade constitutiva na criança que não busca ativamente a ação no Outro (tentar ser comido, no caso em questão), ou, então, de uma falta de resposta por parte daquele que ocupa o lugar de Outro primordial e que tal ou tal situação do bebê siderou, pois a espiral negativa já está amplamente a caminho. Em todos os casos, há malogro. Com uma certa contribuição libidinal por parte de um psicanalista, sabendo trabalhar com as relações bebê-pais, o circuito pulsional completo pode se (r)estabelecer.

Este livro está acrescido de um posfácio, escrito por Erika Parlato-Oliveira, que apresenta uma análise semiótica de um extrato clínico do caso Halil, presente desde a primeira edição deste livro, caso que, ao ser submetido à análise tricotômica proposta por Peirce, revela as novas possibilidades analíticas que podem ser extraídas de um caso clínico quando nos dispomos a escutar o outro sustentados por saberes diversos. Essa possibilidade analítica, porém, não é nova, pois já havia sido indicada e tratada por Lacan em seu Seminário 20 ... *ou pior*, de 1972.

---

[7] Trata-se, aí, daquilo que a escola inglesa denomina os *objetos autísticos*, que não são justamente objetos no sentido psicanalítico do termo, pois, tendo sofrido uma incorporação, são vividos como partes do eu [*moi*] primitivo. Freud chama esse eu de eu-prazer [*moi-plaisir*] no sentido em que ele só é regido por um sistema de fuga do desprazer, um sistema próximo da homeostase, o que é o contrário de um sistema pulsional.

INTRODUÇÃO

Esta mão que se estende para o fruto, para a rosa, para a acha que se inflama de repente, seu gesto de pegar, de atrair, de atiçar é estreitamente solidário à maturação do fruto, à beleza da flor, ao flamejar da acha. Mas quando, nesse movimento de pegar, de atrair, de atiçar, a mão foi longe o bastante em direção ao objeto, se do fruto, da flor, da acha, sai uma mão que se estende ao encontro da mão que é a de vocês, e neste momento é a sua mão que se detém fixa na plenitude fechada do fruto, aberta da flor, na explosão de uma mão em chamas — então, o que aí se produz é o amor.

J. LACAN[1].

Kanner, em seu texto *princeps*[2] de 1943, declarava que, no autista, a linguagem não é feita para comunicar: para ele, não havia diferença alguma entre autistas que falam e autistas que não falam. A quantidade de salmos e poemas que certos pais lhes haviam ensinado não seria, interrogava-se ele, uma das causas dos distúrbios de comunicação?

---

[1] J. Lacan, *Le Séminaire, livre VIII, Le Transfert*, Paris, Seuil, 1991, p. 67. [N. T.: Tradução de D. D. Estrada, *A transferência, Seminário*, Editora Jorge Zahar, 1992.].
[2] Leo Kanner, "Autistic Disturbances of Affective Contact", 1943, trad. franc. in Gérard Berquez, *L'Autisme infantile*, Paris, PUF, 1983, pp. 217-264.

Numa pesquisa feita por ele trinta anos mais tarde, fica claro que, paradoxalmente, foram essas crianças saciadas de linguagem que conheceram as evoluções mais favoráveis. É difícil não pensar que essas falas, ainda que decoradas, produziram sobre elas efeitos de mutação estrutural. Entretanto, já em 1946, Kanner falava de seu espanto diante da capacidade poética e criadora da linguagem das crianças autistas. Ora, só o anátema que ele havia lançado sobre essa linguagem passou à posteridade, marcando com sua influência várias gerações de educadores e terapeutas. Por exemplo nesses estabelecimentos de cuidados que negligenciam a escuta dos bagaços de palavras, ritornelos ou cançonetas que a criança autista desfia automaticamente. Despreza-se aquilo que é considerado sonoplastia para só achar verdadeira a instauração de um laço afetivo com a criança.

As três crianças autistas de que vou falar ensinaram-me que uma certa escuta analítica de suas produções sonoras – por mais insignificantes que possam parecer – permite a emergência de uma fala que a criança pode *a posteriori* reconhecer como sua[3].

A Roman Jakobson, que observava que a linguagem das crianças muito pequenas às vezes pode ser apenas puro monólogo, Lacan respondia: "A comunicação como tal não é o que é primitivo já que, na origem, o futuro sujeito nada tem a comunicar, porque todos os instrumentos da comunicação estão do outro lado, no campo do Outro, e ele tem de recebê-los dele[4]". Logo, um analista pode escutar as produções sonoras de uma criança autista, ainda que elas não tenham de imediato uma função de comunicação. Pouco importa não haver então intersubjetividade. A situação do bebê também está numa relação fundamentalmente dissimétrica com o Outro (do qual a mãe faz as vezes), Outro graças ao qual ele advém como sujeito.

Ao se propor tratar de uma criança autista, o analista aposta que, ao reconhecer em toda produção da criança, gestual ou linguageira, um valor significante e ao se constituir ele próprio como lugar de endereço daquilo que ele portanto considera como *mensagem*, a criança vai poder

---

[3] Entretanto, a idade na qual intervimos constitui um fator-chave para as possibilidades de mobilização.

[4] J. Lacan, "L'angoisse", seminário inédito, aula de 5 de junho de 1963.

INTRODUÇÃO

reconhecer-se *a posteriori* como fonte dessa mensagem. Logo, o analista assume, por momentos, o lugar do Outro primordial. Mas ele também antecipa o sujeito a vir ao interpretar toda produção como um *ato* colocado pela criança para tentar advir a uma ordem simbólica que a ela preexiste.

O trabalho com uma criança autista efetua-se ao avesso da cura analítica clássica: o objetivo do analista não é interpretar as fantasias de um sujeito do inconsciente já constituído, mas permitir que tal sujeito advenha. Ele se faz aqui *intérprete*, no sentido de *tradutor* da língua estrangeira, a um só tempo em relação à criança e em relação aos pais. Sabemos a que ponto as condutas estereotipadas e as reações paradoxais das crianças autistas podem desorganizar seus pais até ocultar para eles o valor de ato ou de fala de tal produção da criança. Esse primeiro trabalho de tradutor vai permitir que os pais vejam a criança em seu brilho de chama ali onde eles às vezes só viam então dejeto. Assim, a mãe poderá encontrar sua capacidade de *ilusão antecipadora*; isto é, sua aptidão para entender uma significação ali onde talvez só haja massa sonora – o que Winnicott chama *a loucura necessária das mães.*

Pouco importa aqui saber se a perda dessa capacidade é causa ou consequência dos distúrbios da criança. É forçoso reconhecer que um bebê que não chama, ou não chama mais, que não olha, ou não olha mais, desorganiza completamente sua mãe. Em consequência, instala-se um círculo vicioso que deve antes de tudo ser rompido[5].

Temos que tomar partido por tal etiologia e excluir tal outra? O desencadeamento de paixões em torno dessa patologia, em suma bem rara, indica, sobretudo, que ali tocamos no cerne da questão do sujeito da linguagem, isto é, do sujeito humano. A existência de fatores genéticos ou químicos predisponentes continua a ser do domínio dos pesquisadores científicos[6]. É verdade que podemos considerar que o déficit de um

---

[5] Nos três casos cujas curas descrevo, como na maioria daqueles de que pessoalmente me ocupei, foi possível, graças ao trabalho terapêutico com a criança e a mãe, restabelecer a capacidade de *ilusão antecipadora* nesta última.

[6] Mas isso deixa intacta para a psicanálise a questão de saber por que em tal família, em tal momento de sua história, em tal criança, essa predisposição teria efeito. Ela se inscreve na história que o sujeito poderá mais tarde reconstruir para si mesmo, constituindo assim seus próprios mitos fundadores. Ainda é preciso que ele já possa falar.

neurotransmissor ou uma anomalia cromossômica tenha sua parte na dificuldade de uma criança enviar sinais adequados à mãe; o que nem por isso modifica o trabalho clínico que temos de fazer. Lacan nos ensinou que uma fala só é fala porque alguém crê nela. Cabe a nós mostrar à criança – ainda que seus sinais sejam difíceis de decifrar – que o que ela diz pode ser mensagem para o destinatário que somos. Constatamos, então, que, conforme sua característica própria, a criança põe em prática toda uma série de processos psíquicos aptos a suprir o que falta em seu funcionamento mental.

Um pai escrevia-me recentemente: "Quando a fala é ouvida enquanto fala que tem uma significação, a criança pode começar a produzir outras, deixar desdobrarem-se redes de sentido entre as frases. Sobretudo, ela pode, ao construir frases, construir-se de modo distinto do que era anteriormente, quando sua fala caía quase sistematicamente no vazio".

A clínica do autismo tem a ver com os primeiros malogros do aparelho psíquico, tempo inaugural pouco tratado em psicanálise. Ela muito me ensinou, não só sobre as relações primeiras do sujeito com a linguagem, mas ainda sobre as condições de instauração da imagem especular e da imagem do corpo, sobre a constituição do circuito pulsional e sobre o funcionamento das representações inconscientes. As hipóteses metapsicológicas que me foram sugeridas serão objeto de outra obra[7].

---

[7] M.-C. Lasnik-Penot, *La Psychanalyse à l'épreuve de la clinique de l'autisme*, éd. Arcanes, a ser publicado em 1997.

Capítulo 1

A tradução numa cura[1]

Pois como poderia fazer de seu ser o eixo de tantas vidas quem nada soubesse
da dialética que o compromete com essas vidas num movimento simbólico.
Que ele conheça bem a espiral a que o arrasta sua época na obra contínua de
Babel, e conheça sua função de intérprete na discórdia das línguas.

J. LACAN[2]

Há uns dez anos, quando eu então não sabia nada da língua turca, tive que iniciar um estranho trabalho sobre as línguas ao aceitar em tratamento uma criança com apenas dois anos, Halil, com sua mãe. Como era autista, ele não falava nada. E nem a mãe nem o pai falavam francês, ou só muito pouco. A família veio às primeiras entrevistas acompanhada de um parente que servia de tradutor. Era uma família muçulmana, oriunda de uma das regiões mais tradicionalistas da Turquia. A mãe permanecia confinada em casa com os filhos, enquanto o pai,

---

[1] Este capítulo retoma em parte um artigo já publicado no número 4 da revista *L'Artichaut*, sobre "Traduzir, interpretar, transmitir", Estrasburgo, 1987.
[2] J. Lacan, "Função e campo da fala e da linguagem", in *Escritos*, Rio de Janeiro, Jorge Zahar Editor, 1998, Trad. Vera Ribeiro, p. 321.

trabalhando num meio turco, usava muito pouco o francês. O que me levou a aceitar trabalhar numa língua desconhecida? Os significantes que o analista pode ouvir pertencem à história do sujeito ou à língua de seu próprio meio familiar.

Uma experiência precedente com outra criança autista de origem estrangeira, criança que começara a falar no francês de sua cura, me havia ensinado o quanto esse laço exclusivo com a língua do analista vinha separá-la das fontes vivas dos significantes de seu ambiente familiar.

Foi por isso que, depois de ter recebido a mãe de Halil, primeiro sozinha, depois com o filho, e em seguida com o marido, decidi escutar em turco. *A posteriori*, essa aposta aparentemente insensata teve efeitos muito interessantes.

Quando atendi Halil pela primeira vez, ele havia passado por uma longa exploração neurológica num hospital parisiense, antes de o diagnóstico de autismo ser feito e de o serviço de psiquiatria infantil para o qual ele fora transferido enviá-lo para tentar um tratamento ambulatorial. O exame neurológico fora motivado não só pela apresentação geral do menino, mas também por causa de terrores noturnos particularmente violentos, durante os quais ele se encolhia, tomado de pavores, indiferente a qualquer presença, caso alguém se aproximasse dele para tentar acalmá-lo.

Halil é o quarto filho da família, mas o primeiro nascido fora da Turquia. A mais velha era uma menina, falecida com um mês de idade. A mãe fez levemente alusão a esse acontecimento e ainda com certa indiferença. Em seguida, tivera dois meninos, depois Halil, nascido na França. Halil chegara num momento em que ela não desejava mais filhos; era um acidente, dizia ela, ocorrido num período em que seu marido estava deprimido, vivenciando mal a morte do próprio pai, que ficara na Turquia. O pai estava claramente deprimido, era o que alegava sua mulher. A mãe mostrou-se por muito tempo uma mulher muito corajosa, não se queixava de nada a não ser da doença do filho. O único sintoma que deixava transparecer era um enrijecimento importante da nuca e das costas que, em certos momentos, a obrigava a sacudir a parte de cima do corpo, como que para soltá-lo.

Halil já apresentava um quadro autístico muito claro, apesar da tenra idade: não só não emitia chamamento algum nem tampouco respondia, mas também seus olhos estavam sempre baixos e seu olhar muito oblíquo quase nunca encontrava alguém. Ele podia ficar muito tempo deitado no chão, num canto, a contemplar os dedos e as mãos.

Foi sobretudo o caráter espetacular de seus *terrores noturnos* que mobilizou precocemente as pessoas à sua volta. Esses terrores tinham começado na idade de nove ou dez meses, logo antes do primeiro retorno da família à Turquia, após a morte do avô paterno. A frequência quase diária, bem como a intensidade dessas crises durante as quais o menino se arqueava em opistótonos, não reconhecendo nada nem ninguém, tinham levado a várias hospitalizações; os exames neurológicos muito completos só haviam revelado algumas alterações no traçado eletroencefalográfico.

Quando Halil chegou ao serviço para bebês, que o confiou a mim em psicoterapia, ele ainda apresentava sinais de hipotonia. Foi no quadro de consultas bebê-mãe do serviço dirigido pelo Dr. Fortineau que ele começou a andar. Quando o encontrei, dois meses mais tarde, ele andava, mas já apresentava movimentos de balanceio lateral do corpo. Às vezes também girava sobre si mesmo e batia a cabeça com violência contra a parede ou no chão.

Os terrores noturnos acompanhados de opistótonos deviam desaparecer definitivamente ao fim de alguns meses de tratamento psicoterápico, para nunca mais reaparecer; o mesmo aconteceu com certas alterações das ondas frontais[3] descobertas no EEG durante os exames em meio hospitalar e que não foram posteriormente encontradas nos exames de controle. Quanto aos movimentos estereotipados, foi preciso um ano para que desaparecessem.

Os efeitos de uma psicoterapia precoce sobre sinais eletroencefalográficos, como neste caso, dão uma ideia da complexidade da intricação do orgânico e do psíquico nas síndromes autísticas. O fato de certas relações

---

[3] Com efeito, o EEG mostrava um foco de ondas lentas no frontal esquerdo que não podia ser ligado a nenhuma patologia precisa.

primeiras não terem podido se instaurar pode ter uma repercussão orgânica reveladora, eventualmente reversível, se for tratada bem cedo.

ENQUADRE DA CURA

O enquadre inicial fixado para essa cura era o seguinte: eu atendia a mãe e o menino três vezes por semana, e a Dra. Marie-Annick Seneschal[4], residente encarregada do caso, assistia a duas das três sessões e ia anotando tudo o que podia. Assim, é graças a ela que dispomos da transcrição do que se passava e se dizia na sessão – com frequência em turco. Percebi o quanto era difícil reter mentalmente enunciados, ou apenas palavras numa língua desconhecida. Eu precisava de um rastro dos significantes da mãe e daqueles do menino que, logo, se pôs a proferir palavras – uma, duas, às vezes três numa sessão.

Não compreender as palavras que eu ouvia não era só um *handicap*. A ilusão de compreender, graças à qual é possível sentir-se aliviado diante de um autista, era aqui impossível. Era preciso proceder a um trabalho especial de decifração, tradução e interpretação.

Halil, como muitas crianças autistas, tinha comportamentos repetitivos. Essas sequências, aliás, não me parecem merecer o nome de *repetição*, no sentido metapsicológico do termo, pois rapidamente tendiam a se tornar estereotipias. No entanto, nesse menino, os comportamentos repetitivos tinham de início um valor de ato, atestando um início de trabalho de representação. Esse trabalho, por razões que tentaremos compreender, em seguida fracassou – o que deve ocorrer com frequência em outros casos de autismo: é muito impressionante ver a rapidez com a qual, numa criança autista, um ato pode esvaziar-se de tudo o que é da ordem de um valor pré-simbólico. As estereotipias seriam como que as ruínas de antigas cidades na floresta tropical: elas atestam que um trabalho humano aconteceu, do qual só resta o rastro.

---

[4] A Dra Seneschal em seguida escreveu sua tese de doutorado em medicina a partir do caso de Halil sob o título: "Autismo infantil precoce. Abordagem clínica e psicopatológica a partir de um caso acompanhado precocemente em psicoterapia", Faculdade de medicina Saint-Antoine, Paris, 1988.

A idade muito nova de Halil deixava ver esse processo *in statu nascendi*, o que permitia tentar intervir. O trabalho devia visar restaurar em tais comportamentos seu valor de representação; para isso, ainda era preciso que eu os traduzisse para mim.

Quanto ao trabalho com a mãe e o menino, ele também implicava vários registros de tradução. Eu devia primeiro escutar o que a mãe dizia em turco, e o que eventualmente dizia o menino, depois a tradução que ela fazia disso em francês, língua da qual na época ela só tinha um conhecimento balbuciante.

Eu ainda tinha, como analista, um outro trabalho a fazer: tentar decifrar com o menino – no sentido de encontrar um número, um código – certos vividos afetivos, os quais, por nunca terem sido ligados a representações de palavras, tinham sobre ele um efeito destrutivo, como o do puro real de uma descarga motora.

FRAGMENTOS DOS QUATRO PRIMEIROS MESES DO TRABALHO CLÍNICO
FINAL DE NOVEMBRO

Há dois meses venho atendendo Halil. Tão logo chega, ele entra correndo na sala, como que impaciente para que a sessão comece. Como fica andando pela sala, a mãe tenta lhe propor brinquedos e lápis, mas ele parece não ver nem ouvir nada. Vai até a porta metálica do armário, que faz muito barulho quando ele bate nela, o que sempre irrita a mãe. Ela não suporta o barulho que ele faz. Nesse dia, ela o ameaça dizendo: *"Anne atta!"*, o que quer dizer *a mamãe vai embora!*

Ele então encontra um objeto formado de duas placas de Meccano[5]*, de tamanhos e cores diferentes, ligadas entre si por um parafuso e uma porca. Foi o acaso quem pôs esse objeto no armário de brinquedos, mas Halil o notou já nas primeiras sessões. Também descobriu que, se sacudisse o brinquedo, as partes se separavam, ainda que não tivesse entendido que era porque o parafuso caía. Nesse dia, de novo, ele as sacode muito, até que acabem se separando; ele exulta.

---

[5] Brinquedo de armar. (N. T.)

A mãe vem então correndo, tira de suas mãos o brinquedo, parafusa bem forte as partes para que não se separem mais e as devolve ao filho. O menino começa a protestar, se irrita e joga com violência vários brinquedinhos no chão. A mãe pega a caixa antes que ele jogue os outros. Halil vem então em nossa direção e bate em nós. A mãe primeiro recua como que diante de um ato incompreensível, depois aceita melhor a situação quando digo o porquê da raiva de seu filho. Mas é Halil, então, quem de repente fica triste; tenta subir no colo da mãe, mas não consegue acalmar-se e desce novamente. Cai, então, num estado de desamparo, o que nele, em geral, é seguido de um fechamento autístico muito rápido. Menciono, então, seu desamparo; ele vai se esconder no armário de brinquedos, o que lhe permite poupar-se de um fechamento autístico.

Prossigo meu trabalho de intérprete ao restituir à mãe o valor de *ato* daquilo que o filho acaba de fazer. Digo a ela que, para Halil, é uma tentativa de representar a separação; uma separação que não destrói, já que podemos ficar juntos novamente, como as duas peças do Meccano que podem se desparafusar e se parafusar. Ouço, então, Halil, que continua deitado no fundo do armário, proferir: *"Dede"*, o que, a meu pedido, a mãe traduz por *papi*. Penso, muito espantada, em seu sogro falecido, com a sensação de que o menino, à sua maneira, estabelece uma relação entre separação e morte. É verdade que a morte desse *dede* está ligada ao tempo em que seu pai estava na impossibilidade de fazer um trabalho de luto, ainda mais que não pudera ir então à Turquia para ali cumprir os ritos funerários. Mais tarde fiquei sabendo que, para a mãe de Halil também, esse avô representava uma figura patriarcal respeitada. Quando ficou viúvo, foi ela quem cuidou da casa na Turquia. Ali criou os dois filhos mais velhos e também o cunhado mais novo, enquanto o marido trabalhava na França. Este último, que parece abatido, nunca teve nem a envergadura nem o prestígio do pai.

Durante essa sessão, parece-me primordial permitir que a mãe suporte – ainda que temporariamente – que seu filho separe as duas partes do Meccano, ato que parece ter importância para ele. Mas, quando ela acaba aceitando, Halil está desesperado demais para poder reencontrar a jubilação de seu jogo.

Halil e eu vamos repetir várias vezes esse roteiro e sua tradução à mãe, como aquilo que ele representa de humanização. A mãe só aceitará

A TRADUÇÃO NUMA CURA

não interrompê-lo se eu o traduzir. No entanto, durante vários meses, na hora de partir, ela não conseguirá deixar de parafusar novamente as duas partes do Meccano, resmungando: *"Quebrou"*.

Os distúrbios autísticos do menino, seja qual for a origem, provocam efeitos destruidores no funcionamento mental dos pais. O desânimo e o esgotamento podem suscitar neles uma intolerância ou então levar a um laxismo que com frequência não reflete, por outro lado, a maneira como são com os outros. A aparente incongruência dos gestos de uma criança, se interpretados como destruidores, pode levar o pai ou a mãe a proteger os objetos à volta, sem conseguir mais distinguir o que tem valor simbólico para a criança daquilo que, de fato, pede um movimento de interdição. Essas formas parentais de resposta engendram por sua vez um aumento das defesas autísticas na criança, as quais só podem torná-la mais estranha do ponto de vista do pai. Assim, instaura-se um círculo vicioso no qual o papel do analista é introduzir um corte.

Logo, meu trabalho de tradutora supunha uma dimensão adicional: interpretar à mãe os *atos* de seu filho, a fim de que ela pudesse deixar essa situação sem saída. Jacques Hassoun[6] propõe uma imagem que, na época, me havia interessado muito. Trata-se dos *trugimães*, homens que, a partir da Idade Média, tinham por ofício traduzir não só a língua, mas também os atos e gestos dos povos longínquos. Tinham por papel tornar estes verossímeis aos olhos e ouvidos dos europeus que se aventuravam em peregrinações distantes. Jacques Hassoun sublinha que a atividade do *trugimão* só podia ser feita ao preço de certa provocação, já que se tratava primeiramente de criar a dúvida, a surpresa entre esses europeus bem assentados em suas certezas.

Essa imagem pode ilustrar meu trabalho de analista entre o filho e a mãe, já que ele consiste em permitir que mãe aceite os fatos e gestos de seu filho ao lhe fornecer os meios de olhá-lo como um ser digno de respeito em sua luta para se tornar um sujeito, luta que, para um analista, merece a maior estima.

---

[6] J. Hassoun, "Histoire de transmettre" in "Traduire, interpréter, transmettre", *L'Artichaut*, nº 4, *op. cit.*; ver igualmente J. Hassoun, *L'Exil de la langue. Fragments de langue maternelle*, Paris, Point Hors Ligne, 1993, "Le truchement", pp. 21-34.

Início de dezembro

Para tentar entrar em contato com esse filho tão fechado, a mãe de Halil, como muitas outras em iguais circunstâncias, havia adquirido o hábito de solicitá-lo muito e de segui-lo por toda parte, do que o menino se protegia como de uma intrusão. Nesse dia, ele vai tomar a fala para defender seu espaço. Com efeito, há um canto da sala onde ele costuma se refugiar e que a mãe ainda não invadiu. Desta vez, querendo segui-lo, ela ali penetra. O menino então se encolhe no canto e grita: "*Atta!*".

Sei que *atta* é uma palavra da língua turca, pois a mãe costuma empregá-la. Na hora, não encontro mais sua significação. Ela por sua vez não reage; é como se nada tivesse sido dito. Mas. como a interrogo sobre a significação dessa palavra, ela responde: "*Sair, saia*".

Dias mais tarde, graças à ajuda de uma pessoa[7] de língua turca, ficarei sabendo que, na verdade, *atta* é uma forma infantil do convite para *ir passear*, um "*vai passear!*". A mãe entendeu bem, mas isso não parece fazer sentido algum para ela, não é uma *mensagem*. Não houvera comunicação. É preciso que eu acredite que Halil enuncia o que considero uma mensagem para que isso tenha, *a posteriori*, efeito sobre ela – um efeito devastador cuja violência os deixa, ela e o filho, apavorados diante dessa palavra separadora.

O fato de a mãe não ter primeiramente reagido é um fenômeno comum no início do trabalho terapêutico com pais de autistas. Quando eu lhe perguntava a tradução de um ou dois fonemas que me pareciam articulados, acontecia-lhe me responder que não queria dizer nada, que o filho estava cantando. É verdade que a maneira como a palavra é enunciada pela criança pode desorientar: ela não só não é dirigida a ninguém, mas ainda parece sair da boca da criança sob o efeito de uma descarga motora – como é o caso em emissões de ruídos – e não em virtude de um desejo de comunicar. Por outro lado, o fato de os sons se tornarem *mensagem*, para um terceiro, que o recebe enquanto tal, tem efeitos *a posteriori* sobre a própria criança; ela pode então se reconhecer como agente dessa mensagem. Em todo caso, é

---

[7] Com efeito, tivemos a sorte de contar com a ajuda da Sra. Nora Seni, graças a quem pudemos entender melhor a estrutura dos enunciados de Halil, bem como as ambiguidades das traduções de sua mãe.

verdade nas crianças muito jovens. Para o bebê normal também, é preciso que um Outro – a mãe, por exemplo – possa acreditar que há mensagem nos sons que o filho profere, e uma mensagem que lhe seria pessoalmente endereçada. Lacan dizia que uma "fala só é fala na medida exata em que alguém acredita nela[8]". A mãe vem operar na massa sonora ouvida certos cortes que precipitam uma significação que ela pode, portanto, restituir a seu bebê. Não é o que Winnicott designava quando falava da *loucura necessária das mães*? Loucura de ouvir uma significação ali onde só há massa sonora, mas também direito exorbitante de escolher um sentido em detrimento de todos os outros possíveis. Ora, os pais de autistas manifestam em geral uma incapacidade de dar um sentido a esse modo. É evidentemente difícil esperar que essa possibilidade de isolar uma significação tenha se mantido numa mãe cujo filho já tem dois ou três anos. Entretanto, no trabalho com o analista, a maioria das mães rapidamente encontra essa capacidade. Mas certas formas larvares de depressão materna podem, a nosso ver, impedir que uma mãe tenha essa competência. É por isso que me parece indispensável intervir o mais cedo possível junto a ela e ao bebê. O que supõe não só um diagnóstico muito precoce dos distúrbios do autismo, mas também que as famílias possam ser enviadas a psicanalistas atentos a esses problemas.

Meados de dezembro

Vamos ver surgir uma segunda variante do *jogo*; esboçada na separação das partes do Meccano, mas desta vez falada. Emprego aqui o termo *jogo* em seu sentido mais radical de *trabalho do pensamento*. Halil me parece bem ilustrar o que Lacan diz a respeito do jogo do carretel com o neto de Freud: o homem *pensa com seu objeto*[9]. Com efeito, esse Meccano me parece uma ferramenta adequada para pensar a separação[10]. Na primeira sessão,

---

[8] J. Lacan, *Le Séminaire, livre I, Les Écrits techniques de Freud*, Paris, Seuil, 1975, p. 264.

[9] J. Lacan, *Le Séminaire*, livre XI, *Les Quatre Concepts fondamentaux de la psychanalyse*, Paris, Seuil, 1973, p. 60.

[10] Não falo aqui da separação entre dois sujeitos já constituídos, mas da separação de uma parte em relação a um Grande Todo materno, parte com a qual o futuro sujeito poderá vir se identificar.

o roteiro ainda era mudo. Nesta, vai aparecer uma primeira modalidade falada do jogo do *fort-da*.

Já há algum tempo ele vem se interessando por uma cobra feita de pedaços de plástico coloridos, que se encaixam uns nos outros. Nesse dia, ele pega a cobra, a desfaz, depois fica muito triste. A mãe então se aproxima dele e junta os pedaços, mas o menino vai embora, em seguida começa a arrastar um tamborete na sala fazendo muito barulho. Depois volta, pega a cobra e a parte ao meio.

Ele vai então fazer um estrondo enorme com a porta do armário. Como esse ato inevitavelmente exaspera a mãe, pergunto-lhe se acha que sua mãe está com raiva porque ele quebrou a cobra, e, nesse caso, ela poderia nos dizer. Uso a expressão *mamãe com raiva* em turco, pois quase que se tornou uma senha entre nós. Ele então começa a brincar de esconde-esconde com a mãe. Sorri e se diverte muito. Quando ele sai de trás da poltrona, ela lhe diz: "*Bom dia, Halil*", mas, como ela lhe estende a mão, ele de repente fica muito triste e olha os dedos. Tenta então fazer toda uma série de coisas que fazem a mãe perder as estribeiras: pôr canetinhas hidrográficas na boca, fazer muito barulho, primeiro com o armário, depois arrastando o tamborete. Ele evidentemente está com raiva, mas parece precisar da raiva da mãe. Joga os brinquedos fora da caixa, senta-se na mesa jogando no chão tudo o que ali se encontra. Depois, parece reencontrar a calma e retoma o jogo interrompido do cuco.

Pega então uma grade de cercado e a joga repetidas vezes no chão, depois pega uma segunda de forma e cor diferentes. Aperta uma contra a outra como se quisesse reuni-las. A mãe parece adivinhar sua intenção, pois intervém, pendura as duas grades juntas no ângulo direito, de tal maneira que não fiquem confundidas. Halil está então muito contente. Ele as toca e diz: "*Bir biri*". A mãe me explica que significa: *um* e *outro*[11]. Ela então se dá conta de que o filho disse algo. Ela lhe diz: "*Iki*" (o que significa: *dois*). Se a mãe não consegue deixar de transformar esse *um e outro* num *dois*, Halil acrescenta, para nosso grande espanto: "*Baba*" (papai).

---

[11] Mais tarde vou aprender que a distinção entre *bir* e *biri* é ainda mais sutil; algo como: *um* e *diferente*. Por outro lado, *biri* também quer dizer "alguém".

Bir-biri, um, outro, essa alternância fonemática lembra a do "O", "A" (*Fort, Da*), jogo que Lacan interpreta como *ato fazendo as vezes da representação da ausência*[12]. Para Lacan, quando o neto de Freud faz desaparecer depois reaparecer o carretel, não se trata de uma operação que tenda a dominar o desaparecimento de sua mãe. É mais a encenação da divisão operada nele mesmo pela partida desta. O carretel que o menino joga não é uma representação miniaturizada da mãe, como se costuma interpretar. Ela é o próprio menino, enquanto aquela parte da mãe que caiu longe quando esta desapareceu. E Lacan acrescenta que é com esse objeto que o menino poderá vir identificar-se enquanto sujeito. Halil põe em ato, mas também em falas, a separação e a queda de uma pequena parte de um todo.

FINAL DE DEZEMBRO

Halil encontrou outro objeto graças ao qual pensar[13]. Trata-se de uma saboneteira de plástico cuja superfície é coberta de buracos e pontas alternados. A mãe tem medo que ele ponha na boca, acha a saboneteira *suja*. É, no entanto, o que ele faz.

A mãe: *Ach! Ach!*

Halil: *Dada!*

Na linguagem deles, "bebê" *Ach! Ach!* corresponderia a *cocô*, e *dada* a *bala*.

A mãe então lhe ordena: "*At Halil! At!*".

Halil repete o significante *at* e joga o objeto longe. Mais tarde ficarei sabendo que esse *at* é a segunda pessoa do singular do imperativo: *joga!*

Já podemos notar que esse enunciado lhe vem do outro sem nenhuma inversão na forma. O que evoca o automatismo de repetição, seguido da inexorável obediência à injunção materna. Não é surpreen-

---

[12] *Cf.* J. Lacan, *Les Quatre Concepts fondamentaux de la psychanalyse, op. cit.*, pp. 60-61.

[13] É um objeto que, por suas características, parece muito com aqueles que os anglo-saxões descrevem sob o nome de *formas autísticas*. Ver Frances Tustin, *Le Trou noir de la psyché*, trad. franc. P. Chemla, Paris, Seuil, 1989, p. 69.

dente que o tempo seguinte seja, para Halil, o de um completo fechamento autístico.

Para tirá-lo dali, falo de sua raiva, mas também proponho uma expressão mímica dessa raiva: bato com os pés. Halil então bate também com os pés e pode ir ao encontro do Meccano, aquele cujas partes se separam, o que ele me anuncia em francês dizendo: *"Olha!"*.

Meados de janeiro

Durante essa sessão, o menino vai apresentar o que chamarei sua terceira versão do *fort-da*.

Em seu desejo de vê-lo desenhar, a mãe pega em sua mão de maneira muito autoritária para direcionar o lápis. Proponho, então, um lápis para cada um. Halil desenha no chão, enquanto a mãe desenha bonecos enumerando nomes, os do pai e dos dois irmãos. Como são pronunciados no mesmo tom, a Dra. Seneschal, nossa observadora, anota que se trata de *nomes de crianças*. Halil repete os nomes após a mãe, pega uma revista que ele trouxe da sala de espera e separa muito delicadamente a capa. A mãe então se queixa de que ele rasga os livros, destrói tudo e rasga tudo. Conheço o respeito dos muçulmanos pelo livro. Observo-lhe que ali se trata apenas de uma revista e lhe proponho encarar o que faz seu filho como um trabalho de representação da separação. Interpreto isso para ela como um equivalente do trabalho com o Meccano. Ela pode, então, graças a uma identificação em espelho comigo, reencontrar uma imagem valorizada do filho, pode olhar e entender de outra maneira o que ele vai fazer.

Halil, com cuidado e atenção, fabrica tiras de papel. Contamos em turco: *"bir, iki"*, o que quer dizer *um, dois*. E eis que ouvimos Halil emitir um: *"Utch"*.

Volto-me para a mãe e lhe pergunto se isso quer dizer alguma coisa. *"É três"*, ela me diz.

Três dias depois

Vamos ver surgir o que chamarei uma quarta versão do *fort-da*. Essas variações não devem nos enganar quanto ao sentido daquilo sobre o que trabalha o menino.

Durante essa sessão, a mãe num certo momento se aproximou um pouco demais dele, enquanto ele segura numa das mãos duas gradezinhas. Halil está *brincando* – o que deve ser aqui entendido como algo muito sério, um ato visando a *significância*[14]; é assim que Lacan chama o "jogo" do *fort-da*[15]. Halil brinca de jogar em todas as direções a saboneteira esburacada. O tom é radiante e ele a cada vez acompanha seu gesto da exclamação: "*At!*". A cada vez, ele volta a pegar o objeto pontiagudo, dizendo: "*Buldu!*", e isto, evidentemente, com uma mesma insistência repetitiva que o outro com seu carretel.

Segunda pessoa do singular do imperativo, esse *at* supõe, portanto, um outro que ordena. É um *vamos, joga!* Quanto a *buldu*, é uma forma passada de *encontrar* e sua terminação é a marca da terceira pessoa.

Ao *vamos, joga!* responde um *ele encontrou*, forma enunciativa relativa a outra pessoa. Trata-se, de fato, de uma variante verbal do *fort-da*, testemunha do trabalho da significância, mas também do domínio alienante do significante sobre aquele que um dia talvez seja *um sujeito*. A formulação *ele encontrou* difere bem pouco de um *Halil encontrou*, que poderíamos ouvir num pequeno neurótico.

A meu ver, esse fenômeno não é próprio nem do autismo nem sequer da psicose. Como muitas crianças autistas[16], Halil mesmo assim fala quase sempre de si mesmo na segunda pessoa, isto é, retoma um enunciado tal como o outro lhe endereça. É como se seu discurso não lhe viesse do Outro sob sua forma invertida, mas diretamente. Se invertesse os prono-

---

[14] O termo significância é introduzido por Lacan para dar conta da constituição da rede das representações inconscientes, suporte dos "pensamentos inconscientes", *cf.* M.-C. Laznik-Penot, *La Psychanalyse à l'épreuve de la clinique de l'autisme, op. cit.*

[15] *Cf.* J. Lacan, *Les Quatre Concepts fondamentaux de la psychanalyse, op. cit.*, p. 60.

[16] L. Kanner, em seu texto *princeps* "Autistic Disturbances of Affective Contact", in *L'Autisme infantile, op. cit.*, 1983, pp. 217-264, já havia descrito essa não inversão dos pronomes pessoais na linguagem das crianças autistas.

mes, poderíamos ter a ilusão de que é ele enquanto sujeito quem fala, ao passo que, dessa maneira, sua alienação no discurso do Outro é patente.

Final de janeiro

Durante uma sessão, Halil passeia com as partes separadas da cobra de plástico. Não é seguro que, para ele, se trate de uma cobra, mas, pelo menos, de um todo separável em suas partes.

Halil exclama várias vezes: "*Dá, dá!*", depois "*não! não!*".

Na hora, fui incapaz de decifrar o texto, que desta vez estava de qualquer modo em francês.

Dá, dá! é uma palavra que a mãe pronuncia com frequência e, nas sessões, em todo caso, sempre em francês. É, por excelência, a forma da intrusão materna. Durante os primeiros meses do tratamento, acontecia a cada vez que o menino botava alguma coisa na mão. Nessa época, essa palavra invariavelmente desencadeava no menino um fechamento autístico típico: um desinvestimento do *objeto e da zona complementar*[17] que se traduzia por uma hipotonia do braço e um desinvestimento completo do olhar, o menino deixando o objeto cair.

Por outro lado, *não* é a resposta que dou a Halil há muito tempo como alternativa a esse fechamento autístico. "*Você pode dizer não a* anne", digo a ele, pois, até ali, ele nunca conseguira fazer isso.

Em turco, *não* se diz *haïr*, termo que a mãe não emprega. Com ela, é *at!*, que vem substituir *não*, esse *at!* que pode se traduzir por *joga!* ou então por *solta!*

Três dias mais tarde, Halil se faz tradutor

Nesse dia, eles estão atrasados. Quando chegam, a porta de minha sala está fechada. Halil bate várias vezes, com força. Mas deixa a mãe entrar

---

[17] *Cf.* P. Aulagnier, "Quelqu'un a tué quelque chose", in "Voies d'entrée dans la psychose", *Topique*, nº 35-36, 1985, pp. 265 e sgs.

primeiro; ela explica que foi culpa do táxi. Halil entra e dá um pontapé num carro enorme com o qual às vezes brinca; em seguida, vai buscar um carrinho que ele também joga longe. Depois, vai se deitar no armário enquanto chama suavemente a mãe, o que não é nem um pouco habitual nele. Pega a cobra que está no armário e a despedaça, enquanto se aproxima da mãe como que para lhe mostrar.

A mãe então lhe diz: "*Dá, Halil, dá!*".

Acabo respondendo a ele: "*Você quer dá-los a* anne *ou prefere que ela o olhe?*". Para mim, trata-se de uma interpretação feita à mãe; é a ela que indiretamente me dirijo. Tento fazer com que ela entenda algo como: "Uma mãe também pode *olhar*, talvez a senhora possa se privar de pegar".

Halil então enuncia com voz forte: "*Back!*".

Não conheço a palavra; interrogo, então, a mãe, que me responde: "*Isso quer dizer* olha!".

Logo, aquele menino entende o francês e traduz em turco. O fim da sessão vai confirmar isso. A mim, sua analista, ele não diz *atta* quando quer ir embora, mas: "*Até logo*".

Entretanto, essa sessão é pontuada por vários momentos difíceis. A admiração que sua tradução suscita na analista é para Halil um primeiro triunfo que ele manifesta subindo na mesa. Desce logo dela, pedindo ajuda primeiro ao pai ausente, depois à mãe. Encontra, então, um sapatinho de boneca que ele põe na boca. Nesse momento, as coisas se estragam. A mãe lhe pede para jogar fora o sapato. Mas logo, indo além do *não* com a cabeça que lhe faz Halil – o que eu nunca havia visto ele fazer antes –, ela tenta distraí-lo com a cobra para pegar de volta o sapato. Ele acaba aceitando pegar a cobra e a quebra com as mãos. Então joga fora o sapatinho, mas começa ao mesmo tempo a girar sobre si mesmo feito um pião, olhando fixamente a lâmpada do teto. Para arrancá-lo desse encantamento, quebro violentamente a cobra em pedaços. Seu olhar nesse momento se prende na cobra, os olhos primeiramente arregalados, depois interessados; ele pega de volta a cobra e o sapato.

O giro sobre si mesmo constituía um ritual estereotipado, habitual em seus fechamentos autísticos. Só mais tarde ele vai ceder, com certeza após uma interpretação que lhe fornecerei sobre os dervixes giradores, místicos muçulmanos que entram em transe girando durante horas sobre si mesmos. Não sei o que ele pôde entender dessa interpretação, mas a mãe, esta, ficou muito interessada. Com efeito, os dervixes giradores são originários de Konya, cidade próxima de sua aldeia natal, na qual gozam de grande prestígio. Já sublinhei o quanto essa mulher era religiosa. Na idade de onze meses, durante suas crises de terror, Halil aliás foi mostrado a um imã. O terapeuta tradicional havia aconselhado aos pais que também fossem consultar-se no hospital de Ancara e havia dado a Halil um amuleto que ele carregou durante anos sob a roupa. Parece-me que minha interpretação teve pelo menos um efeito: o de mudar radicalmente o olhar que a mãe podia lançar sobre o filho naqueles momentos. Ao passar do estatuto de insensato ao de místico, ele podia portanto ocupar um lugar de ideal aos olhos da mãe. O que parece ter bastado para que ela o reinvestisse libidinalmente, tornando inútil, a partir daí, o fechamento autístico.

Início de fevereiro

Pela primeira vez desde o início de nosso trabalho, a mãe vai estar ausente por uma parte da sessão. Nesse dia, ela tem consulta com o médico que atende os pais em entrevistas terapêuticas. Explico a situação a Halil na sala de espera e lhe pergunto se quer vir comigo. Ele responde com uma espécie de *siiim*! sonoro e entra sem hesitar na sala, ao contrário do que costuma fazer.

Vai buscar um pedaço da cobra e um pedaço do Meccano. Olha, então, espantado a poltrona onde a mãe costuma se sentar, depois vai bater nela, dizendo várias vezes *anne*. Enquanto lhe digo novamente o que está acontecendo, assegurando-lhe que a mãe vai voltar, ele recua sem tirar os olhos da direção da poltrona vazia, até aterrissar em meus braços. Em seguida, encontra a outra parte do Meccano e se esconde no fundo do armário virando-me as costas, o que lhe observo. Ela sai então de dentro e fecha a porta do armário. Volta para olhar a cadeira vazia de sua mãe e depois se digna, pela primeira vez, a brincar durante um breve instante com o carro que está no chão. Em seguida, sempre segurando cada pedaço do Meccano numa das mãos, vai até a porta de entrada e bate nela chamando *anne* (mamãe). Dirige-se, então, para a vidraça que dá para o pátio e bate

A TRADUÇÃO NUMA CURA

de novo chamando a mãe. Depois, brinca comigo um jogo de esconde-esconde atrás da cortina. Muda de ideia, vai buscar a saboneteira pontuda e esburacada e a joga por toda parte na sala, dizendo a cada vez *at!* Digo-lhe que, com efeito, sua mãe foi embora.

Quando a mãe chega, ele está sentado na sala, diante da parede, ocupado com as canetinhas hidrográficas. Nem se vira. Mas antes que eu possa dizer qualquer coisa à mãe, ele pega a tesoura e a põe na boca. A mãe logo quer intervir, mas consegue sentar-se de novo quando lhe falo (Halil, com efeito, não me parece ter a menor intenção de se cortar nem de abrir a tesoura). A mãe explica, então, que sempre tem medo de que ele faça uma bobagem ou que se machuque. Diz também que, agora, ele a chama de noite. Halil faz então um barulho tão grande com as canetinhas que impede a mãe de falar. Ela protesta, controla-se para não intervir, depois tapa os ouvidos. O menino logo para o barulho. Digo-lhe que tapar os ouvidos é uma excelente maneira de mostrar ao filho que ela não gosta disso. Mas, tão logo a mãe volta a falar, ele recomeça seu alvoroço. Ela tapa, então, os ouvidos do filho com as mãos. Halil para o barulho, pega canetas, finge quebrá-las, suja um pouco o rosto em volta da boca. A mãe está então francamente com raiva, mas sempre se controla para não intervir. Halil põe-se a riscar uma folha.

Mais tarde, no fim da sessão, ele encontra o sapatinho de plástico da boneca e o põe na boca. A mãe o arranca com brutalidade, o menino faz uma manha feia. Explico à mãe que o filho não suporta que ela queira ser o "chefe da boca", porque ele então não sabe mais de quem é a boca: é a dele ou a da mãe? Depois de se acalmar, Halil aproveita para provar ostensivamente uma borracha.

Ao ir embora, a mãe pega Halil no colo; furiosa por vê-lo sujo de caneta, põe o rosto do menino na frente do espelho para ele que se veja. Ele nunca se olhara no espelho. Nesse dia, ainda, ele vai se fechar completamente, o olhar ausente, em lugar nenhum. Parece-me que essa brutalidade inabitual da mãe intervém justamente no dia em que uma parte da sessão aconteceu sem ela, o que ela ainda não tem meios de suportar. Halil, ao contrário, mostrou-se capaz de nomear o lugar deixado vazio pela ausência da mãe. O autismo do filho costuma ser vivido pela mãe como um fracasso tão grande de sua parte que passa a ser muito difícil para ela suportar que um outro possa cuidar dele em seu lugar.

Sessão seguinte

Nesse dia, o irmão de Halil vem com eles. Halil não manifesta nada a respeito dessa presença. Entra na sala todo sorridente e vai pegar a cobra e o Meccano – que agora designamos por *beraber*, o que quer dizer *junto(s)*. A mãe, da poltrona onde está sentada, diz a ele: "*Dá!*". Halil vai então se deitar no fundo do armário: estabeleço em voz alta a relação entre o pedido da mãe e o retraimento do menino.

Ele sai então do armário e começa a brincar de carrinho comigo. Ele vem mostrar o Meccano à mãe. Aproxima o parafuso da boca, como se enfim percebesse a existência dessa peça que junta as duas partes.

Enquanto mexe no parafuso de plástico que segura o brinquedo, ele pronuncia duas palavras que a Dra. Seneschal transcreve sem que, na hora, nem ela nem eu possamos dar qualquer significação: "*Gel de, anne de*". A mãe diz que não sabe o que querem dizer. Penso na hora que *anne de* deve ser uma deformação infantil de *anne* (*mamãe*). A Sra. Seni vai nos explicar que *gel de* corresponde ao imperativo *vem*[18]! O *de*, que surge como terminação de *anne*, pode ser entendido ou como *mamãe também*, ou então como *mamãe dentro*. Em todo caso, a palavra deve ter tido um eco na mãe, já que esta se levanta e vai brincar com ele, o que ele aceita muito bem nesse dia.

Assim, nosso trabalho sobre a língua fica mais difícil já que, dali por diante, o menino articula palavras juntas, não são mais simples palavras isoladas. Ao mesmo tempo, ele pela primeira vez identifica o parafuso e a porca que articulam as duas partes do Meccano – o *bir* e o *biri*, como ele as havia chamado. Talvez tenha sido a ausência da mãe, na sessão anterior, que fez com que o menino descobrisse o parafuso como laço de articulação e produzisse um enunciado que convidava a mãe a vir brincar com ele.

---

[18] O Sr. Parman, psicanalista em Istambul, propõe outra leitura desse enunciado. A palavra *de* está no imperativo do verbo "dizer". Logo, *gel de, anne de* pode ser entendido como "diz 'vem', diz 'mamãe'". Talvez sejam enunciados da mãe, preocupada em fazer com que ele fale.

Meados de fevereiro

Na sessão seguinte ocorreu uma sequência que teve em mim mesma repercussões que demorei a decifrar.

Halil chega com a mãe e de novo com o mais novo de seus dois irmãos mais velhos, que também queria participar da sessão; explico a ele que não é possível. Halil quer então ficar também na sala de espera. Consigo conter a mãe que queria ir buscá-lo à força. Ele depois entra por si mesmo, pega o Meccano e volta na direção do irmão. Interrompo o gesto da mãe que quer impedi-lo, digo a ela que ele quer mostrar o *beraber* ao irmão. Ela ri de modo meio nervoso, depois aceita. Parece ficar mais tranquila com essa interpretação que a seu ver humaniza o filho. Pessoalmente, noto que Halil parece, enfim, estabelecer uma relação especular com esse irmão, ele que não reage sequer à própria imagem no espelho! Halil entra e sai várias vezes; consigo ainda conter a mãe, digo a ela que ele precisa estar seguro de poder entrar e sair. Depois, ele resolve ficar. Vai até o carro, que continua no mesmo lugar; faz ele rodar; e eis que seu olhar é cativado pelo lugar deixado vazio pelo carro. Ele o faz rodar na direção da mãe que o envia de volta a cada vez. Mas o carro ocupa mais sua atenção que a mãe, como é seu hábito.

Em seguida, ele pega de volta o Meccano e fica completamente ausente. Gira sobre si mesmo à maneira dos dervixes. Levanto-me da poltrona, chego perto dele, chamo-o pelo nome tocando em seu braço com meu dedo. Ele volta para nosso mundo, o encantamento acabou. As duas partes do Meccano se separaram, ele percebe e se enche de alegria. Atravessa a sala, vai para trás da poltrona da mãe e, então, enuncia distintamente: "*Aldim!*".

A mãe ouve, mas não reage, como se essa palavra não devesse ter qualquer significação. Como a interrogo, explica-me tocando em meu peito com o indicador que quer dizer: "*Pega! Pega, tu*".

Digo-lhe, então, que se isso significa *pega!*, que ela pegue! que ela lhe estenda a mão, afinal não é sempre que ele lhe propõe isso! Ela o faz, Halil a olha, esboça um movimento como que para lhe dar alguma coisa, depois muda de ideia e dá meia-volta. A mãe enrijece. Digo-lhe que é muito importante que ele possa lhe dizer *aldim*, lhe estender alguma coisa e brincar de não lhe dar. A mãe parece sentir que algo não bate bem na tradução de *aldim*, ela tenta me explicar de novo, mas só consegue se repetir. Acaba então entrando no jogo: é então Halil quem lhe estende brinquedos. Vai se seguir a primeira longa troca entre eles; ele dá, ela pega, ele pega, e assim por diante.

Ele passa em seguida diante de um espelho que é alto demais para que possa ver nele o rosto. Mesmo assim levanta as mãos de tal modo que pode contemplar a imagem das duas partes separadas do Meccano, que ele segura em cada uma das mãos.

Nesse momento, eu também estou perto do espelho. Ele vai então buscar minha poltrona de vime, que parece imensa em relação a seu tamanho, a empurra através da sala até a mim. Volto, portanto, ao meu lugar. É então que ele tem pela primeira vez acesso ao espelho – *acesso* deve ser aqui entendido tanto no sentido próprio como no sentido figurado, pois ele sobe num banquinho para ali se ver e ver a mãe que o olha. Penso que ele atingiu o estádio do espelho[19].

Ora, como a Dra. Seneschal, que tomava as notas, desta vez não está presente, decido, tão logo termina a sessão, transcrevê-la. No momento em que escrevo a sequência sobre as trocas entre a mãe e o filho, sou tomada de um sono incontrolável e adormeço por alguns instantes. Talvez seja aí uma espécie de *fading*[20]. Tenho um sonho: *vejo alguém que carrega um objeto frágil e precioso, formado de duas partes ligadas entre si por correntes. A parte inferior se desprende, cai no chão e quebra.* Nesse momento, acordo, sem ter mais sono algum, e transcrevo a continuação da sessão, o momento em que Halil coloca a analista em seu lugar e tem acesso ao espelho.

Não ficarei muito surpresa quando, dias mais tarde, a Sra. Seni disser que *aldim* não é um *tu pegas*, mas um *peguei*. A língua turca permite a indicação da pessoa do verbo através da inflexão de sua terminação, o que torna redundante o emprego do pronome pessoal. Também é possível

---

[19] O estádio do espelho é o momento particular de reconhecimento pela mãe da imagem especular de seu filho, momento em que ele se volta para o adulto que o carrega pedindo-lhe que confirme pelo olhar a imagem que ele percebe no vidro. Essa instauração da relação com a imagem do espelho pode não se instalar nas crianças autistas e impedir a constituição da imagem especular e do eu [*moi*].

[20] Esvaecimento pontual da função sujeito, não do organismo.

A TRADUÇÃO NUMA CURA   *43*

notar que o inconsciente da mãe se aproveita das lacunas de seu conheci-mento do francês. Com efeito, essa troca da primeira pela segunda pessoa lhe é habitual.

Durante esse curto intervalo de sono, tenho a sensação de ter estado totalmente presa no *determinismo da cadeia significante* da qual o sonho se-ria só um efeito[21]. Em outras palavras, esse sonho põe em cena uma problem-mática que não me parece pessoal, mas que teria sido suscitada pela maior proximidade que eu então mantinha com esse par mãe-filho.

Minha hipótese é que eu tinha tido que ocupar o lugar de um Outro capaz de suportar a perda de um objeto, de suportar sua queda, isto é, a imagem de uma mutilação, de uma incompletude radical. Ora, era simul-taneamente que ia surgir a possibilidade para esse menino de ter acesso ao espelho e também de sustentar, pela primeira vez, um enunciado enquanto sujeito. Entretanto, o sujeito do enunciado talvez seja apenas um primeiro registro da questão do sujeito; ele não garante ainda que o sujeito do dese-jo, este, possa vir se constituir.

Em casos assim, o analista tem de ocupar um lugar semelhante àquele de um espelho plano, no qual a mãe poderá ver formar-se uma certa imagem unificada do filho e investi-la libidinalmente, em acordo com um ideal possível para ela. Tem de fazer com que ela entreveja que os fatos e gestos de seu filho podem não ser considerados puros atos de destruição aos quais ela deveria, como uma Erínia, opor-se com todo o peso de sua estatura, o que só deixa como saída para o menino o fe-chamento autístico. Minha estima por esse menino, minha admiração sincera por sua luta nesse caminho rumo à simbolização fazem com que, graças a sua revalorização narcísica, essa mãe tolere a necessária privação que lhe inflijo.

A posição terceira da analista era a única cabível na circunstância: traduzir os atos do filho em termos que os tornassem dignos de respeito. Qualquer outra atitude me teria feito cair de Caríbdis em Cila: ou se eu tivesse sido apenas espectadora da situação – a mãe, sem querer, em-

---

[21] Para a noção do determinismo da cadeia significante nas psicoses infantis, ver M.-C. Laznik-Penot, "L'Enfant psychotique est-il lettre volée?", in *La Psychanalyse de l'enfant*, nº 1, Paris, Clims, 1985.

purrando o filho para o fechamento; ou se, feito uma super-Erínia, um supereu, eu tivesse acusado a mãe por aquilo que ela não podia deixar de fazer.

Se, ao contrário, o analista se deixar surpreender pelo que lhe é dado a ouvir e também a ver, ele pode se tornar tradutor, *trugimão* da criança. Então, sob seu olhar, o gesto passa a ser ato, o som insignificante passa a ser fonema.

Reflexões a respeito da língua materna

No início deste capítulo, ressaltei que desafio era escutar essa criança e a mãe numa língua que eu não conhecia. Ora, como atesta o material clínico, minha ignorância da significação dos enunciados ouvidos tornou possível uma dinâmica na cura. Entretanto, dar ao turco um lugar como esse na minha escuta implicava que, se esse menino viesse um dia a falar, sua língua materna seria o turco — o que foi o caso. Eu me achava assim confrontada com a questão: o que é uma língua materna?

O lugar central dado por Lacan à língua na cura psicanalítica já havia suscitado trabalhos sobre essa questão[22]. Estes se desenvolveram a partir de reflexões sobre curas de analisandos cuja língua da primeira infância não era a do meio onde ele vivia. Certos autores distinguiam na época dois registros, talvez até duas ordens de línguas. Haveria, de um lado, uma língua da relação dual, língua da melopeia, dos *vocalises*, portadora do bem-querer sem lei da mãe[23]. A esse registro alienante da língua primeira viria opor-se o da *língua materna*, capaz de operar o corte necessário para fazer advir o sujeito após uma separação com a mãe, de instaurar uma instância terceira e, por aí mesmo, todo o acesso ao simbólico.

---

[22] Ver a esse respeito J. de la Robertie, "Langue maternelle et inconscient", in "Mère, Mort, Parole", *Lettres de l'École freudienne*, nº 22, Journées de Lille, 1977, pp. 368 sgs.

[23] J. Hassoun, procurando distingui-la da noção de *língua materna*, chamava-a, na época, ou *língua originária*, ou *língua fundamental* — em referência a Schreber —, língua da psicose, pois língua da pura alienação. J. Hassoun, *Fragments de langue maternelle*, Paris, Payot, 1979. Ele depois a chamou de *língua do maternal* [*langue du maternel*], "Les langues de l'exil", in *Le Racisme, mythe et science*, éd. Complexe, Bruxelas, 1981.

No início do tratamento de Halil, eu poderia ter pensado que a mãe real das origens não seria portadora dessa língua materna que, *a posteriori,* viria privá-la de seus poderes. Daí eu poderia ter concluído que a cura desse menino autista de dois anos deveria ocorrer não em turco, mas em francês, este último passando a ser sua *língua materna*, enquanto que o turco falado pela mãe teria alimentado uma confusão alienante.

É verdade que o registro da melopeia parece prevalecer nos diálogos entre um bebê e uma mãe. Com efeito, as recentes pesquisas relativas à linguagem nos primeiros meses da vida mostram que, ao falar com seu bebê, a mãe imprime certas modificações na cadeia sonora de seu enunciado. Esse fenômeno parece ser universal e acontece quase que automaticamente na maioria das pessoas que se veem em situação materna diante de um bebê. Elas são indispensáveis para que o *sensorium* deste último esteja em condição de perceber e de registrar os sons que lhe são enviados. Sem essas alterações, a cadeia sonora produzida pelo enunciado do adulto permaneceria inaudível para o bebê e não seria sequer registrável. A psicopatologia do bebê apresenta casos — relativamente raros — em que a mãe conversa com o bebê como se falasse a um adulto. Então, as reações da criança parecem indicar que ela não consegue sustentar o discurso materno, o qual tende rapidamente a se esgotar, uma vez que a mãe não consegue mais dirigir a palavra ao filho.

Pesquisas mais avançadas talvez permitissem interpretar as causas dessa ausência do estilo manhês (*motherese*) numa mãe. Seria um estado depressivo nesta última que produziria uma rigidificação da cadeia sonora do enunciado materno? Ou, então, seria porque o bebê, por não ter emitido nenhum sinal de recepção diante do manhês (falar materno), teria impedido seu prosseguimento na mãe? Em todo caso, a ausência dessa forma particular de falar tem por efeito a criança ficar fora, aquém de qualquer discurso. Provavelmente existe uma relação entre a ausência desse modo de falar na mãe e a surdez aparente de muitos autistas, que, como sabemos, é bem particularmente surdez à voz humana, já que reagem ao ruído de máquinas e de diversos aparelhos.

É verdade que encontramos crianças que apresentam distúrbios autísticos capazes de reproduzir a cadeia melódica do enunciado materno, mas sem nenhuma cesura, sem nenhum espaçamento suscetível de fazer emergir qualquer significação. Sabemos que, tomadas em tratamento, essas crianças têm muito mais facilmente acesso ao discurso que aquelas que permanecem impermeáveis à melopeia materna. Os trabalhos sobre esse *falar mamãe* (*manhês*) mostram que uma de suas principais características consiste em prolongar o tempo das cesuras entre as palavras, como se, desde o início, a mãe procurasse dispor os cortes que fariam a significação surgir. Segundo essas reflexões, parece-me que não convém distinguir papeis antagônicos entre duas línguas positivas nem dois planos separados numa mesma língua, mas, antes, dois registros antagônicos incluídos em toda língua. Pois se a necessidade do registro da significação – no qual a língua opera como corte – não deixa dúvida alguma, convém também notar a necessidade profunda da alienação. A alienação na melopeia materna e a operação do corte que produz a significação são dois registros necessários para a escuta ser possível.

Entre Halil e a mãe, certas palavras, mesmo em turco, podem operar uma separação bem violenta. Assim o "*atta!*" que ele profere no início de dezembro. Num primeiro tempo, o som pronunciado parece não significar nada; é apenas melopeia já que a mãe a ele não reage. É preciso que o analista interrogue a mãe sobre sua significação para que se revele sua força de significante: *vá passear!* que ela entende como um *vá embora!* Muitos outros exemplos nesse material clínico atestam a dificuldade maior para essa mãe de dar uma significação aos enunciados de seu filho. Ora, a tradução em francês separa cada palavra de maneira definitiva e lhe dá seu estatuto de significante; mas, sobretudo, a confrontação das duas línguas revela a impossibilidade para essa mãe de acreditar que os enunciados de seu filho signifiquem o que quer que seja.

Lacan afirmou que o grito de necessidade do bebê deve ser traduzido no tesouro dos significantes do Outro materno para poder se tornar demanda, o que, ao mesmo tempo, o aliena a só ser demanda do Outro, uma vez que expressa nos significantes deste. Mas é nesse mesmo lugar do Outro que o filhote de homem vai encontrar as palavras que poderão explicar, para ele, a separação com o Outro primordial, a mãe; a perda vivida necessariamente como dilaceramento de si mesmo, de seu próprio eu [*moi*]. É no tesouro dos significantes maternos, na língua alemã falada pela mãe, que o neto de Freud encontra *fort* e *da*. É no turco, língua materna dos pais, que Halil encontra seus pares de oposição, o *bir* em relação ao *biri*, o *at!* que o aliena ao mesmo tempo que se opõe ao *buldu*. Esses dois registros da língua indicam que há, de fato, duas operações de causação do sujeito, a *alienação* e a *separação*, e que não se pode separar o que não foi previamente alienado.

Segundo Charles Melman[24], a língua materna seria aquela na qual a mãe é proibida ao filho. Ora, não há dúvida de que é em turco que um qualquer interdito relativo à mãe de Halil podia se formular. O pai quase que só fala essa língua. Como os tios do menino, que têm um papel importante nas representações da mãe, moram em vários países europeus, eles continuam a falar essa língua, que é, portanto, a única comum a essa família. Ainda hoje sou cética quanto ao valor que pode ter para a mãe a fala do pai de Halil, mas é bem em turco que as mães dessa família são proibidas aos filhos homens. É fácil perceber isso no que se refere aos dois irmãos mais velhos de Halil, nascidos na Turquia, na casa do avô paterno.

Charles Melman acrescenta uma observação interessante relativa aos problemas dos imigrantes. Segundo ele, quando a mãe não estiver incluída na língua falada pelo filho, haverá duas mães em jogo: uma mãe simbólica, a da língua falada pela criança e que relega a outra a ser apenas uma mãe real, esta não reconhecida como verdadeira genitora de seu filho. Esse mesmo fenômeno também pode acontecer em relação ao pai. Melman daí conclui que falar uma língua estrangeira implica uma verdadeira despersonalização para a criança, já que ela tem de encontrar um novo pai e uma nova mãe.

Assim, ao fazer com que Halil tivesse acesso ao turco, eu não vinha saturar o lugar de um pai-mãe simbólico que teria relegado seus genitores à posição de pais reais.

Ainda que, nos dois primeiros anos do tratamento, eu tivesse com frequência retomado o que era dito, empregando eu mesma uma palavra em turco, nós de fato trabalhamos sobre a distância entre as duas línguas; não só porque eu era com frequência obrigada a perguntar a tradução,

---

[24] C. Melman, "Chimneys Weeping", in "Le langage et l'inconscient après les enseignements de Freud et de Lacan", Bibl. do *Trimestre psychanalytique*, publ. Association freudienne, Paris, 1989.

mas também porque logo recorremos a um dicionário que passou a reinar, sobre a mesa, em terceiro entre nós. Talvez ele tenha encarnado a presença obscura da Sra. Seni, Outro, representante do tesouro dos significantes da língua dos pais. Mas, sobretudo, ele bem rápido *corporificou* o fato de que eu acreditava que os enunciados de Halil constituíam uma mensagem, ainda que eu não entendesse seu sentido e que precisasse buscá-lo. Assim, o dicionário representava para o menino o que faltava à sua analista; mas também o lugar onde as dificuldades de tradução, onde a polissemia das palavras podia aparecer, pois, às vezes, nenhuma das traduções propostas nos satisfazia plenamente, uma vez que as duas línguas não eram biunívocas. O próprio fato de isolar um som e de se interrogar sobre sua tradução já produzia um recorte de possíveis significações. Mais tarde, quando Halil começou a emitir verdadeiras massas sonoras, isso ficou ainda mais patente.

A tradução fazia da palavra pronunciada um significante já que ele remetia a outro significante. Assim, a partir do momento em que *atta* remete a um *vá embora*, Halil se vê confrontado com uma relação binária entre significantes. Ele fica pálido, pois se torna o sujeito de um enunciado portador de uma significação e, ao mesmo tempo, vacila diante desse sentido que o aliena e o supera. Da mesma forma, na medida em que o som *aldum* é traduzido por *tu pegas* (logo, antes mesmo da tradução correta), a palavra adquire seu caráter de significante: ela representa o sujeito para outro significante. E, diante do sentido revelado pela tradução, é o analista quem vem ocupar o lugar do sujeito que se esvaece no sono. Logo, só graças ao trabalho sobre as duas línguas é que esse som adquire seu valor significante.

Assim, o trabalho sobre as duas línguas cria um espaço, uma hiância entre os significantes. Ora, um dos problemas nas crianças autistas é justamente o fato de não costumar haver nenhuma distância entre as palavras[25].

---

[25] Essa maneira de descrever quanto ao que pôde atuar nesse trabalho sobre as duas línguas na cura de Halil me ocorreu quando escutei C. Melman, durante seu seminário sobre "A linguisteria" de 21.1.93. Ele ali dizia que o que dá valor a uma língua e que provoca nosso amor a seu respeito é muito menos da ordem do sentido que do acesso que ela permite ao equívoco. É evidente que, para "equivocar" sobre o sentido, ainda é preciso que haja sentidos.

Em muitas delas constatamos, mesmo depois que começaram a falar, que faltam as cesuras, que algo permanece irremediavelmente colado entre os significantes. Isso se exprime clinicamente na linguagem dita "pós-autística"; às vezes de maneira caricatural com os fenômenos ditos de *holófrase* (uma palavra-ônibus), às vezes pelo emprego de palavras-signo de onde a dimensão do equívoco se acha banida. Estas não funcionam, então, como significantes, já que não remetem a nenhum outro significante e qualquer possibilidade de representar um sujeito lhes é, por aí mesmo, retirada.

CAPÍTULO 2

CORTES MUTILANTES E CORTES ESTRUTURANTES

"Jeová fez então com que um sono profundo caísse sobre o homem, que adormeceu. Tirou-lhe uma costela e fechou de novo a carne em seu lugar. Depois, da costela que tirou do homem, Jeová moldou uma mulher e a trouxe ao homem. Este então exclamou: Desta vez, sim, é o osso de meus ossos e a carne da minha carne. Esta será chamada "mulher", porque do homem foi tirada[1]".

O SUJEITO SE FUNDA NUMA EXPERIÊNCIA DE CORTE

Como vimos, Halil coloca uma questão comparável àquela do neto de Freud com seu carretel. Lacan a menciona[2] a respeito da compulsão à repetição. Essa repetição aparece primeiro, diz ele, "sob uma forma que não é clara, que não é evidente, como uma *presentificação em ato*[3]". Quando eu falar de *ato*, será no sentido em que Lacan emprega esse termo nesse seminário: como relação estabelecida entre a repetição e o real. Para Lacan, o ato, em sua insistência repetitiva, não cessa de trabalhar para que o sim-

---

[1] Gênese II, 21-23, Bíblia de Jerusalém. Homem se diz em hebreu *Isch*, e mulher *Ischa*.
[2] Cf. J. Lacan, *Les Quatre Concepts fondamentaux de la psychanalyse, op. cit.*, pp. 50, 60 e 61.
[3] *Ibid.*, p. 50.

bólico venha se articular a um real que, com toda evidência, ainda não faz parte dele.

Logo, é um papel inteiramente simbolígeno que Lacan dá à compulsão à repetição, um papel de agente da própria humanização; pois, ao fazer do filhote de homem um sujeito para a morte, ela ao mesmo tempo permite que ele advenha à linguagem. O que supõe que a criança tenha passado por um momento, traumático ou não, que a funda como sujeito. Na análise que ele faz dessa famosa cena do menino com o carretel, Lacan nos dá precisamente sua leitura desse tempo. Segundo ele, o carretel é um pequeno algo que se desprende do sujeito, embora este ainda permaneça preso a ela pelo fio. É a experiência de perda de uma parte de seu próprio corpo, uma experiência de automutilação. Entretanto, a repetição do desaparecimento de sua mãe é causa da divisão, da refenda na criança – *refenda* sendo o termo com mais frequência empregado por Lacan para traduzir *Spaltung*. O jogo do carretel é na criança acompanhado da emissão do O – A, *fort-da*, uma das primeiras oposições de linguagem que ela produz. Para Lacan, o significante é a marca primeira do sujeito e ele daí conclui que o objeto ao qual essa oposição significante se aplica em ato, o carretel, é o que se deve designar como *sujeito!* E Lacan acrescenta: "A esse objeto daremos ulteriormente seu nome na álgebra lacaniana – *o pequeno a*[4]". Essa proposição paradoxal de Lacan pode, sozinha, explicar a questão da constituição do sujeito a partir do objeto caído, tal como me apareceu na cura de Halil e também de um outro pequeno autista, Mourad[5].

Continuação do caso Halil

Antes de abordar a parte do tratamento de Halil que vai de seus dois anos a seus dois anos e meio, devo evocar um episódio traumático que aconteceu antes do início de sua cura e que me foi contado por uma educadora, a qual havia suportado mal a violência da cena. O menino e sua família tinham sido atendidos em ambulatório, por alguns meses, por um serviço de

---

[4] *Ibid.*, p. 60.
[5] Ver mais adiante.

Cortes mutilantes e cortes estruturantes

bebês com o qual às vezes trabalho. Quando comecei a atender regularmente a mãe e o menino, a educadora que trabalhava nessa equipe desejou conversar comigo sobre uma sessão de jogo que fora para ela verdadeiramente traumática. Participavam dessa sessão a mãe, o menino e o pai. Eis as notas da residente, a Dra. Seneschal, que já trabalhava então como observadora.

"O Senhor e a Senhora X estimula (*sic!*), um após o outro, o filho. O menino põe um brinquedo na boca e começa a chupar. O Senhor X, da cadeira, tenta impedir o menino de chupar esse brinquedo. A educadora propõe, então, uma mamadeira com água dentro. O menino vai bebê-la junto da mãe; o menino olha seus dedos e se afasta. Depois, vai buscar uma corda de pular e chupa o cabo. Diz "*baba*", depois "*anne*". Nesse momento, como anda pela sala segurando a corda, a educadora resolve pegar a outra ponta". Esta me dirá mais tarde, de maneira muito honesta: "Eu estava cansada de não existir, eu dizia a ele *quero brincar contigo*" – imaginamos com que resultado!

Eis agora como a educadora descreve a sequência: "Como o menino vai num outro sentido, a corda resiste e ele puxa sem me olhar, puxa de novo e cai num desamparo espantoso. Ele não pode mais ignorar que essa corda não é uma simples continuação de seu eu [*moi*]". Durante todo esse tempo, ela lhe fala, em vão. Acaba de impor aí um corte intolerável. Fala do insustentável sentimento de ter-lhe arrancado uma parte de corpo. O desespero e o desamparo do menino são imensos; embora ela lhe devolva a extremidade da corda, isso não muda nada. A mãe o pega no colo, mas o desespero continua. Vai ser extremamente difícil acalmá-lo nesse dia.

Retomemos o texto dessa observação: "O Senhor e a Senhora X estimula, um após o outro, o filho". Um erro de máquina entrou nesse lugar: a secretária datilografou a palavra no singular. Para mim, esse erro parece ter o caráter de um lapso indicando uma verdade – que o Senhor e a Senhora X são apenas um, tal o genitor combinado da pré-história infantil, segundo Melanie Klein. De fato, o pai, que com frequência parece ser apenas um dublê da mãe, não instaurava nenhum corte entre ela e o filho.

Nos outros elementos da observação: "O menino vai beber a mamadeira colado na mãe; ele olha os dedos e se afasta. Depois, o menino diz *baba* e *anne*", nada indica uma interação entre a mãe e o filho quando este se aproxima dela; e, sobretudo, nada assinala que quem quer que seja tenha percebido *baba* ou *anne* como sendo palavras pronunciadas pelo menino. Aliás, na época, os pais e o meio médico o apresentam como desprovido de linguagem. Ora, essas duas palavras significam em turco *papai* e *mamãe*! Quanto à cena da corda, ela de fato constitui uma ferida; e a educadora sente bem, ao falar de um corte intolerável, como se ela lhe arrancasse uma parte do corpo. Essa educadora por muito tempo permanecerá sob o golpe dessa experiência dolorosa que ela vive como uma mutilação à qual as palavras não trazem nenhum apaziguamento.

Por que esse corte não pôde fazer advir nenhum sujeito ao simbólico e só deixou um puro sujeito do sofrimento? Os pais reunidos pareciam formar um todo sem falha. A educadora se achava em posição de pedir um reconhecimento: ela teria desejado que o menino reconhecesse que ela existe! Logo, era ele quem se encontrava, por esse pedido, em lugar de Outro – do qual viria o reconhecimento de existência. Tal subversão dos papéis costuma ser frequente quando se cuida de uma criança autista. Pelo simples fato de que esse menino não fala, aquele que dele cuida arrisca acabar em lugar de demandante, confrontado com uma criança todo-poderosa em razão de sua suposta recusa de dar o que é pedido, a fala.

Se, no episódio dilacerante da corda, nenhuma ordem simbólica foi introduzida, é que o corte não remetia a nenhum outro e, sobretudo, a nenhum corte no grande Outro. Emprego aqui o conceito de Outro em sua função de lugar psíquico. Esse lugar se constrói a partir das relações que o menino tece com as pessoas à sua volta que ocupam um lugar de Outro real para ele, mais especialmente os pais. A ausência de corte no Outro para uma criança pode provir da dificuldade experimentada por seus pais, num tal momento da vida deles, de assumir ou então de significar a esse menino algo da incompletude deles. Certas formas larvares, uma depressão, por exemplo, poderiam tornar um genitor incapaz de assumir sua falha diante do filho.

Segunda cena com a corda, um ano mais tarde

Essa hipótese vê-se confirmada por outro episódio aparentemente semelhante, mas cujo efeito foi bem diferente. Aconteceu exatamente um ano mais tarde, no quadro da cura. Havia mais ou menos nove meses que eu estava atendendo Halil com sua mãe, três vezes por semana; mas, havia um mês, ele vinha sozinho durante a primeira meia hora de uma de suas sessões semanais. Nessa época, ele já dizia várias palavras. Estávamos na mesma sala onde acontecera a cena com a corda. Ocorre, então, o seguinte episódio: Halil vai buscar essa mesma corda e passeia arrastando-a atrás de si, como já havia feito outras vezes. Num dado momento, ele me traz a corda, põe um dos cabos nas minhas mãos e me diz: "*Al! al!*" – em turco, o imperativo do verbo *pegar*. Pego, então, como ele me pede. Em seguida, as coisas se precipitam: ele sai andando, enquanto continuo a segurar o cabo; a corda resiste, e ele grita para mim de novo: "*Al! al!*", enquanto continua a puxar a corda. Então, é aparentemente o mesmo desamparo, o mesmo sofrimento, o mesmo sentimento de dilaceramento que se repetem.

Durante todo esse tempo, tenho em mente a cena que a educadora me descreveu. Entretanto, não solto – não que toda a minha vontade não me leve a fazê-lo. A mãe está pálida, eu também, com certeza. Eu gostaria muito de evitar-lhe esse sofrimento, esses gritos de alguém que mutilam, mas seguro firme. Se não solto, é graças a dois pontos de apoio. Antes de mais nada, sua fala. Ele não me disse várias vezes *pega*? Só posso lhe repetir que não sou Halil, que não sou ele; que, se ele me dissesse *dá* – palavra que ele já empregou em francês e em turco –, eu lhe daria de bom grado; mas que não tenho o poder de fazer com que um *pega* seja um *dá*. Estou, assim como seus pais, submetida à linguagem, e não posso fazer nada. Por outro lado, sei que a *refenda* do sujeito sempre ocorre numa experiência vivida imaginariamente como um dano, como uma mutilação[6]. Não está em meu poder poupar Halil de vivê-la.

Durante toda a duração dessa cena, penso que, decididamente, em nosso ofício, somos obrigados a ocupar lugares insuportáveis. Vejo a mãe

---

[6] Com efeito, Lacan diz explicitamente, várias vezes, que a operação de frustração na qual a criança se imagina perdendo um objeto real, um pedaço de corpo – o seio, por exemplo – é vivida por ela como uma experiência de mutilação, já que se trata de um objeto investido como se fizesse parte de seu corpo próprio; no entanto é essa experiência de perda que vai introduzir a ordem simbólica das trocas. Ainda é preciso que essa perda seja tolerável para a criança. Vemos aqui como a teoria pode às vezes servir de quadro para o analista, permitindo que ele suporte uma situação extremamente difícil.

num sofrimento intolerável; ela faria qualquer coisa para que isso cessasse. Enquanto lembro nossa submissão à linguagem, Halil parece capitular. Um pequeno momento depressivo se segue. Depois, ele se levanta transformado. Está feliz, designa objetos que nomeia, em seguida corre até a mãe, muito contente, e lhe morde o braço declarando: "*Ben isirdim!*" A mãe ri, explica-me que o filho acaba de dizer: *mordo*. Ora, o termo *isirdim* sozinho traduz-se por *mordi*, e o emprego do pronome insiste sobre o sujeito. Logo, a tradução é: *eu mordi* – pois na verdade se trata de um passado. Halil assume um ato enquanto sujeito. As sessões seguintes mostrarão que, para ele, ali se trata de saber se esse grande Outro materno, originário, pode ser encetado.

A costela de Adão

A constituição de um não-eu – na medida em que tem de ser arrancado de um grande Todo (de um eu [*moi*] indiferenciado mãe-filho) – forma a experiência dilacerante, mutilante, o dano por excelência imaginário de toda criança. Esse sofrimento no entanto não é gritado pelas outras como pelo autista. Para cada um de nós, ele caiu no sono do esquecimento, ou foi ocultado por uma forte dor de dentes que obriga nossas mães a nos acalentar de noite.

Um dos elementos do mito de Adão, amputado de sua costela, ilustra bem que há refenda; caso contrário, Jeová não teria *fechado de novo a carne em seu lugar*. Ora, essa refenda vivida por Adão e que permite o surgimento do sujeito Eva a partir de um *objeto pequeno a,* sua costela, acontece no sono. Como se explica que o sofrimento da mutilação tenha sido assim poupado a Adão? Esse sono seria a metáfora de um esquecimento, de um recalque originário?

Lacan evoca o mito da costela de Adão em seu seminário de 1968[7] para ilustrar a questão do papel do *objeto a* no desejo de um homem por uma mulher. Por que Adão justamente desejou essa Eva, constituída a partir de uma falta nele mesmo? E Lacan retoma a questão da separação do *objeto a* e a gênese concomitante do sujeito.

---

[7] J. Lacan, "D'un Autre à l'autre", seminário inédito, aula de 21 de fevereiro de 1968.

Cortes mutilantes e cortes estruturantes

Podemos aproximar o desejo entre um homem e uma mulher do laço entre uma mãe e seu filho? Tendo em vista a maneira como Lacan coloca a questão a respeito de Adão e Eva, a resposta pode ser afirmativa. Digamos que, para que um filho seja desejável para sua mãe, convém que ele seja portador, a seus olhos, daquilo que a ela falta.

Lembremos o momento descrito no capítulo precedente em que, a ponto de transcrever uma sessão, adormeço e sonho que alguém carrega um objeto frágil, formado de duas partes, sendo que a de baixo se desprende, cai e quebra no chão. É possível imaginar que, no plano transferencial, uma rivalidade aconteceu entre a mãe e eu, analista, que poderia enunciar-se como a questão de saber a quem pertence a criança. Mas não é o mais importante. Esse sonho devia ser estruturalmente necessário para que essa criança pudesse enfim falar como sujeito e ter acesso ao espelho. Se, no próprio momento em que surgiu o sujeito de uma fala, vivi essa experiência de *fading*, talvez seja porque alguém tinha de ocupar o lugar de um Outro primordial suportando a privação, a perda de algo. Minha posição de sujeito vacilou nesse adormecimento incoercível. No sonho, eu me achava, feito Adão, como aquele que perde um pedaço, aquele do qual uma parte se desprende. Não é que, a partir desse sonho, Halil assumia valor de objeto precioso, de *objeto pequeno a*, de parte faltante – pelo menos na transferência – para mim, sua analista?

Meses mais tarde, redigindo um artigo[8] sobre a sequência em que Halil enuncia *pego*, qual não foi minha surpresa ao constatar que eu ainda sentia a mesma vontade irreprimível de dormir e que eu adormecia mais uma vez! Esse novo *fading* me indicava bem que eu continuava a ocupar, na transferência, esse lugar de Outro que podia se "barrar".

Retomada do material clínico

Para melhor entender a continuação, voltemos um pouco atrás, à última sessão anterior àquela da corda. Nessa época, eu já havia instaurado,

---

[8] O presente capítulo retoma em parte, modificando-o e aumentando-o, o artigo que publiquei sob o título: "A infância dos estereótipos na sintomatologia autística", in *Cliniques méditerranéennes*, nº 13-14, c.i.r.p.c., univ. de Provence, Aix-en-Provence, 1987.

em uma das três sessões semanais, um tempo de trabalho com o menino sem a mãe. Aqui vai um desses momentos.

Halil entra enunciando algo como "*teuta ia ia ia*" (titia há, há, há?). E começa a jogar uma série de objetos no chão. Depois, vem bem perto de meus joelhos e separa dois pedaços da cobra de plástico. Encontra uma boneca e começa a arrancar-lhe os cabelos, joga longe uma marionete crocodilo, dizendo *anne*, em seguida solta uma massa de fonemas nos quais se reconhece uma série de "*tiatiatia, teunteun, tountoun*". Como eu já havia feito, recorto nessa massa sonora o *tia*. Devolvo-lhe, interpretando-o não só como um significante da língua francesa [em francês, *tata*], mas decidindo que ele designa sua analista[9]. Ele então começa a inspecionar minha boca. Pergunto-lhe: "*Dente se diz "dis"?*". Ele não responde nada. Joga longe a lixeira, dizendo: "*Gitti*" (foi embora), para ir em seguida juntar-se a ela, deitar no chão e dizer *anne*. Tenta em seguida abrir a porta que dá na sala de espera onde se encontra a mãe. Não consegue e abandona, enquanto lhe pergunto se tem medo que *anne* tenha ido embora como a lixeira que ele jogou longe. Depois de arrancar mais alguns cabelos da boneca, dizendo "*tiatiatia-tiatiatia*", ele vem até mim e designa a porta atrás da qual está a mãe, depois a poltrona vazia onde esta costuma se sentar. Enfim, instala-se no lavabo para se olhar no espelho, fazer caretas e beijar a boca do menino do espelho.

Um rápido sobrevoo dessa sessão mostra que as repetidas ausências da mãe, ainda que curtas, têm vários efeitos[10]. O menino nomeia a mãe e sua ausência (*anne gitti* – mamãe foi embora) e designa a poltrona deixada vazia, assim como a porta, lugar onde ele a deixou. Também efetua um

---

[9] Tempos depois, ele vai regularmente me chamar de *tia*, e isso ainda lhe acontece às vezes, em momentos de enternecimento. Está bem evidente que é sua analista quem ali produz um corte na massa sonora, com um forçamento interpretativo que não deixa de lembrar certas passagens do livro de P. Aulagnier, *La Violence de l'interprétation*, Paris, puf, 1975.

[10] Com muita frequência, pais de crianças autistas tomadas muito pequenas em análise sozinhas, enquanto que eles próprios aguardam atrás de uma porta fechada, falaram-me não só do sofrimento que sentem, mas do sentimento que têm de incapacidade radical de cuidar do filho e, em consequência, da obrigação de procurarem alguém supostamente mais competente que eles, o que essa porta fechada vinha materializar.

CORTES MUTILANTES E CORTES ESTRUTURANTES

corte ao arrancar parte dos cabelos da boneca chamada, na ocasião, *titia*. Ao contrário da mãe que o suportou muito mal, esse arrancamento de cabelos me lembrou o que dissera Lacan dos cortadores de tranças na China: esse ato, segundo ele, era uma tentativa de produzir um encetamento num Outro que não assumia simbolicamente sua castração. A sessão seguinte é a da corda, na qual ele dirá: "Eu mordi".

FRAGMENTOS DA SESSÃO APÓS A DA CORDA

Na primeira parte dessa nova sessão, quando está sem a mãe, Halil me estende a cobra em pedaços e diz *titia*". Em seguida, de novo, arranca os cabelos da boneca. Mostra-me em seguida uma revista que ele trouxe da sala de espera e na qual há uma página arrancada, enquanto diz "*gitti*" (foi embora). Arranca uma página e diz "*titia titia*". Respondo-lhe, então, algo estranho, que a Dra. Seneschal, como boa observadora, transcreve: "Ah não! É de Halil, não da Titia. Tu achas que é da Titia quando é arrancado?". Ora, Halil não está falando do dono da revista, como penso na hora. Ele me nomeia como sendo aquele todo do qual uma parte se desprende. O aspecto defensivo de minha resposta salta aos olhos. Nesse dia, era difícil para mim suportar ser o lugar da *refenda!*

Halil vai então buscar a marionete de crocodilo que ele joga no chão, depois a mostra com o dedo dizendo "*ai!*". Diz, em seguida, toda uma série de palavras em turco, que podem ser ouvidas como: "*Escute, ele tocou*", o que, evidentemente, só mais tarde vou saber. Na hora, só posso lhe confessar minha ignorância. Ele vem então tocar na minha boca e nos dentes, eu as nomeio em turco, ele repete. Digo-lhe que ele talvez tema que sua analista o morda como o crocodilo, tendo esquecido que, na véspera, ele havia dito que era ele quem mordia.

Um pouco mais tarde, ele faz fios com a saliva e começa a recortar tirinhas de papel. Digo-lhe que ele parece triste ao recortar pedaços de papel pequeninhos, pedaços *koca*. Tomada de uma dúvida, pergunto a ele: "*Koca, é grande ou pequeno?*".

Ele responde: "*Pequeno, pequeno, tem pouco pequeno*", depois acrescenta, usando o sotaque da mãe quando fala francês: "*grande [grôsse]*".

Na verdade, enganei-me, pois *koca* quer dizer *grande* ou *grosso*. Mas parece que meus erros permitem que ele tenha ideia do que falta à sua analista; e eu assumo essa incompletude. Além disso, esses erros introduzem uma discordância, uma distância na língua cujos deslizamentos de significantes fazem toda a riqueza. Quando se domina perfeitamente uma língua, diante de uma criança como Halil, algo leva a colar no sentido, o que não simplifica a tarefa. Na hora, eu não me formulava as coisas assim, estava sobretudo espantada que ele aceitasse me responder.

Em seguida, começa a segunda parte da sessão, aquela da qual a mãe participa. Halil lhe estende uma folha de papel, dizendo "*Sana!*" — o que quer dizer *seu*. Em seguida, vira as páginas de uma revista enquanto diz: "*Xor... titio Hala... Mustafá, Yacine*". Pela primeira vez, a segunda pessoa aparece, muito bem declinada, sob sua forma genitiva. Ele assim nomeia toda uma série de personagens que têm importância para ele: um super-herói, um tio paterno do qual ele gosta e dois primos pequenos.

Novo episódio traumático na sessão seguinte (meados de junho)

Essa sessão (mãe-filho) aconteceu três dias mais tarde. Halil começa arrancando os cabelos da boneca, o que para a mãe é difícil de suportar. Ela vive isso como um lado destruidor nele. É verdade que se trata de um ato reiterado que poderia bem rápido se tornar um comportamento estereotipado. Halil vai se refugiar no armário, brinca de fechar e abrir a porta, sorrindo para nós. É um jogo de *cuco* do qual a mãe participa com prazer, só que, tão logo a porta é fechada, ela grita para ele: *Acitde!* (isso machuca). Ela conta que o filho lhe diz isso quando a belisca e explica que é como se fosse nele que aquilo machucasse; ora, ela mesma grita no lugar da boneca, cujos cabelos supõe que Halil puxe. Como recomeça, brinco um pouco com ela, perguntando-lhe se consegue ver através das portas. Seja como for, o filho não pode deixar de ouvir que, quando ele fecha a porta, a mãe grita que aquilo machuca.

Acabado o jogo, Halil folheia uma revista quando, de repente, assume um ar muito inquieto. Está parado diante de uma página cuja parte de baixo está arrancada, de modo que a senhora que nela figura não tem mais pernas. Tento lhe dizer algo sobre aquilo, mas, em sua raiva, ele não escuta mais. Joga longe uma mamadeira vazia, cospe e estica entre os dedos um fio de saliva. Em seguida, vai até a bolsa da mãe que começa tirando-a dele. Ela recusa. Halil vai então de encontro à parede, bem forte, enquanto a mãe grita como se ela sentisse a dor. Mas aceita, então, olhar com ele o que há na bolsa. Ele para de bater o corpo na parede, mas não vem; vai chorar junto da porta, as lágrimas escorrem de seus olhos, é uma verdadeira mágoa. Acaba vindo no colo da mãe e se interessa pela bolsa. Tira de dentro uma bolsinha de plástico de supermercado na qual há um pacote de lenços. A mãe resmunga, irritada: "*Rasga tudo!*". Ela parece ter entendido antes de mim que ele deseja rasgar o saco de plástico, mas contanto que ele esteja vazio. Mas ele não quer nem esvaziá-lo ele mesmo nem pedir que o esvaziem para ele. Como pega a mão da mãe, ela esboça o gesto de fazê-lo. Digo-lhe que se ela sempre fizer tudo no lugar dele ele vai sempre ficar doente. Dirijo-me a ele para dizer-lhe que ele é grande, que sabe fazer aquilo sozinho, e que não quero que *anne* faça aquilo. Ele então fica furioso, berra e se debate, o que agita a bolsa da qual finalmente o pacote cai. Mas ele não mostra então nenhuma alegria e não se põe a lacerar a bolsa como costuma fazer, segundo a mãe. Geme de maneira mecânica sob a mesa onde acabou caindo durante a crise de raiva. Agachei-me ao lado dele, falando-lhe. De repente, ele se levanta; volto para minha poltrona, ele vem a meu encontro, sorrindo. Designa toda uma série de objetos na sala; em seguida, depois de ter-me mostrado o aquecedor com o qual ele sempre brincou muito de fazer barulho, aponta o dedo para a barriga como que para indicar: *meu*. Seguem-se séries de jogos com o espelho e o crocodilo. Terminada a sessão, como os acompanho até a sala de espera, vejo-o designar a barriga, dizendo distintamente "*Benim*" (meu), em seguida a da mãe, dizendo "*Senin*" (teu).

A NECESSIDADE DE UM "CORTE NO OUTRO"

Halil percorreu todo um caminho desde a indiferenciação entre eu [*moi*] e não-eu [*moi*] até a possibilidade de dizer um *meu* em oposição a um *teu*. No próprio nível da língua, a indiferenciação primeira se ouvia no "*pega!*", em vez de "dá". Da mesma forma, a mãe assinala que ele grita *machuca*, quando a belisca, o que parece ir no mesmo sentido: isto é, é bem no Outro que isso fala[11].

Entre as duas cenas traumáticas que aconteceram em duas sessões muito próximas, uma diferença é manifesta. Na primeira, a da corda, o corte se efetua entre ele e sua analista. É ele próprio quem cai do grande todo que ele constituía comigo, e é a analisa quem acabou perdendo parte do corpo. É o que Halil, na sessão seguinte, tenta representar, primeiramente ao nomear *titia* as partes da cobra que se separam, depois a revista da qual ele arranca uma folha. Na segunda sequência traumática, o corte passa entre o corpo da mãe e o dele. Essa nova refenda fará surgir o par oposto de significantes *meu* e *teu*, atribuídos ao corpo de sua mãe e a seu corpo. Cabe à analista privar a mãe de ser o *continuum* do corpo do filho, o que, no início, só podia ser vivido pelo menino como uma frustração mutilante, a mão da mãe cessando de pertencer a ele. Quem cuidou de crianças autistas conhece esta situação: a criança segura uma mão, ferramenta que serve para tudo, sem reconhecer na outra extremidade dessa mão a menor existência de um outro separado dela mesma. É a clínica mais comum, e Kanner a descreveu. Ora, sabemos que tentar impedi-la de pegar essa mão não leva a nada, a não ser a berros ou a um fechamento autístico. Trata-se de uma frustração intolerável. Ora, o que explica que, na última sessão descrita, possamos ter passado de um registro da frustração, em que o objeto de que o menino é privado é real, isto é, equivale a um pedaço de seu próprio corpo, a um registro em que a frustração se torna insuportável? Tudo se passa como se a analista tivesse se tornado um ser que tem uma realidade e que pode substituir aquilo de que ela o frustra por outros objetos marcas de amor, palavras. Reconhecemos aí a dialética da frustração, desenvolvida por Lacan em seu seminário sobre *A relação de objeto*[12]. Ele ali trata justamente da passagem de uma frustração, vivida como mutilante, a um segundo registro em que o objeto ao qual ela se refere tornou-se um objeto simbólico, marca de amor. Isso supõe que a criança tenha passado

---

[11] Trata-se aqui do Outro simbólico do qual por vezes esquecemos que ele comporta uma dimensão encarnada, em geral um dos pais.

[12] J. Lacan, *Le Séminaire, livre IV, La Relation d'objet* (1956-57), Paris, Seuil, 1994.

Cortes mutilantes e cortes estruturantes

de uma representação muito parcial da função materna – a de uma pura escansão presença-ausência – ao reconhecimento da existência da mãe. É, então, que o que ela dá, ou não dá não é mais unicamente objeto da necessidade, pois se torna sinal de amor. Estamos aí no registro do dom.

O que teria impedido Halil de ter acesso a isso mais cedo? Lembremos que sua mãe suporta muito mal toda manifestação da oralidade que não esteja ligada à necessidade. O fato de a mãe proibir o prazer oral do filho é um fato banal. Mas a mãe de Halil estava remetida ao horror de um gozo que não teria mais fim; o que ela exprimia frequentemente por esta frase: "*Se eu deixar, isso não vai parar nunca mais*". Ela não estava totalmente errada, já que, para além da satisfação da necessidade, a demanda é demanda de amor. Entre a necessidade e a demanda, o desejo é indestrutível e a demanda, impossível de ser satisfeita. Ora, a demanda é que era insustentável para essa mãe – mas naquele momento e para aquela criança, pois nada indica que ela agia do mesmo jeito com os outros filhos. Era como se Halil só pudesse se situar para ela no nível da necessidade vital, isto é, numa dimensão de puro real. Durante muito tempo, quando o filho dava um sinal qualquer de sofrimento, de mal-ser, ou então quando ficava com raiva porque algo lhe faltava, ela se levantava, enchia um copo d'água e lhe dava para beber; e ele engolia.

O trabalho que fizemos juntos consistiu, sobretudo, em oferecer a Halil um mais além da satisfação da necessidade. Ele pôde perceber o divertimento e o prazer que me dava, quando se pôs a traduzir, por exemplo. Penso que ele então recebeu um *olhar* que lhe permitiu constituir-se como desejável, olhar com o qual sua mãe veio aos poucos se identificar.

A analista se tornou um *Outro* capaz de proporcionar uma experiência de satisfação que superava o estrito quadro da necessidade. Halil pôde então aceitar reconhecê-la em sua realidade, isto é, admitir que ela pudesse lhe dar outra coisa em troca daquilo de que ela o frustrava.

Tendo chegado a esse ponto, uma dificuldade permanece. Quando a criança descobre a existência desse Outro doador daquilo que ela demanda, esse Outro se torna todo-poderoso a seus olhos. A criança então procura a falha, a falta no Outro, nem que seja só para poder amá-lo ou ser por ele amada. Se no amor damos o que não temos, ainda é preciso ter o sentimento de poder dá-lo a alguém que dele sente falta um pouco que seja. Lacan diz que há duas categorias de seres incapazes de amar, o rico e o santo, pois são tão plenos que só podem oferecer o que são[13]. A meu ver, em certos momentos depressivos, o eu [*moi*] de uma mãe pode ser tão monopolizado por objetos internos de tipo melancólico que ela se ache totalmente plena; a doença do filho podendo, aliás, ocupar um lugar central entre esses objetos que a estorvam e a tornam pouco receptiva ao que ela poderia esperar ou receber de seu filho na realidade. Ora, até esse momento da cura, a mãe de Halil não apareceu como faltante do que quer que seja. Com efeito, será uma das principais dificuldades nessa mulher, a despeito dos tesouros de engenhosidade empregados por seu filho. No entanto, vamos ver esboçar-se a questão da falta nela.

---

[13] J. Lacan, *Le Séminaire, livre VIII, Le Transfert* (1960-61), Paris, Seuil, 1991.

Capítulo 3

Reconhecimento de uma falta na mãe e abertura de um espaço imaginário na criança

As condições do desdobramento do espaço imaginário

Quando encontramos uma criança autista, o que impressiona, para além do mutismo, é que ela não brinca como as outras. Ela não só não conta roteiros imaginários, como também não os encena. Para animar pequenos personagens, é preciso poder projetar sobre eles representações de coisas que não estão ali e encontrar traços mnésicos correspondentes. Assim, poderíamos pensar que a capacidade de representação falta à criança autista. Em todo caso, se representações puderam constituir-se nela, a criança não parece mais a elas ter acesso.

Por outro lado, em crianças que não podem ser consideradas autistas, mas que apresentam um sintoma de mutismo, costumamos descobrir, com espanto, uma vida imaginativa que se exprimirá, por exemplo, durante uma primeira entrevista, por desenhos figurativos. A figurabilidade é importante, ela assinala a existência de representações imagéticas e, portanto, de um *espaço imaginário*. Em outras crianças desse tipo, o imaginário vai antes exprimir-se através dos jogos com bonequinhos. Ainda que não as formulem em falas, vemos bem nelas que as representações se organizam umas em relação às outras, formam constelações cujos deslocamentos e condensações podemos assinalar sem muita dificuldade. Seus jogos atestam bem a existência de um inconsciente estruturado conforme as leis daquilo que Freud chamou o *processo primário*. E podemos até encontrar essa capacidade em crianças para as quais o diagnóstico de psicose infantil foi estabelecido[1].

Ora, na criança autista, o inconsciente como lugar de uma gravitação das representações, a articular-se por deslocamento e condensação, não se constituiu.

Um modelo freudiano para pensar um aquém do inconsciente

A carta de Freud a Fliess datada de 6 de dezembro de 1896[2], chamada carta 52, costuma ser citada por aqueles que tratam o autismo por propor um esquema que, com seus múltiplos registros de inscrição e tradução dos traços mnésicos, permite distinguir bem os diversos tempos lógicos da constituição do aparelho psíquico.

Entre *percepção* e *consciência*, como se sabe, Freud situa vários níveis de registro dos traços mnésicos. Um primeiro registro de inscrição é constituído por *sinais perceptivos* organizados somente conforme a simultaneidade. Eles não podem ter acesso à consciência. Uma segunda inscrição, própria ao inconsciente, é organizada conforme algo como relações causais, acrescenta Freud. No sistema preconsciente, não há novo registro, simplesmente uma tradução em *representação de palavras*.

P(W)	SP(WZ)[I]	Inc(Ub)[II]	Pre(Vb)[III]	Cons(Bews)
X X____	X X____	X X $_x$____	X X____	X X
X	X X	X	X	X

O esquema do aparelho psíquico, tal como Freud o propõe, mostra claramente que o inconsciente como sistema já corresponde a um segundo

---

[1] Partilho com outros autores a ideia de que as falhas de estrutura apresentadas pelo autismo não são necessariamente as da psicose.

[2] S. Freud, *La Naissance de la psychanalyse*, trad. franc. A. Berman, Paris, PUF, 1979, pp. 153-160.

registro de inscrição dos traços mnésicos. Uma vez que o mecanismo de defesa próprio ao inconsciente é o recalque, daí podemos concluir que, nesse esquema, o que se acha à esquerda do inconsciente remete a processos que ocorrem aquém do recalque. Daí o interesse, para nós, desse modelo. Pois a clínica com autistas muito pequenos revela que o aparelho psíquico destes funciona aquém do recalque originário, portanto aquém do registro da segunda inscrição, denominado por Freud *inconsciente*.

A clínica do autismo nos autoriza a afirmar que esse primeiro registro de inscrição dos traços mnésicos pode existir ainda que o inconsciente não consiga se constituir. Porém sabemos que só uma vez reinscritos no registro do inconsciente é que se pode ter acesso aos traços mnésicos – às representações[3]. Estas podem, então, ser traduzidas pelo preconsciente em representações de palavras, ou ser exprimidas em encenações sem falas, como nos mostram as crianças mudas. Nestas, aliás, é manifesto que um texto sustenta a colocação em imagens, como no tempo do cinema mudo. Se o aparelho psíquico da criança só funciona no primeiro nível de registro dos traços mnésicos, estes permanecerão inacessíveis.

Lacan dá aos *sinais perceptivos* que correspondem à primeira inscrição o nome de *significantes*[4]; acrescenta que já, aí, se trata de uma primeira *organização significante,* pois vê, na organização por simultaneidade que os caracteriza, o que ele chama a *sincronia significante*. Logo, o autismo permite que entendamos que é possível ter significantes sem que sejam, por isso, capazes de se representar em imagens ou se traduzir em palavras, como se algo lhes barrasse o caminho, bloqueando a função de representação[5].

---

[3] O fato de já decidirmos chamar *representações* os traços mnésicos que constituem o registro dos sinais perceptivos aí não muda nada.

[4] É interessante lembrar aqui que, ao contrário do que às vezes se pensa, o conceito de *significante* em Lacan não se superpõe ao de *representação de palavra* e pode aplicar-se a traços mnésicos produzidos por todas as espécies de percepções e não só àqueles que têm a ver com as percepções acústicas. O que torna esse conceito perfeitamente utilizável nos estudos relativos à psicopatologia do *infans*, isto é, daquele que ainda não fala. Lacan afirmou diversas vezes que era preciso dar aos sinais perceptivos (*Wahrnehmungzeichen*) o nome de significantes. Ele repetiu isso praticamente toda vez que tratou da carta 52: em *L'Éthique de la psychanalyse, op. cit.*, p. 80; em *Les Quatre Concepts fondamentaux de la psychanalyse, op. cit.*, p. 46.

[5] *Cf.* M.-C. Lasnik-Penot, *La Psychanalyse à l'épreuve de la clinique de l'autisme, op. cit.*

Qual seria, então, o mecanismo de defesa próprio ao registro de sinais perceptivos? Lacan propôs, em 1959, a *elisão*[6] como sendo o mecanismo de defesa específico desse primeiro registro de inscrição. As coisas, diz ele, seriam *vermeidet*, elididas. O fechamento autístico é uma ilustração clínica desse mecanismo. Num autista, a percepção de um objeto qualquer pode subitamente cessar não só como se jamais tivesse havido inscrição ao nível dos traços mnésicos, mas até como se esse objeto nunca tivesse existido – pois o fenômeno pode acontecer em presença do objeto. O que supõe não só uma retirada maciça de investimento do sistema perceptivo, mas ainda uma falha da segunda inscrição no inconsciente.

O que faz fracassar a própria possibilidade da segunda inscrição, a do inconsciente? A clínica do autismo pode nos fornecer elementos de resposta.

Uma das hipóteses possíveis no autismo comporta uma ausência de representação da falta na mãe. A partir do material das sessões que vão se seguir parece-me possível levantar a seguinte hipótese: contanto que intervenha muito precocemente, se o Outro que a mãe encarna puder ser reconhecido como marcado por uma falta, a criança pode tornar-se ela própria capaz de nomear objetos ausentes, isto é, de ter acesso a representações que, por se organizarem entre si, produzem roteiros imaginários.

O TRABALHO SOBRE A FALTA NA CURA DE HALIL

Halil tem agora três anos e seu tratamento já dura um ano. A mãe participa das três sessões semanais, mas Halil, agora, tem dois tempos de sessões a mais só comigo.

Já perdeu em grande parte a capacidade de elisão dos objetos do mundo sensorial – as coisas, os seres, as partes de seu corpo. Mas, embora lhe aconteça formar enunciados comportando o *eu* [*je*], nem esse início de linguagem nem o emprego do pronome sujeito bastam para falar de um desdobramento do espaço imaginário. Esse espaço vai se constituir conforme forem desaparecendo as últimas estereotipias de seu repertório.

---

[6] Esse termo merece nossa atenção, pois talvez nos evitasse uma confusão inútil com a questão da foraclusão na psicose. Ver J. Lacan, *L'Éthique de la psychanalyse, op. cit.*, p. 78.

EM IDENTIFICAÇÃO COM A ANALISTA, A MÃE REENCONTRA UM LUTO NÃO ELABORADO

Estávamos em meados de outubro, eu trabalhava sobre o doloroso e intenso vivido de mutilação na criança autista. Nesse dia, durante a sessão, sozinho comigo, Halil prende o dedo na porta do armário e se machuca de verdade. Chora feito uma criança normal na mesma situação. O dedo sangra, embora seja só um machucadinho, o que me dá uma razão para interromper a sessão. Percebo, então, que estou vivendo interiormente uma experiência de extremo desavoramento, sem medida comum nem com o machucado, que é mínimo, nem com minhas reações habituais em igual circunstância. Penso que estou ali, em minha relação com o menino, presa num lugar Outro que não me é pessoal. Já aludi, a respeito de meu sonho, a um fenômeno de indução que, em certas circunstâncias de trabalho com autistas ou psicóticos, pode levar a experimentar e dizer certas coisas como se estivéssemos atrelados ao inconsciente de um Outro – o que chamei *estar preso no determinismo da cadeia significante de um Outro*[7].

No presente caso, a desproporção entre o machucado de Halil e meu vivido interno me faz suspeitar que se trata de um fenômeno dessa ordem. Aliás, encontro um rastro dessa angústia em minhas notas onde escrevi como título: "Sessão do dedo rasgado!". Como se esse machucado bem mínimo viesse alterar alguma coisa de uma imagem do corpo que deveria permanecer absolutamente intacta. Através desse desavoramento, algo do Outro materno parece se exprimir em mim. Nesse momento de sua vida, em todo caso, toda falha na imagem narcísica permanecia irrepresentável para a mãe de Halil. E foi em mim que esse trabalho de colocar em representação teve de começar.

Pusemos um curativo no dedo de Halil. Retomamos o trabalho com a mãe. O curativo o incomoda; ele o arranca, mostra sua dor e, pela primeira vez, vai buscar refúgio e consolo no colo da mãe e ali adormece. Durante o sono, a mãe me fala da única filha, morta com um mês de idade. Associa sobre o fato de que ela mesma, segunda de quatro filhos, é a única filha de sua fratria, situação que sempre lhe foi penosa. Ela nunca me havia

---

[7] M.-C. Laznik-Penot, "L'enfant psychotique est-il lettre volée?", in *La Psychanalyse de l'enfant*, nº 1, Paris, Clims éd., 1985.

falado espontaneamente da filha morta, nem de seu lugar enquanto filha. E aí, enquanto o filho de dedinho machucado sonha em seu colo, ela me fala disso. É a primeira vez que pode evocar algo que para ela é uma ferida.

O que aconteceu entre nós duas, mulheres, a mãe e a analista, para que uma mudança assim pudesse ter ocorrido? Acho que é numa relação especular comigo-que-tivera-que-suportar-aquele-bebê-machucado que ela pode agora enfrentar a própria ferida.

Halil deve ter sonhado enquanto dormia no colo da mãe, pois desperta radiante e transformado. Esse menino costumava apresentar estranhos acessos narcolépticos dos quais saía com dificuldade e que desapareceram completamente após essa sessão.

HALIL NOMEIA A FALTA PELA PRIMEIRA VEZ

No dia seguinte, na parte da sessão sem a mãe, Halil manifesta de novo interesse pelo espaço vazio que fica atrás da poltrona de encosto alto. Olha-a como se fosse um abismo fascinante e aterrorizador. Já há algum tempo ele tentava preenchê-lo, ou fingindo jogar-se em cima, ou jogando canetinhas, mas em vão. Ora, nesse dia, joga ali uma palavra. É até um fragmento de cadeia significante: "*Al lamba!*". Depois, acrescenta: "*Yok, o yok*". *Al lamba* pode se traduzir literalmente por: *pega lâmpada*.

A lâmpada (*lamba*) era, segundo a mãe, o objeto para o qual seu olhar de bebê se voltara, uma ampola que ficava pendurada em cima do berço. Mais tarde, em cura, quando começou a nomear objetos, empregou essas palavras para preencher furos. Apontava o dedo para todo lugar inquietante, dizendo *pega lâmpada*, para tapar a falha e não para representá-la. Entretanto, parecia-me que o uso dessa palavra curinga, a lâmpada, fazia com que ele se poupasse do fechamento autístico que fora anteriormente seu único modo de resposta às situações ameaçadoras.

Assim, não é a primeira vez que ele introduz no vazio essa palavra *lâmpada*. O que é novo é o *yok, o yok*. *Yok* significa *inexistente, ausente, que falta, não há*[8]. Pela primeira vez, Halil acaba de nomear a falta.

---

[8] M. Parman observa que *yok, o yok* pode ser traduzido por "ausente, ele está ausente", o *o* sendo "ele" ou "ela".

Pouco depois, Halil vem ao meu encontro na poltrona e emite vo-calises, tocando seus cabelos e os meus. Vou dando nomes ao que ele toca: "são os *saç* da Sra. Lasnik; são os *saç* de Halil" (*cabelos* em turco). Halil, então, põe meus cabelos, que são bem compridos, sobre os seus e diz: "*Bize*[9]". Só uma semana mais tarde ficarei sabendo que *biz* existe em turco e significa *nós*.

Continuo a pôr em palavras o que ele faz: "*A gente pode se esconder atrás dos saç da Sra. Lasnik; podemos juntar os saç da Sra. Lasnik e os saç de Halil*". Halil então diz: "*Kédéde, kirilki... kiz küçük*", o que pode ser traduzido por: *quebrada... menina*. Mas, nesse momento, não me lembran-do mais exatamente da tradução, pergunto dirigindo-me ao observador: "*Küçük* é grande ou pequeno?"; é Halil quem diz: "*Pequeno!*". E começa a jogar no buraco, atrás da poltrona, todas as páginas de uma revista, dizen-do: "*Atta, atti*" (tu jogaste, ele jogou).

Pouco mais tarde, encontra um fio de cabelo no chão e me traz. Na época, meus cabelos estavam caindo, e Halil os percebia com uma acuidade particular e os trazia para mim. Eu havia até então guardado a neutralidade analítica habitual. Mas seria a maneira como ele me trazia? Seria por ter falado muito de cabelos durante essa sessão? Fico surpresa de me ouvir lhe dizer que se trata de um fio de cabelo da Sra. Lasnik. Halil, então, olhando o fio de cabelo, diz: "*Al, lamba*", o que indica que há ali algo inquietante. Aliás, ele vai terminar essa sessão dando de comer grades de plástico à fenda do armário – onde, na véspera, prendera o dedo –, en-quanto diz: *Al agiz!*", o que significa *pega boca!*

Segunda parte da sessão

A mãe entra na sala queixando-se de um comportamento estereoti-pado do filho que a incomoda muito. Halil cospe e fica interminavelmen-te mexendo com filetes de saliva que ele produz. Penso na contiguidade fonêmica e temporal entre *salya*, o fio de saliva, e *saç*, o fio de cabelo. Em sessão, costumava ser quando arrancava os cabelos da boneca que ele tinha

---

[9] *Biz* é "nós" e *bize* é "nosso".

essa estereotipia com o fio de saliva. Eu também havia observado que o filete de saliva em geral vinha preencher o buraco da pia ou então recobrir a superfície de algo quebrado, em particular uma linha de fratura que ele havia notado no vidro da janela.

De novo, ele encontra mais um fio de cabelo no chão. Diz: *"Biz, biz, bizi"*. Interrogo a mãe para quem esse termo não parece significar nada. Ela está principalmente irritada por ver o filho catar cabelos no chão e lhe diz num tom bem forte: *"Birak!"* (solta!). Declaro, então, que estou perdendo cabelos. Halil me traz o fio e diz: *"Al! Attim, Ana al!"* (Pega! Joguei, pega mamãe!). Em seguida, designa o lugar onde de hábito fica um carro – que, nesse dia, eu havia esquecido de colocar – e diz: *"Com-com"*, o que corresponde ao *toto* das crianças francesas (*bibi* em português).

Terminada a sessão, na sala de espera ocorre a seguinte sequência: Halil mostra à mãe a imagem, desenhada num brinquedo, de uma menina com a cabeça pousada no chão, e lhe diz: *"Sana küçuk kiz"* (Para você, menina).

Retomemos alguns elementos dessa sessão. Para a mãe, *biz* não evoca nada. No dicionário, encontro a significação: *nosso*[10], eu a devolvo a Halil na sessão seguinte. Mais tarde, ele vai usar esse termo regularmente. Houve nele, desde o início, nesse *biz*, uma intenção de significar? Em todo caso, era preciso que esse fonema fosse mensagem para alguém para adquirir um valor significante.

Quanto ao enunciado: *Pega! Jogo, mãe pega!*, Halil o profere após ter-me ouvido dizer à sua mãe que eu estava perdendo cabelos. Estaria ele fazendo alusão à falta que acabo de formular e que conviria que a mãe também pudesse admitir para ela?

Quanto à menina de cabeça para baixo que ele oferece à mãe, é a primeira imagem com a qual ele pode se identificar. Eu o havia ouvido dizer-lhe um dia em turco: *"Não bate a cabeça!"*, o que a mãe lhe dizia tão logo ele começava a bater a cabeça.

---

[10] Na verdade, *bizim* é "nosso".

Halil, enfim, brinca com a mãe

Na terceira sessão da semana, ele chega com um relógio no pulso, presente da mãe. Ela conta que ele disse repetidas vezes: "*Saat baba*" (O relógio do papai).

Ele estende o pé à mãe, dizendo: "*Ayakkabi, aç!*" (Sapato, abre!). Ela recusa tirar o sapato, alega que tem medo de que ele pegue frio. Falamos sobre isso, digo em seguida a Halil que se trata do pé dele, que a mãe tem o dela e que, se ele quiser tirar o sapato, que o faça ele mesmo. Ele, então, tira os sapatos e as meias, comentando seu gesto com um "*tirou*" em turco. Depois, vai se refugiar no armário, de onde mostra o pé à mãe dizendo-lhe: "*Bak anne!*" (Olha, mamãe!).

Pela primeira vez eles vão brincar de brigar. Halil tem uma predileção bem particular por uma caixa com uma tampa que traz a imagem de um casal abraçado. A mãe tenta tirá-la dele, rindo e falando com ele.

Ele protesta em turco: "*Seguro, seguro*", cada um puxando de seu lado com um prazer evidente. A brincadeira acaba em dois beijos que Halil dá na mãe dizendo: "*Öptüm*" (Dou beijos).

Terminada a sessão, a mãe quer pôr o sapato nele, ele o joga longe dizendo-lhe: "*Senin*", um genitivo em turco (Teu).

Dez dias mais tarde

Uma segunda circunstância, somando-se à queda de meus cabelos, virá marcar de fora esse período do tratamento: logo antes da sessão, roubaram-me um objeto precioso. Representava para mim como que um prolongamento corporal. Estou muito aborrecida com essa perda e, durante a sessão sem a mãe, estou mais retraída que de hábito, ao passo que Halil fala muito. Mostra-me a tampa da caixa com o casal abraçado, dizendo: "*Dama... senhora está ali*". Então, pela primeira vez, ele me pega pela mão, leva-me até o armário de brinquedos e declara que *é bonito*. Tira do armário o Meccano e, tão logo volto à poltrona, enche meu colo com objetos diversos, o que nunca fizera antes. Depois, brinca de comer num pratinho, dizendo: "*Ça annem. Tek anne*". Mais tarde vou ficar sabendo que isso significa: a mãe é única. Em seguida, tira uma mamadeira do armário e me diz: "*Até logo, anne tek*".

O telefone toca: alguém que me é muito próximo me pergunta se encontrei o objeto que me roubaram. Então, diante dessa súbita triangulação, Halil, demonstrando-me ao mesmo tempo uma grande ternura – no limite do erótico –, nomeia-me toda uma série de tios e tias. Em seguida, me pega pela mão e vai me pôr no *abismo* atrás da poltrona. Vai, então, até a pia e tenta tapar o buraco com a saliva. Vai ser a última vez que ele tentará tapar uma falha com a saliva.

Sessão mãe-filho

A mãe entra na sala do consultório, mas ele continua muito ocupado com a tampa que representa o casal. Examina-a longamente, depois a pega para bater na cabeça. A mãe, ansiosa, lhe pede que pare, pois acha que se trata de uma estereotipia de automutilação, como ele tivera muito antes. Digo-lhe que talvez seja outra coisa e insisto com ela para que deixe o filho continuar. Halil, então, joga a tampa várias vezes no chão dizendo: "*Atti*" (Ele joga). Depois, faz xixi na fralda, o que a mãe nos observa, e ele declara: "*Attum*" (Eu jogo). Várias vezes, ele joga e pega de volta a tampa-com-o-casal na lixeira, anunciando-o verbalmente. Em seguida, aproxima-se da mãe, põe o dedo no nariz depois na blusa da mãe e retira o dedo rapidamente, dizendo: "*Cis! Cis!*" (Queima! Queima!), enquanto lhe faz muitos carinhos. Depois, olha o casal da tampa e, como lhe digo que eles estão juntos, ele traduz em turco: "*Beraber... anne, baba, Adam*" (Juntos... mamãe, papai, moço). Em seguida, bate na tampa olhando a mãe.

Rio, dizendo que talvez seja por isso que os dois da tampa bateram em Halil há pouco. A mãe então se lembra de que, já há algum tempo, quando Halil vê um senhor na rua, ele lhe diz: "*Çirkin, git!*", o que significa *feio, vai embora!* E ela acrescenta rindo que ele vem de dizer a mesma coisa ao pai, de manhã na cama.

Dez dias mais tarde

Na primeira parte da sessão sem a mãe, ele põe de novo muitos objetos no meu colo, dizendo: "*Araba*[11], *küçük, küçük, küçük*" (Caminhão, pequeno, pequeno, pequeno). Respondo-lhe que sou eu que estou ali como um caminhãozinho carregado. Ele vai, então, até a sala de espera e traz um caminhão grande com as rodas quebradas. Como lhe faço a observação, ele me responde: "*Anem*" (Minha mamãe). Depois, vai buscar a caixa de balas com a tampa representando o casal abraçado e declara: "*Aqui está, anne bala*".

Na parte da sessão com a mãe, ele ainda examina muito atentamente o casal da tampa. Depois, sai com ela, vai para o fundo do armário, de onde declara: "*Oturdum, Adam, annem*" (o que poderia ser traduzido por *Eu me sento, moço, minha mamãe*). Nesse momento, sai do armário, fecha com força a porta e vai se sentar ostensivamente sobre a tampa, no meio da sala. Vendo-o tomar assim posse do casal da tampa, começo a rir[12].

No fim da sessão, como ele me traz mais um de meus fios de cabelo, é sempre com a mesma surpresa que me ouço lhe dizer que os estou perdendo.

Em espelho com a analista, a mãe reconhece uma falta em sua imagem

Uma semana mais tarde, na parte da sessão com a mãe, Halil vai buscar na sala de espera um relógio musical. Na véspera, ele já nos havia observado que um dos ponteiros estava quebrado. Faz com que desapareça e reapareça, dizendo: "*Dedê*" (Vovô). Em seguida organiza uma espécie de *jogo do anel*, bem complexo, dando sucessivamente à mãe e a mim um anel e dizendo: "*Ele é dedê*". Depois, sobe no colo da mãe e lhe diz em turco, com muita ternura: "*Ele veio, o menino veio*".

---

[11] *Araba* quer dizer carro ou veículo em geral.
[12] Halil não estaria aí representando uma cena análoga àquela em que o pequeno Hans toma posse da girafa amassada, sentando-se em cima?, S. Freud, *Cinq psychanalyses*, trad. franc. M. Bonaparte, R. Loewenstein, Paris, PUF, p. 118.

Desce, vai até o armário, pega um livrinho nas costas do qual estão desenhados minúsculos bonequinhos. Mostra-os à mãe, enunciando de uma só vez: "*Dedel, dede, dede, viu dede, partiu dede*".

Este *dede* me lembra o avô paterno em cuja casa a mãe viveu com os dois outros filhos, enquanto o marido veio só para trabalhar na França. Lembremos que, segundo a mãe, Halil foi concebido enquanto o marido atravessava uma depressão após a morte do próprio pai.

Enquanto penso em tudo isso, Halil subiu de novo no colo da mãe. Percebo que ele tenta levantar o lenço dela – que, como boa muçulmana tradicionalista, ela usa bem apertado na cabeça. E me ouço dizer no lugar do menino: "*Anne tem cabelos?*".

Para minha grande surpresa, a mãe me responde: "*Não, pouquinho, não muito, caíram todos! Antes de Halil, eu tinha, mas não depois. Meu marido diz que gostaria muito que eu tivesse. Mas eu digo, para fazer o quê?*".

Na sessão seguinte, como falamos da precedente, ela tira por alguns instantes o lenço, descobrindo uma pelada bem significativa. Halil, que está brincando com a cobra desmontável, proclama: "*Ylan güzel*" (Cobra bonita).

A mãe vai acabar aceitando tratar a pelada e, semanas mais tarde, o menino, reencontrando a mesma cobra, dirá em turco: "*Gosto da cobra... gosto de minha mamãe*".

Está patente que, ao longo das sessões, graças aos jogos e às falas, relações imaginárias se teceram entre o menino e a mãe, entre ele e a analista. Esses laços aos poucos desenham um espaço de onde um certo tipo de rivalidade de ordem edipiana não está excluído. Encontramo-nos progressivamente diante de um material em suma bem comum nas curas de crianças, exceto que se trata de uma criança autista que anteriormente nos oferecia o espetáculo renovado de suas estereotipias.

O PROBLEMA DAS ESTEREOTIPIAS

A questão das estereotipias apresenta-se em filigrana nessa parte da cura de Halil. Vimos como a atividade de Halil com o Meccano dera lugar a um repetitivo recortar de tiras de papel, depois à laceração também repetitiva de sacos plásticos vazios, comportamento que, por seu caráter invasivo, deixava os pais desolados.

O *olhar* da analista conferiu à sua atividade o valor de um trabalho sobre a separação de uma parte em relação a um grande Todo. Esse olhar antecipou o valor de *ato* que essas condutas veiculavam ao logo compará-las com o jogo do *fort-da* da criança com o carretel, o que provavelmente evitou que essas condutas se constituíssem definitivamente em estereotipias. Halil logo mostrou uma tendência marcada em reiterar indefinidamente uma ação por ela mesma, de modo que ela assim perdia seu valor de ato, ao passo que, na criança com o carretel, o jogo do *fort-da* era um ato.

Essa noção de *ato* pode nos orientar na questão das condutas estereotipadas. Estas podem então ser lidas como comportamentos que, embora reiterados até o esgotamento, nem por isso são da ordem da *compulsão à repetição* (*Wiederholungszwang*). Esta última já pertence ao registro pulsional e, embora inscreva o sujeito para a morte, ao mesmo tempo o faz advir à fala. As estereotipias são, antes, meios de descarga, manobras de evitamento defensivo (elisão) contra a lembrança de traços mnésicos ou de percepções dolorosas provenientes do mundo exterior. Portanto, essas condutas não têm (ou não têm mais) um objetivo de ato, elas não levam à encenação, à representação da ausência. O material clínico de que dispomos permite pensar que as gesticulações automáticas foram, na origem, da ordem de um *ato*. As estereotipias seriam as ruínas desse ato[13].

Vamos reencontrar Halil no capítulo 9.

---

[13] Ao se referir a outros pontos de referência teóricos, Daniel Marcelli já levantou uma hipótese análoga. Eis o que ele diz: "As estereotipias gestuais poderiam representar os resíduos gestuais vazios de sentido, desmantelados de um *pointing* cuja função de comunicação, cujo papel organizador pré-simbólico permaneceram letra morta. O desmantelamento desorganiza a sequência comportamental do *pointing* ao reduzi-lo a seu componente de simples descarga motora [...]", "La Position autistique. Hypothèses psychopathologiques et ontogénétiques", in *Psyquiatrie de l'enfant*, vol. XXVI, I, Paris, PUF, 1983.

CAPÍTULO 4

O CASO MOURAD

Mourad tem dois anos e meio quando o recebo pela primeira vez. É um belo menino de rosto imóvel, um semblante de sorriso preso nos cantos dos lábios. A mãe já estava grávida dele quando chegou à França. No entanto, parece não manter nenhum laço com a mulher cabila que era anteriormente; declara só falar francês com Mourad, ainda mais que o pai do menino não quer que falem cabila com o filho. O menino parece ser surdo. Não responde a nada, não emite nenhum chamado. Limita-se ao grito da necessidade ao qual a mãe responde no silêncio, como se não houvesse entre eles nenhuma separação. De vez em quando, Mourad parece interessar-se por certos objetos, mas durante seus frequentes fechamentos autísticos, torna-se perfeitamente inacessível. Esses momentos são por vezes acompanhados de um balanceio do corpo e da emissão de sons, catalogados como ruídos autísticos antes mesmo de meu encontro com ele (pois, no início, devo ter para ele menos existência que os móveis da sala).

De um casamento anterior, a mãe teve um primeiro filho que ficou na Cabília. Ela só o evoca se lhe falo dele e, mesmo assim, com uma voz monocórdia e sem afeto, como se essa história não lhe dissesse respeito pessoalmente.

Graças à presença de um observador, a Dra. Martine Bey, numa das três sessões semanais, dispomos de uma transcrição relativamente fiel do que foi dito. Essa transcrição nos foi necessária não só para a decifração dos enunciados em cabila, mas também porque, durante muito tempo – durante todo o período que chamarei de pré-história de Mourad –, as sequências de condutas do menino pareciam inteiramente incoerentes e os sons que ele proferia, quando havia, efetivamente autísticos, isto é, sem nenhuma intenção de comunicar, sem nenhuma relação com o que se dizia ou se passava à sua volta. *A posteriori*, quando relermos as notas das sessões, ficará claro que esses sons podiam remeter a bagaços de palavras, mais tarde, a palavras.

A PRÉ-HISTÓRIA DE MOURAD
UMA DAS PRIMEIRAS ENTREVISTAS MÃE-FILHO

Estamos em julho, e a entrevista precede a interrupção das férias de verão.

Como Mourad põe um lápis na boca, a mãe me diz que, em casa, não o deixa fazer isso, e acrescenta, mostrando sua garganta: "*Pois uma vez ele engoliu até aqui*". Pergunto-lhe se ela tinha o mesmo medo com o filho mais velho. Mas antes que ela tenha tempo de me responder, Mourad joga todos os lápis no chão, depois vai dar um à mãe, que não percebe. Ele próprio cai no chão e começa a gemer aos nossos pés, olhando o teto. Digo-lhe que, quando falamos de seu irmão Amar, ele se joga no chão, como se estivesse sendo largado por mamãe que pensa na Argélia. A mãe declara que pensa muito menos em Amar depois que teve Mourad.

Observo à mãe: "*Amar pegou de volta o lápis que ele lhe deu*", sem eu nem mesma ter percebido meu lapso. Mourad tenta juntar dois vagões de um trem de plástico que ele não consegue encaixar; como mostra sinais de irritação, digo a ele: "*Quer que os juntemos, Amar?*". Desta vez, ouço meu lapso e dirijo-me à mãe para observar-lhe isso; ao que ela me retruca que já é a segunda vez. E, como cometo ainda uma terceira vez o mesmo lapso, comento: "*Com Amar eu não poderia falar em francês; se ele estivesse aqui, seria preciso falar com ele em cabila*".

Como a questiono sobre uma eventual semelhança entre os irmãos, a mãe responde que, com efeito, os dois meninos se parecem muito, mas que um tem cabelos pretos e o outro, castanhos. Enquanto ela fala, Mourad a olha sorrindo. Digo, então, ao menino que, para a Sra. Laznik, seria mais fácil se Amar estivesse ali; um estaria na sala do consultório, o outro na sala de espera, e eu não os misturaria o tempo todo na minha cabeça. Enquanto falo, Mourad continua a olhar a mãe muito atentamente; depois, volta a mexer no trem. Como sei que o pai dela era chefe de estação na aldeia onde viviam, pergunto-lhe como se diz *trem* em cabila; ela me responde, mas é incapaz de escrever a palavra. Explica-me que a Argélia é contra a escrita da língua cabila, que é proibido ensiná-la, que o racismo dos árabes contra os cabilas é virulento. Nesse momento, Mourad começa a chorar e a gritar muito forte; será simplesmente porque os vagões do trem se separaram de novo?

Como ele roda um carrinho na direção de um enorme *trailer* cujas portas se abrem, tento verbalizar relações entre uma *mamãe-carro*, um *bebê-carro* e um *papai-trem*. Mas essa proposta de cenários fantasmáticos[1], que costuma ter efeitos sobre crianças pequenas, deixa Mourad totalmente indiferente. A isso vou no entanto voltar em outras sessões, quando ele colocar novamente esses três objetos uns nos outros; mas será sempre com o mesmo fracasso. Como se o que eu pudesse dizer a esse respeito não passasse sequer pelo muro de seus ouvidos, tornados novamente surdos nesta ocasião. Por outro lado, quando no fim dessa mesma entrevista, vendo-o de novo gemer e bater com o pé, e querendo chamá-lo, cometo uma quarta vez o mesmo lapso chamando-o de Amar, ele ouve bem, me olha e me sorri. Nos tratamentos de autistas, rapidamente percebemos se estamos fora do assunto: a intervenção cai num vazio absoluto. Em compensação, quando tocamos em algo verdadeiro, mesmo apenas no aparelho psíquico da mãe, a criança se mostra extremamente atenta. Um pouco como no jogo de chicotinho-queimado, as reações da criança permitem saber se *está quente* ou se *está frio*. É por isso que o choro de Mourad no momento em que a mãe evocava os problemas dos cabilas não me pareceu ser pura coincidência. Mais tarde, quando pedirei ao pai autorização para falar ca-

---

[1] Proposta introduzida por Melanie Klein a respeito do "caso Dick". Ver "L'importance de la formation du symbole dans le développement du moi", in *Essais de psychanalyse*, trad. franc. M. Derrida, Paris, Payot, 1968, pp. 263-278.

bila com o menino, ficarei sabendo que ele só queria lhe falar em francês para esquecer a Argélia. Por ter sido ele mesmo criança durante a guerra, o pai havia sofrido muito, ainda mais que seu próprio pai morava então na França, e a mãe ficara, com os filhos, sob o encargo de um tio que não parecia muito feliz com aquilo. Ele deixou a Cabília na idade de doze anos, sua chegada na França, conforme ele mesmo diz, "fizera um buraco", uma caverna em seu pulmão. Ele não devia mais retornar a seu país, a não ser para seus dois sucessivos casamentos, uma vez que o primeiro fracassara.

No final da entrevista, no momento em que escolhemos os horários para a volta das férias, a mãe me informa que, nesse ano ainda, nas férias, ela não irá à Cabília. Quanto a Amar, ele visitará os avós maternos na aldeia, acrescenta ela, como que para me tranquilizar a seu respeito. Não faz nenhum comentário sobre o fato de que não verá o filho mais velho, embora não o veja há mais de três anos. Ao reler as notas dessa entrevista, começo a pensar que era a mim que cabia interessar-se por seu filho mais velho e pelo cabila, língua que ela no entanto falou a vida inteira.

Segunda sessão de setembro

Mourad vai buscar o carrinho, e a mãe se lembra com prazer de que há a mamãe-*trailer*, o papai-trem e o bebê-carro. Ele não manifesta interesse pelo que dizemos. Por outro lado, ao colocar o bebê-carro dentro do *trailer*, emite um *u u u* prolongado que faz seguir do ruído de um beijo, mas endereçado a ninguém. Essa série de vogais lhe é própria, e a mãe a considera um ruído que não quer dizer nada. No entanto, no contexto, pareço ouvir o resto de uma mensagem que teria perdido seu endereço. Pergunto, então, à mãe como se diz *beijo* em cabila? "*Azuzena*", ela me responde. Enquanto conversamos, Mourad me traz o bebê-carro dizendo de novo: "*U u u*". Pergunto-lhe quem ele está chamando, e lhe proponho vários nomes; mas ele não parece ouvir nada. Tem um ar triste, suspira, esconde os olhos. Refaz o barulho de um beijo. A mãe diz que só na véspera é que ele começou a dar beijos.

Mourad continua a rodar o carro-bebê, primeiro no *trailer*-mamãe, depois sobre a mesa, de onde cai. A mãe exclama: "*Ah sim! Bebê-carro* caiu!". Nesse momento, Mourad abre um verdadeiro sorriso; a mensagem parece recebida. Pergunto à mãe como se diz *bebê* em cabila; ela me explica que é costume dizer *ami*, palavra que seria como um *meu pequeno* (na verdade, parece ser mais próximo de um *meu*). De repente, ela pede ao filho para cantar *as marionetezinhas*[2]* com ela. Enquanto ela canta, ele executa os gestos mecanicamente. Em seguida, ela lhe canta uma canção em cabila, Mourad fica feliz, o que observo à mãe. Então, de repente, ela se lembra de que há três dias vem sentindo dor de dentes[3]* e que marcou consulta para arrancá-lo.

Durante esse tempo, Mourad continua a manipular o bebê-carro, ouvimo-lo emitir: "*neu neu*", depois cai num fechamento autístico. Ao me aproximar dele, dirijo-me ao carrinho: "*Oi bebê! Ele não responde? Ah, olha ele!*". Ao contrário das outras vezes em que eu havia tentado me aproximar dele, Mourad não me rejeita, olha-me e diz distintamente: "*bu-bu*". Interrogo a mãe, ela me responde que *aquilo não quer dizer nada*. Nesse momento, Mourad emite uma série de *m m m*, enquanto balança bem devagar, de novo encolhido. Mas quando grita suavemente: "*d d d d d*", a mãe ouve a palavra *dodói* e a repete. Mourad vai, então, em sua direção, lhe mostra um minúsculo dodói no dedo e lhe sorri. Logo depois, vai cair novamente num fechamento autístico.

No final da sessão, recomeça a brincar com o carrinho emitindo um de seus ruídos característicos: "*brrr, brrr, brrr*". Era um barulho que ele costumava fazer em casa e que voltará com frequência nas sessões seguintes. No início, imaginei que ele estava imitando um barulho de motor, como se achasse que era ele mesmo um carro, mas a sequência mostrará que esse fonema englobava outra família de significações.

Comentários

Quando a mãe se queixa da dor de dente e me diz que vão arrancá-lo, logo penso na sessão anterior, em que me explicou como lhe haviam

---

[2] Cantiga infantil francesa acompanhada de gestos das mãos. (N. T.)

[3] Há homofonia entre *mal de dent* [dor de dentes] e *mal dedans* [dor dentro]. (N. T.).

tirado o filho mais velho. No mesmo tom sem afeto, incapaz de exprimir uma dor, ela contara a seguinte história: segundo a tradição, o pai escolhera para ela um marido, um primo em primeiro grau. Um filho nascera; mas o casamento havia fracassado, o pai exigiu que ela se divorciasse e decidiu que, em troca, a família do ex-marido ficaria com o filho. As coisas foram concluídas assim, sem que a mãe pudesse dizer nada. Ela viveu dois anos na casa do pai, não longe da aldeia onde estava o filho, mas sem poder revê-lo, exceto na véspera de sua partida para a França, depois de ter sido casada novamente com outro primo em primeiro grau. Como este vivia na França, ela tinha de deixar a Cabília para acompanhá-lo. Uma única marca de emoção veio pontuar esse primeiro relato quase impessoal: "*De qualquer modo não posso ter raiva do meu pai, ele havia dado sua palavra!*".

Também acrescentou que, tendo ficado muito só em Paris, andava pelas ruas sem objetivo preciso, em pseudopasseios que a conduziam com frequência à esplanada da Défense. Como falava no singular, precisei de um certo tempo para compreender que Mourad ia com ela no carrinho ao longo de suas errâncias. Ocorreu-me, então, que ela talvez não conversasse com ele. De fato, em nossas primeiras entrevistas, ela não lhe dirigia espontaneamente a palavra, nem mesmo no francês que dizia usar com ele. Em minhas notas da época, escrevi: "*Parece uma relação cujo som teria sido cortado*".

Hoje, seis anos mais tarde, pergunto-me se, durante seus passeios, essa mulher não mantinha, com efeito, um solilóquio interior; daqueles em que só os lábios se mexem, sem que nenhum som saia.

O que me permite formular essa hipótese é um roteiro que seu filho, agora com oito anos, me pediu para representar várias vezes nestes últimos tempos. Faço o papel de uma apresentadora de televisão que conta um filme a tele-espectadores que, é claro, ela não vê, mas aos quais dirige um sorriso de circunstância. O importante, explica-me ele, é que ela deve falar num microfone cujo som foi cortado. Mourad é um bom diretor de cena e me dá indicações precisas sobre a maneira como devo representar. Se tento mexer lentamente os lábios para que possa ler neles palavras, ele se irrita, me explica que devo mexer os lábios de tal maneira que o espectador não consiga saber nada. Existe uma variante para esse jogo: devo ser uma *miss*, que passeia de um lado para o outro, dirigindo esse mesmo sorriso fixo a

O CASO MOURAD

um público que ela nunca vê. Ele faz o papel do público. Não sabe me dizer como lhe vieram essas cenas, mas experimenta uma satisfação artística quando conseguimos representá-las do modo mais correto possível.

Voltemos ao menino autista que ele era seis anos antes e àquilo que sua mãe considerava como ruídos *dele* – ruídos *autísticos*, poderíamos dizer, embora a palavra não fosse pronunciada. Quando releio as notas relativas à segunda sessão de setembro exposta mais acima, encontro toda minha perplexidade diante dos enunciados desse menino. Só após vários meses de trabalho é que a seguinte leitura tornou-se para nós[4] possível. No que se refere ao *u u u* prolongado, mais tarde vou saber que, se um *beijo* em cabila se diz *azuzena*, um beijoca se diz *azuzu*.

A respeito dos *m m m* que, como as vogais precedentes, voltarão com frequência, encontramos, meses mais tarde, no dicionário, que *mimmi* queria dizer *meu filho*, o *i* final remetendo, como em outras línguas semíticas, à primeira pessoa do singular[5]. Para entender o que se segue, devo dizer aqui que – sem que isso tome, no entanto, o caráter de verdadeira descarga de lapsos como na primeira entrevista – ainda me aconteceu chamar Mourad pelo nome do irmão. Até o dia em que a mãe me declarou: "*No início, quando ele era bem pequeno, eu tinha a impressão de que era Amar, eu achava sempre que era Amar*". Será que, nesse período, ela lhe dirigia a palavra? E, então, em que língua? A própria mãe nos diz depois que, quando Mourad era pequeno, ela lhe dizia: "*Aammam azuzu*", o que, segundo ela, poderia ser traduzido por *meu bebezinho querido*. Logo, ele ouviu palavras ternas, proferidas em cabila, ainda que essas palavras fossem endereçadas a Amar. Assim, podemos pensar que *u u u, m m m* já constituíam a retomada pelo menino do contorno do enunciado materno *mammam azuzu*. Mas esse enunciado remetido pelo menino como um apelo devia ter caído no vazio da escuta de uma mãe inteiramente ocupada pelo *filho mais velho* cuja perda ela recusava e que devia estar incorporado nela mesma sob forma de um objeto de tipo melancólico.

---

[4] Digo "nós", aqui, pois a Dra. Martine Bey, nossa observadora, teve um papel muito ativo no trabalho de decifração das notas tomadas em sessão.

[5] A língua cabila é uma língua semítica, as palavras provêm, portanto, de raízes consonânticas. Entretanto, ela é escrita em alfabeto latino, o que nos permitiu fazer algumas pesquisas no dicionário.

Fragmentos de sessões de meados de setembro

Mourad, enquanto roda um caminhão sobre a mesa, diz: *"Arrafa"*. Como a mãe ouve *garrafa*, vou buscar uma e dou-a a seu filho. Ela me observa que se trata de uma mamadeira, o que Mourad não conhece, já que, como é hábito em seu país, ela lhe deu o seio até que ele fosse capaz de beber num copo. Enquanto peço à mãe que me fale dessa época, o menino se aproxima dela e lhe faz um carinho. Digo que ele está contente que enfim falemos um pouco dele. Depois, pergunto à mãe como se diz *seio* em cabila. Ela me responde: *"Bubu. Agora, ele esqueceu. Quando era pequeno, ele sabia* bubu*, eu lhe dizia"*. Nesse momento, o menino balança sobre si mesmo e se tranca num fechamento autístico.

Chamo-o pelo nome, pelo sobrenome, depois pelo do irmão. Ele não responde diretamente – nunca o fez –, mas resmunga uma série de *m m m m* e vai buscar o bebê-carro na caixa de brinquedos. A mãe está me falando da escolha do nome Amar, quando ouvimos: *"A... ar, oto"*. Fico muito espantada, ainda mais que a mãe confirma que, na Cabília, a palavra é igualmente *automóvel*. Diante de meu olhar admirado, Mourad fica por sua vez muito espantado; olha cada uma de nós muito intensamente, depois vem me trazer o bebê-carro que ele aproxima de minha boca para que eu lhe dê um beijinho. O que faço.

Uma semana mais tarde

Mourad esconde o bebê-carro num canto do armário e diz: *"Bubu"*. Digo à mãe que a palavra me parece conhecida, mas que não me lembro mais. Enquanto o filho, que subiu no colo da mãe, toca em seu peito, ela me responde, desta vez ainda, que não sabe, que aquilo não quer dizer nada. Acrescenta que ele passou o dia anterior inteiro repetindo: *"Neu neu neu"*, mas que ela tampouco vê a que isso pode se referir.

Mais tarde, nessa mesma sessão, Mourad parece de novo sair um pouco de seu fechamento autístico quando o chamo, de propósito, pelo nome do irmão, uma vez que não obtive nenhuma reação com seu próprio nome.

O CASO MOURAD

QUINZE DIAS MAIS TARDE

Num momento em que ele está particularmente trancado e ausente, deitado debaixo da mesa, olho para ele e digo: *"Ah, mas é Mourad A. quem está aí!"*. Como ele não parece registrar nem que fosse o som de minha voz, digo: *"Então, é Amar quem está aí. Onde você está, Amar?"*. Ele então se levanta e, de olhos fechados, os braços estendidos para frente, feito um cego, avança na minha direção, até me tocar. Pela primeira vez, esse menino responde a uma chamada! Por sorte, a Dra. Bey, nossa observadora, está presente, caso contrário eu teria achado que estava sonhando.

SESSÃO SEGUINTE

A mãe chega transtornada pelos acontecimentos transmitidos pela imprensa sobre a Argélia. Houve mais manifestações e ela teme represálias contra os cabilas. Começa a falar espontaneamente de Amar. Conta seu primeiro encontro com ele depois da separação: *"Eu o revi um mês depois, ele estava muito magro, triste, mas havia aceitado, falou-me com carinho. Depois, só o revi uma vez, antes de vir para a França"*. Pela primeira vez, queixa-se do marido, que não quer mais voltar para a Cabília.

Dias mais tarde, por ocasião de um novo lapso de minha parte que me obriga a reconhecer uma vez mais o quanto os dois irmãos permaneciam confundidos em minha mente, será aí que a mãe poderá, enfim, me dizer que, por vários meses, ela havia tomado Mourad por Amar.

Durante todo o primeiro período do tratamento, que chamo de *pré-história* de Mourad, nada do que eu lhe disse relativo a ele pessoalmente parecia atravessar o muro de sua surdez, nem mesmo seu nome. No entanto, quando eu caía justamente em algo relativo aos acontecimentos não simbolizados em sua mãe – e a perda de Amar era um exemplo típico disso –, ele saía de seu mundo emparedado e voltava seus olhos para meus lábios.

O leitor deve ter achado espantoso a mãe não saber mais o que *bubu* significa, uma semana depois de ter dado ela própria a tradução. Com efeito, ao se ler, isso salta aos olhos. Mas é forçoso constatar que o enunciado de uma criança autista tem esse efeito característico de fazer pensar que ela não é portadora de nenhuma mensagem. "*Isso não quer dizer nada*", repete a mãe, embora até o filho, no colo, toque precisamente em seu seio. Mas é preciso notar que um recalque análogo acontece com a analista. Para a observadora, mais à distância dos efeitos transferenciais, a cena parece ainda mais surpreendente, pois ela podia ver, do lugar onde estava, que o menino que acabava de pôr seu carrinho no armário olhava a mamadeira enunciando *bubu*. Foi só depois que, ao relermos as notas das sessões, percebemos que, uma semana antes, o menino já havia enunciado esse significante *bubu* e que a mãe já havia respondido que aquilo não queria dizer nada. Assim, consultamos o dicionário, que nos ensinou que aquilo também significava *peru*. Polissemia que lembra a equação simbólica de Freud: seio = pênis = fezes...

A palavra *bubu* nesse menino autista era um significante? Tinha nele valor polissêmico? Só posso responder de maneira afirmativa antecipando o que se segue, isto é, contando uma cena que ocorreu um mês depois. O Dr. Bérouti[6], que é a um só tempo médico e diretor do centro, um dia lhe empresta a caneta esferográfica. Mourad põe a caneta no armário, na casa-carro, em tudo que é lugar. A tampa cai, o que não percebo. O menino entra num grande desamparo e grita: "*Bubu!*". Dou-lhe a mamadeira, mas em vão. Como ele volta à carga, e desta vez chamando: "*Mamãe! Bubu!*", acabamos ouvindo; e é a mãe quem encontra a tampa perdida. Mourad está radiante.

Nossas descobertas relativas à polissemia de *bubu* nos conduziram a buscar no dicionário se *neu neu neu* também não teria uma significação, ainda mais que essa série fonemática voltava quase a cada sessão e que a mãe dizia que ele às vezes a repetia o dia inteiro. Descobrimos que *nau* se traduz por *triste*, e que *neuneu, aneié* podia ser ouvido como *queda, cai*. O dicionário fornecia até um exemplo que foi muito "falante" para a mãe[7]: "*Wi k-yess neÿnin?*" (Quem te deixou triste?). Ela havia com frequência

---

[6] O médico que o atendia teve papel muito importante nessa cura.

[7] Costumávamos buscar palavras no dicionário com a mãe, que sentia certo prazer em compreender melhor a estrutura da própria língua. Com ela, aprendi o quanto é difícil entender o recorte e, portanto, a sintaxe de palavras que não conhecemos sob uma forma escrita.

ouvido e até empregado essa frase. Ora, esse *neu neu* sempre surgia em Mourad em momentos de tristeza, de acabrunhamento.

Durante esse período "pré-histórico", Mourad, como as outras crianças autistas, não pedia nada, não chamava. Quando precisava de alguma coisa, pegava a mão da mãe, que funcionava, então, com toda evidência, como um *continuum* de seu próprio corpo. Em minha sala há uma pia. Mourad usava a mão da mãe quando queria beber. Eu tentei bem cedo introduzir um corte entre eles, pedi à mãe que esperasse uma chamada, ou mesmo um simples olhar do menino, antes de seguir o que ele a mandava fazer com a mão. Mas só vieram gritos e sofrimento. Até uma cena traumática e resolutiva ocorrer entre nós na última sessão antes das férias de Natal.

Uma experiência traumática: o surgimento de um terceiro

Durante a sessão, a mãe me conta que decidiu ir à Cabília nas férias de verão. Será a primeira vez e lá vai rever o filho mais velho. Mas faz questão de acrescentar: "*Se vou lá, não é apenas por ele; é verdade, ele é importante, mas não há só ele*". Prossegue explicando-me que não escreve diretamente para o filho mais velho na casa do primeiro marido, "*pois o pai deste aqui poderia sentir ciúmes*", acrescenta designando Mourad com o dedo. Diante da evocação inteiramente inabitual desse pai como ciumento, Mourad começa a puxar com muita insistência a mão da mãe para que essa mão lhe abra a torneira, sem evidentemente olhá-la nem formular o menor apelo articulado. Falo com Mourad para lembrar-lhe que, se deseja alguma coisa, pode olhar a mãe ou então proferir um som. Ele então começa a soltar gritos tão fortes que cobrem minha voz e que ressoam no prédio inteiro. Apesar de minhas tentativas de lhe falar, ele faz um tal alvoroço que ninguém consegue mais dizer uma palavra na sala. Mesmo assim não cedo; ainda mais que Mourad já se mostrou capaz de chamar em circunstâncias análogas – vimos um exemplo mais acima. Mas essa cena teve um tal efeito traumático sobre mim que mandei cortar a alimentação da torneira de minha sala para não ter de passar por outra.

Volta em janeiro: o roteiro da marionete

Na volta das férias escolares, não estou totalmente recuperada do traumatismo da última sessão. Mourad, este, parece em boa forma. Vai instaurar um roteiro que me deixará por um bom tempo muito perplexa. Pega a mão da mãe, sem olhá-la, para levá-la até o armário de brinquedos de minha sala. Lembro aos dois que Mourad deve endereçar um pedido à mãe quando quiser algo e lhe repito que essa mão que ele segura não é ele. Ao contrário da sessão anterior, Mourad aceita sem problema: "*Mamãe*", diz ele, enquanto a puxa até o armário. Ele pega, então, uma marionete que representa um animal peludo cuja boca grande pode abrir e fechar. É a primeira vez que ele toca numa marionete. Como me olha, me aproximo. Ele põe, então, a marionete em minha mão e me diz: "*IM IM!*". A mãe ouve *izim*, que quer dizer *leão* em cabila.

Mourad me mostra por gestos e ruídos que, enquanto sua mãe tenta juntar-se a ele no interior do armário, a marionete deve fazer uma voz grossa e morder suas mãos e as de sua mãe reunidas.

Aceito executar o roteiro. Quando a boca grande do bicho morde as duas mãos separando-as, ele não manifesta nenhuma angústia. Ao contrário, fica muito contente e me pede para recomeçar. Depois, sai do armário, vem pegar o bicho na mão e o beija com ternura. A mãe está surpresa: é a primeira vez na vida de Mourad que um beijo encontra um endereço! Esse roteiro que me deixará por muito tempo espantada vai se prolongar durante algumas sessões, antes de desaparecer em seguida definitivamente.

Quanto a mim, tenho a impressão penosa de ter sido destinada a desempenhar o papel de um supereu obsceno. Nas sessões seguintes, vou mesmo assim aceitar refazer a cena a seu pedido, Mourad me agradecerá com um beijo sonoro, o primeiro de sua parte a um ser humano. É incontestável que o menino transpôs um limite. Do traumatismo do arrancamento até essa cena em que se efetuará uma separação entre sua mão e a de sua mãe, há um mundo: aquele da possibilidade de encenar, de representar o próprio corte. É como se o traumatismo da última sessão tivesse operado uma mutação.

A questão do traumático na fundação do sujeito do inconsciente

Na criança autista, não há, em todo caso, de início, nenhum sujeito que responda ao chamamento de seu nome. Ela não articula nenhum chamado, menos ainda qualquer pedido. Ainda estamos diante do grito da necessidade, ao qual, em geral, a mãe se apressa em dar uma resposta que recoloca rapidamente a situação em estado de equilíbrio. Estamos confrontados com um sistema de defesa que pede, sobretudo, para ser estável; e tudo é feito para afastar as excitações suscetíveis de perturbar essa estabilidade. Quando um terceiro intervém para pedir à mãe para não atender imediatamente à suposta necessidade, o menino tem uma cólera violenta. Se ninguém trouxer uma resposta rápida a seus gritos, vemos instalar-se nele um sofrimento real, sofrimento aquém da diferenciação entre o psíquico e o físico, e que só faz reforçar o isolamento autístico.

É como se a criança autista constituísse um caso particular de parasitismo não do corpo da mãe (uma vez que essas crianças já desmamaram), mas do inconsciente materno. Uma prova desse parasitismo é que a criança, que permanece impassível seja qual for a interpretação que lhe seja endereçada, reage e retoma vida, dirigindo seu olhar interrogador para nossa boca, tão logo damos uma interpretação justa à mãe quanto a seu próprio funcionamento mental. É uma experiência muito particular e que indica, a meu ver, que nos encontramos aquém do surgimento de um sujeito diferenciado, no nível de um *eu primitivo* englobando se não a mãe inteira, pelo menos partes do corpo materno e partes de seu inconsciente.

Nessas condições, o que se pode esperar de uma cura analítica? Precisamente, o nascimento do sujeito do inconsciente, isto é, do sujeito de um desejo, de uma fantasia pessoal. É por isso que a prática de curas de crianças ainda autistas não deixa de lembrar certos ritos de iniciação ou de passagem. Ela leva o analista a interrogar o estatuto desse tempo do trauma – que ele vai, assim, aguardar, um pouco como aguardamos, numa cura clássica, que transferência se instaure.

O tempo que chamei de *pré-histórico* parece, portanto, marcado pela instalação de um *trauma*, isto é, de uma experiência necessária de perda de algo que funciona como parte do corpo para a criança, e colocando a questão de um vivido doloroso, ainda que essa experiência *a posteriori* se afigure necessária à divisão que permite o nascimento do sujeito.

Em *Inibição, sintoma e angústia*, a noção de *traumatismo* ganha na teoria freudiana da angústia um valor maior. O sinal de angústia permitiria ao eu [*moi*] evitar o transbordamento por uma sobrecarga do afluxo de excitação, afluxo que define a situação traumática propriamente dita. Assim, Freud atribui a sedimentos de acontecimentos traumáticos muito antigos um papel de símbolo mnésico eficaz. Para ele, o acontecimento traumático precoce tem um papel de necessidade na estrutura, e esse símbolo *teria sido* – diz ele – *de qualquer modo criado*[8]. Ele fala, então, do *recalque originário*: "Estamos ainda muito pouco informados sobre esses planos de fundo, sobre esses estádios prévios do recalque". Em seguida, sublinha que "a angústia de morte [...] deve ser concebida como análoga à angústia de castração[9]". O que ele entende por isso? Trata-se, precisamente, da questão da perda de uma parte de corpo, da queda, da separação de uma parte do eu [*moi*] primitivo. Freud parte primeiramente da experiência cotidiana da perda do conteúdo intestinal para logo passar – o que indica bem que se trata de algo da mesma ordem – à perda do seio materno experimentada no desmame. Segundo ele, o nascimento representaria uma castração para a mãe, uma vez que a criança é para ela o equivalente do falo. Essa experiência, traumática para a mãe, constituiria um *símbolo de separação*. Freud sublinha que, para a criança, o nascimento não é vivido subjetivamente como separação da mãe, pois esta é, enquanto objeto, completamente desconhecida do feto (integralmente narcísico, pensa ele). No estado de desamparo (*Hilflosigkeit*), a angústia estaria ligada, para o bebê, à ausência do objeto. Essa angústia seria semelhante à angústia de castração pelo fato de que esse objeto, tido em alta estima, é vivido como *uma parte de seu eu* [*moi*] da qual a criança se sente separada. Segundo o texto freudiano, o trauma primordial está ligado, portanto, a uma experiência da perda de uma parte destacável vivida como se pertencesse ao eu [*moi*].

---

[8] S. Freud, *Inhibition, symptôme et angoisse*, trad. franc. M. Tort, Paris, PUF, 1968, p. 10.
[9] *Ibid.*, pp. 53 e segs.

A divisão como necessária à constituição do sujeito em Lacan

Como vimos, Lacan também concebe a divisão ou refenda do sujeito como instaurando-se pela identificação do sujeito com uma parte perdida. De um grande Todo primordial cai uma parte destacável; e é dali que se origina o sujeito desejante.

É a propósito da *circuncisão* que Lacan, em seu seminário sobre a angústia, faz do pedacinho de corpo que cai o protótipo do *objeto a*. Embora a circuncisão seja um modelo desse corte, ela não é o único. Para ele, assim como para Freud, o corte instaurado pelo nascimento não é a separação entre a criança e a mãe. Desse ponto de vista, Lacan observa que o corte ocorreria mais entre a criança e o *envelope placentário*, cuja origem embriológica atesta ser ele um tecido de mesma natureza que a própria criança. Essa primeira separação de uma parte destacável nem por isso instaura um sujeito.

Lacan também busca do lado do seio. Pergunta-se de que lado se encontra o corte: entre a mãe e o seio, ou entre a criança e o seio? O desmame não é o detonador do processo de subjetivação, mas antes a *prova de automutilação*: o jogo do carretel com o *fort-da* é seu exemplo *princeps*; é o momento de separação sujeito/objeto e do acesso ao simbólico, à linguagem.

O autismo nos confronta com um sujeito mítico, já que ele ainda não existe, nem sequer enquanto sujeito do enunciado. Logo, trata-se de uma clínica que permite assistir ao *processo de subjetivação enquanto tal*.

Segundo Lacan, é no próprio lugar desse objeto caído que a criança poderá ulteriormente designar-se como sujeito[10]. Ora, o objeto caído só pode vir representar o sujeito se for investido libidinalmente, isto é, se não for puro dejeto. É o que chamo *o papel fundador do olhar do Outro primordial*[11] que faz com que a criança seja um objeto de investimento libidinal. Lembremos que esse objeto *pequeno a* não é especularizável, ele é justamente aquilo que a criança não encontra na imagem de seu corpo.

---

[10] Logo, para que uma criança possa vir designar-se nesse lugar de *objeto a*, é preciso que ela seja previamente constituída no genitor.

[11] *Cf.* M.-C. Laznik-Penot, *La Psychanalyse à l'épreuve de...*, *op. cit.*

Só no olhar de amor do Outro real é que a criança pode reencontrar seu próprio valor de objeto causa do desejo[12].

Vamos encontrar na clínica essa articulação entre, de um lado, o episódio traumático a introduzir um corte no grande Todo primordial e, do outro, a constituição de um objeto caído, no entanto marcado pelo investimento libidinal.

O jogo do deixar cair ou jogo do brbk

Como vimos no material clínico de setembro, Mourad apresentou-se, já no início de seu tratamento, com aquilo que comumente chamamos um ruído autístico: *brbr*. Essa duplicação de um br inicial primeiro me fizera pensar que podia se tratar da imitação do ruído de um motor de carro, e que o garoto talvez se identificasse com essa máquina. Só mais tarde, início de dezembro, é que esse som me pareceu merecer uma atenção mais particular. Ao retrabalharmos nossas notas, verificamos que o menino o emitia em momentos de desamparo, de desabamento interior que precediam seus fechamentos autísticos. Procuramos no dicionário, vimos que a raiz br remetia inteiramente ao que observávamos. *Berrex* significa *desabar*; *ebrex* remete a *desmoronar, cair; bru* pode ser traduzido por *desprender, largar; de-briy-ak* seria antes *não se ocupar*; enquanto que *yebra*, proveniente da mesma raiz, seria *mandar passear, largar tudo*, talvez até *divorciar-se*. Para terminar, *berru* é a própria ação de *largar*, o *repúdio*.

Foi só depois dessa decifração que o *jogo de cair* (*brbk*) instalou-se de fato. Eis um exemplo bem completo da forma, totalmente repetitiva, que essa cena tomou no fim do ano. Mourad tira da caixa de brinquedos o bebê-carro que ele faz rodar até a beirada da mesa; então, enquanto me olha intensamente, finge deixá-lo cair no abismo delimitado por essa beirada.

Quando digo: "*Cuidado bebê-carro, tu vais cair!*" e faço o gesto de proteger o bebê-carro com minhas mãos, Mourad começa a rir. Repete o mesmo jogo várias vezes. Depois, no fim, deixa-se ele próprio cair no chão.

---

[12] *Ibid.* Desenvolvo aqui como o objeto *pequeno a*, por não ser especularizável, não é encontrado pela criança em sua imagem do corpo.

Se eu pudesse ter tido alguma dúvida quanto ao fato de que esse bebê-carro – esse objeto que cai – o designa, ele, Mourad, pois bem, ele o põe em cena! Aliás, é o que lhe verbalizo.

Esse jogo se repete quase que a cada sessão. Algum tempo mais tarde, uma condição vai se adicionar para que o júbilo de Mourad possa desencadear-se. Será preciso que eu acrescente: "*Não quero que o bebê-carro caia*".

Um segundo aspecto do mesmo roteiro vai durar meses: tão logo entro na sala de espera, Mourad se joga no chão e tenho que dizer: "*Estás me dizendo que eu deixei Mourad cair*". Ele então se coloca em situação de perigo físico – por exemplo, deixando os dedos bem perto de uma porta que pode se abrir a qualquer momento – e devo dizer que não quero que ele se machuque. O jogo se repete várias vezes, entrecortado por risos de alegria de sua parte, e só então é que ele pode entrar comigo na sala.

Podemos resumir o que está então em jogo entre o menino e sua analista dizendo que o *não deixar cair* vem materializar o investimento libidinal pelo Outro. "Segurar pela mão para não deixar cair é um elemento bem essencial da relação do sujeito com algo como sendo para ele um *pequeno a*", diz Lacan em seu seminário sobre a angústia[13]. Ele ali acrescenta a seguinte noção clínica: "Se algo da ordem de uma mãe fálica tem um sentido, seria o de pensar que ela será cruelmente tentada a não segurar em sua queda o objeto mais precioso". Seria, por exemplo, o caso de Orestes[14], que a mãe inexplicavelmente teria deixado cair. Lacan, nesse seminário, comenta o caso da jovem homossexual[15] de Freud e observa que ela se sente rejeitada, jogada fora no olhar do pai; poderíamos dizer que ela não tem ou não tem mais, a seus olhos, valor de *objeto causa de desejo*. Então, a única coisa que pode mostrar é que, ao se deixar cair por cima da murada da estrada de ferro, ela própria passa a ser subitamente esse *objeto a* enquanto caído. Por não tê-lo, ela o é; ela se reduz a uma identificação absoluta com esse *pequeno a*. O jogo do *brbk* também é uma *monstração* e, se não passa a ser *acting out*, é por ocorrer no quadro da transferência

---

[13] J. Lacan, "L'Angoisse", seminário inédito, aula de 23 de janeiro de 1963.

[14] Na versão de Giraudoux, Electra acusa a mãe Clitemnestra de ter deixado cair dos braços o bebê Orestes.

[15] S. Freud, "Sur la psychogenèse d'un cas d'homosexualité féminine" (1920), in *Névrose, psychose et perversion*, trad. franc. J. Laplanche, Paris, PUF, 1973, pp. 245-270.

em que a analista, em lugar de Outro primordial, pode recebê-lo e a isso responder. Poderíamos pensar que Mourad, por não estar muito seguro de ter, do ponto de vista do Outro materno, um valor de objeto capaz de causar o desejo, identifica-se com esse *objeto a*. Ele é o objeto caído. No registro pré-especular em que ainda se encontra, as problemáticas do ser e do ter ainda não estão diferenciadas.

Da mutilação que nada inscreve na privação simbolígena

Voltemos agora ao que ocorre do lado da mãe. Como ela própria diz com franqueza, ela pensava que Mourad era Amar. Logo, não houvera perda, pelo menos enquanto pôde durar a ilusão. Ela em seguida se encontrou "em lugar nenhum", presa no funil de uma depressão[16] cuja existência ela não reconhecia, assim como estava obrigada a desconhecer boa parte de si mesma para sobreviver à perda do filho, de todos as suas referências habituais e de seu ambiente familiar.

No trabalho que fizemos juntas, ela pôde reencontrar a importância da avó materna, bem como o medo de não mais revê-la antes de sua morte. Essa avó foi provavelmente a única figura materna a tê-la investido libidinalmente como neta, pois aos olhos da própria mãe parece que ela jamais contou muito. Com efeito, a mãe vivera quinze partos. Era difícil fazer a conta dos filhos, pois havia nessa família um hábito curioso: cada criança nova que morria era substituída pela seguinte à qual era dado o mesmo nome. Devia-se, por exemplo, contar em dobro uma pequena Laila viva, mas que substituía uma morta? Esse sistema, em todo caso, tornava a falta nula e a contagem impossível. Por isso, a mãe de Mourad não podia saber se era o terceiro ou quarto filho de sua mãe.

Se o corte vivido por Mourad durante a última sessão antes das férias de Natal havia inscrito um *traumatismo* – no sentido freudiano de *um símbolo necessário que, de qualquer modo, deve ser criado* –, não é apenas

---

[16] O termo "depressão" talvez não seja adequado. Trata-se, antes, da relação com um certo tipo de objeto melancólico, como vimos anteriormente.

porque o menino pudera viver paralelamente, com sua analista, a experiência de uma encenação da queda de uma parte eminentemente preciosa, o que chamei o *jogo do brbk*; também é graças ao trabalho efetuado pela mãe, na sessão anterior, em particular sobre sua capacidade de poder nomear o que ela havia perdido, além do filho, no divórcio com o primeiro marido. Este apresentava episódios delirantes pelos quais fora hospitalizado antes mesmo de se casar. A família de sua mãe fora enganada a respeito dele. O pai desta quis anular o casamento antes mesmo de ela ficar grávida de Amar; foi ela quem recusou, pensando que era capaz de curar o marido e sentindo-se também mais livre na aldeia da família do marido do que trancada na casa do pai. Mas o que se podia ouvir, sem que ela própria o formulasse claramente, era a fascinação que esse homem, talvez até sua doença, havia exercido sobre ela. O fato é que era muito ligada a ele, o que parece não ter particularmente agradado à sogra. Esta teria negociado a separação do casal a pretexto de um novo episódio delirante do filho. Teria até conseguido proibir sua casa à ex-nora, que não pôde, portanto, sequer ver o filho.

Esses elementos com certeza fazem compreender melhor o eventual ciúme por parte do pai de Mourad em relação ao primeiro marido, ciúme cuja evocação desencadeara a cena dos berros junto à pia.

Graças à restauração da língua materna e, por aí mesmo, das lembranças, lembranças daquilo que pudera causar seu desejo, essa mulher, dirigindo-se ao filho, pudera revelar-se uma mãe marcada pela perda. Assim, ela começou a sair de sua falta de falta, o que liberou a situação. A teoria do lugar estrutural da falta como constitutivo do desejo é uma das contribuições lacanianas úteis para trabalhar a clínica do autismo.

O CIRCUITO PULSIONAL

Na cena do *brbk*, o menino vinha enquanto objeto *se fazer deixar cair*, para que um outro – a analista, no caso em questão – fosse o sujeito desse *deixar cair* ("tu me mostras que eu te deixo cair", eu disse a ele). E o riso que juntos partilhávamos indicava bem que nos encontrávamos não mais no registro do princípio do prazer, enquanto evitamento do desprazer (o que nos autistas está sempre bem próximo da homeostase)[17], mas no registro do gozo.

No mesmo período e de modo paralelo, Mourad começou com a mãe o jogo do *isso queima*. Esse jogo, inteiramente em cabila, construiu-se à medida que a mãe encontrava lembranças de frases ouvidas na própria infância. Mourad aproxima o dedinho da lâmpada que está acesa, correndo de fato o risco de se queimar; a mãe deve então vir em seu socorro gritando: "*Cuidado! Está quente! Está quente! Está quente!*". Deve em seguida soprar o dedinho, bem perto da boca. Quando o roteiro funciona, Mourad fica feliz, a mãe também. Mas para isso é preciso que ela o faça de coração; o enunciado não basta, é preciso a enunciação. Em outras palavras, é preciso que a mãe faça com que ele sinta que ela quer protegê-lo. Ora, isso nem sempre é fácil, pois Mourad tende a escolher momentos de ausência psíquica da mãe para pôr em cena esse jogo, como se precisasse *se queimar* para reanimá-la pulsionalmente.

O roteiro do bicho grande que morde também pode ser ouvido na dimensão pulsional. Mourad vinha *ser mordido*. É possível que o que me tornava esse roteiro tão difícil de suportar fosse justamente o gozo que eu supostamente devia tirar disso enquanto Outro. Não há registro pulsional sem que a questão do gozo do Outro venha se colocar.

---

[17] Faço aqui referência aos três tempos descritos por Freud em seu texto *Pulsions et destin des pulsions*, 1915, in *Métapsychologie*, trad. J. Laplanche e J.-B. Pontalis, Paris, Gallimard, 1968.

CAPÍTULO 5

OS NÃO DO PAI[1]*

MOURAD E A MARIONETE

Voltemos ao roteiro que Mourad me pediu para representar no início de janeiro. Como podemos lembrar, ele me estende uma marionete representando um animal peludo com uma boca grande que abre e fecha e que ele chama *im im*. Ele entra no armário segurando a mão da mãe. Esta também deve entrar com ele, enquanto a marionete deve fazer uma voz grossa e morder as mãos reunidas da mãe e do filho. Eu ficara desnorteada ao perceber que, quando a boca grande do bicho mordia as mãos – o que tinha por efeito separá-las –, o menino não manifestava nenhuma angústia. Ao contrário, ficava todo feliz e me pedia para recomeçar. Minha perplexidade aumentou ao vê-lo beijar o bicho depois de sair do armário. Nas sessões seguintes, ele pede para representarmos novamente a mesma cena e me agradece com um beijo. Logo, aquilo tudo nada tinha de fortuito, pois constituía, de fato, uma tentativa de pôr em cena a separação. Mais exatamente, o roteiro *representava a representação*[2] desse corte. Como se o real para Mourad só pudesse se reordenar, em sua nova configuração sim-

---

[1] Homofonia em francês com *Les noms du père*. (N. T.).

[2] *Cf.* M.-C. Laznik-Penot, *La Psychanalyse à l'épreuve de...*, *op. cit.*

bólica, através de uma encenação imaginária – o que só mais tarde pude me formular. No momento, eu tinha de suportar a desagradável obrigação de representar eu mesma aquela boca que mordia. Havia manifestamente entre mim e Mourad um perfeito mal-entendido – o que Lacan diz ser o caso comum da interpretação criadora entre dois sujeitos. Não tínhamos o mesmo vivido da cena. Se, em mim, ela evocava a angústia de castração, em Mourad não era nada disso – foi o que me incitou a escutar aquilo que podia ser para ele. Que papel vinha desempenhar ali aquele animal que mordia e que parecia efetuar um corte entre o corpo da mãe e o dele?

A propósito da mordida, Freud afirma, em 1926, em *Inibição, sintoma e angústia*, tanto para o medo manifestado por Hans em relação aos cavalos, quanto para a fobia dos lobos em o Homem dos lobos, que o animal fóbico é *sempre um substituto paterno*[3]. No mesmo ano, em *A questão da análise leiga*, ele escreve: "Podemos relembrar também os contos nos quais aparece um animal que devora, como o lobo, e nele reconheceremos uma representação disfarçada do pai[4]". A cura [*cure*] de Mourad confirma isso.

Depois de me pedir para representar novamente a mesma cena, ele chama a marionete de "*baba*", palavra que já pronunciara em outras oportunidades, a mãe havia então afirmado que aquilo não queria dizer nada. Nesse dia, pergunto à mãe se *baba* não seria *papai*, como indicava meu dicionário de cabila, mas ela recusa essa tradução e acrescenta: "*Babah quer dizer cachorro, em linguagem de criança*" – o que nunca pude corroborar. Entretanto, a palavra *Izim*, que a mãe pensara ter ouvido no *im im*, e que permanecerá como o nome da marionete para Mourad, não é um significante sem importância. Outros termos significam *leão* em cabila. *Izim* é aquele que melhor se presta à metáfora paterna. É *o homem forte, diante do qual os outros homens, os cachorros, põem o rabo entre as pernas, é o leão do rebanho, o chefe de família*. Logo, era como se aquilo que a mãe não pudesse ouvir no apelo do filho a um pai voltasse naquilo que ela projetava nesse som ouvido.

Eu poderia ter recebido todo esse material sem problemas se tivesse podido colocá-lo na conta dos avatares da angústia de castração própria ao

---

[3] S. Freud, *Inhibition, symptôme et angoisse, op. cit.*
[4] S. Freud, *La Question de l'analyse profane* (1912-13), trad. franc. J. Altounian, A. e O. Bourguignon, P. Cotet, A. Rauzy, Paris, Gallimard, 1985, p. 73.

OS NÃO DO PAI

complexo de Édipo. Mas o mal-estar que eu havia experimentado diante da ausência completa de angústia em Mourad continuava a me questionar. E, mais ainda, sua felicidade diante da mordida dada por *izim* e o amor insuspeito que ele manifestava pela marionete e pela analista que fazia o papel de *izim* – amor que ele nunca fora capaz de manifestar antes por quem quer que fosse. Essa *positividade* me deixava desnorteada.

Freud abordou a questão da ausência de angústia em *Totem e tabu*, mais precisamente no capítulo intitulado "O retorno infantil do totemismo[5]". Depois de citar a história de Arpad, o menino dos galos, observado por Ferenczi, Freud menciona o relato clínico feito pelo Dr. Wulff de um menino que gostava tanto de cães que eles podiam mordê-lo que, mesmo assim, lhes declarava seu total amor[6]. O próprio Freud fica bem embaraçado diante dessa ausência de angústia, mas acha certo ser preciso introduzir o pai no lugar do animal totêmico.

Partindo da noção lacaniana de *metáfora paterna*, acho possível propor uma hipótese que explique essa questão[7]. O mecanismo metafórico supõe que a figura paterna do animal que morde seja introduzida numa relação de *substituição*. Ainda é preciso saber o que o animal vem então substituir. A propósito do pequeno Hans e da mordida do cavalo, Lacan afirma, em seu seminário *A relação de objeto*, que o que morde está do lado do falo – cria até o termo *phallus dentatus*[8] para opô-lo à famosa *vagina dentata*. Estabelece um paralelo entre a questão da devoração materna e a da mordida paterna. Se a primeira é, segundo ele, uma situação sem saída, a segunda, em compensação, parece negociável, pois não remete ao engolimento e deixa o lugar ao possível imaginário de um assassinato do pai, ou à sua castração[9]. Lacan aí retoma por conta própria os temas do mito de Cronos.

---

[5] S. Freud, *Totem et tabou. Quelques concordances entre la vie psychique des sauvages et celle des névrosés* (1912-13), trad. franc. M. Weber, Paris, Gallimard, 1993.

[6] *Ibid.*, pp. 269-270.

[7] Noção introduzida por J. Lacan em seu seminário inédito "Les formations de l'inconscient" (1957-58); v. igualmente J. Lacan, "D'une question préliminaire à tout traitement possible de la psychose" (1955-56), in *Écrits, op. cit.*, pp. 557 segs.

[8] J. Lacan, *Le Séminaire, livre IV, La Relation d'objet*, Paris, Seuil, pp. 340-341.

[9] *Ibid.*, p. 367.

No caso de Mourad, podemos supor que o roteiro de *Izim*, o bicho grande, constitui uma possibilidade de substituição metafórica a um perigo de engolimento pela mãe. Podemos pensar que, na época em que errava pelas ruas sem nem mesmo saber se algo lhe faltava, ela viveu uma experiência de vazio, de buraco, no qual o filho pôde sentir-se engolido com ela. O que me leva a pensar isso é um enunciado enigmático de Mourad, proferido um ano mais tarde, ao lado do mesmo armário onde ocorrera o roteiro do bicho grande: "*Mamãe põe Mourad no buraco*". A mordida de *Izim*, o leão, seria, então, como uma substituição metafórica do *buraco*. Estou aqui falando do buraco do real, vazio de qualquer representação. A *cerca dos dentes*, que, como sublinha Lacan, volta de modo tão reiterado no relato de Homero, não é apenas o agente de uma mordida, ela produz um corte, delimita uma estrutura de borda que circunscreve o buraco[10]. A ausência de angústia, assim como o amor endereçado ao animal que morde, indicaria que o leão é um verdadeiro achado diante do perigo de engolimento materno ao qual ele vem metaforicamente se substituir.

O paralelo entre Mourad e Hans pode prolongar-se, pois o animal que morde, substituto paterno, supre uma carência do pai real. Por outro lado, sejam quais forem as diferenças, a mordida, num como no outro, se articula à questão da queda. Para Hans, a queda está ligada à sua fantasia "de ser deixado para trás, de ser abandonado[11][12]*". Segundo Lacan, a fantasia da mordida surge quando o amor da mãe vem a faltar, a reação da criança sendo, então, morder, cair e rolar no chão. Hans tem medo de que o cavalo caia, sente que o abandonam, pois agora é tudo para sua irmã Anna.

Sempre a respeito do pequeno Hans, Lacan mostra que a mordida e a queda constituem um elemento significante de duas faces: *há ambivalência, essa queda e essa mordida não são simplesmente temidas, são também desejadas*[13]. Por outro lado, Lacan sublinha uma dimensão positiva da mordida: não temos vontade de morder, de comer o que é só dejeto; imaginar que possam morder seu pênis restabelece ao mesmo tempo para Hans seu

---

[10] J. Lacan, "L'angoisse", seminário inédito, aula de 15 de maio de 1963.

[11] J. Lacan, *La Relation d'objet, op. cit.*, pp. 348 e 359.

[12] Em francês: "*d'être laissé tomber*", literalmente, "de ser deixado *cair*". (N. T.)

[13] *Ibid.*, p. 359.

valor fálico. Mourad não está no mesmo registro do ter, mas no do ser; de modo que é ele inteiro quem se acha falicizado.

Os três tempos do Édipo nos quais intervém a função paterna

Segundo Lacan, num primeiro tempo a criança busca perceber o desejo da mãe. O que pressupõe que a própria mãe esteja em busca de um desejo que ela possa significar à criança como se desenhasse um lugar fálico primitivo. O problema para a criança torna-se, então, ser ou não ser desejada, isto é, poder vir ocupar o lugar do falo no desejo da mãe. Para a questão fálica se colocar, também é preciso – pelo menos nas representações da mãe – que a função do pai seja reconhecida de modo que ele possa privá-la de seu filho. Essa privação constitui um primeiro pedaço retirado no Outro materno. Quando esse primeiro registro da função paterna não consegue desempenhar seu papel, a *mordida* pode servir para imaginarizar o primeiro pedaço necessário do Outro primordial.

Lembremos que, no próprio momento em que emerge da cena traumática, Mourad enuncia com força: "*Eu, mordi!*".

No segundo tempo do Édipo, a função paterna intervém, segundo Lacan, sob o modo proibidor. É com a fala – uma vez que é ela que suporta a lei – que a criança está às voltas. A mãe se faz portadora enquanto fala que diz *não*. Essa mediação da fala paterna pela mãe basta, então, para operar.

No terceiro tempo da função, a questão é saber se há na realidade um pai potente, capaz de satisfazer a mãe, pois é com essa instância paterna que a criança vai poder se identificar enquanto ideal do eu.

É evidente que, no início, Mourad está aquém do primeiro tempo do Édipo. Nenhum lugar terceiro lhe é significado pela mãe, nenhum lugar fálico primitivo é identificável para ele. É uma situação bem frequente no autismo[14].

---

[14] Não se trata de mulheres psicóticas: não seria o Nome-do-Pai que nelas estaria foracluído, mas antes algo do lugar que, bebê, elas próprias puderam ocupar no desejo da mãe.

O segundo tempo da função paterna nos interessa aqui, pois faz com que nos coloquemos a questão do estatuto da própria interdição: ela se reduziria ao enunciado da lei ou implicaria, por sua natureza, um sujeito que a enuncia, ali colocando seu desejo, isto é, um sujeito da enunciação? O interdito, para poder operar, não deveria veicular algo do desejo daquele que o suporta? Mas, então, por que meio a criança teria acesso a ele a não ser pela própria voz que veicula esse interdito? Essa *voz grossa*, cujo papel na constituição do *supereu* conhecemos[15].

COMO MOURAD PASSOU DO PAS-PAS [NÃO NÃO] À FALA
PRIMEIRA SESSÃO COM O PAI

Meados de fevereiro, após a instauração do roteiro do bicho grande, o pai de Mourad informa à mãe que não irá à Cabília com eles. A mãe afunda num buraco depressivo no qual o menino também parece penetrar. Todo trabalho parece abolido, só subsiste o jogo do *deixar cair*, o *brbk*. Ao fim de várias sessões vazias, falo à mãe de minha impotência em fazer o que quer que seja por seu filho e peço para ver o pai. Num primeiro tempo, ela recusa, depois aceita. O pai vem em fevereiro. Está muito deprimido, pois tomou consciência do autismo do filho; pergunta-me se ele um dia vai falar. Acabo respondendo a ele que seu filho precisa de *não* para se alimentar.

Interrogando-me sobre o que me levara a dizer aquilo ao pai, lembrei-me de que, no marasmo das sessões das semanas precedentes, um detalhe chamara minha atenção: o interesse de Mourad pelos *não*. Lembramos que, após os berros da última sessão de dezembro, eu havia mandado cortar a água da torneira de minha sala. Durante todo o mês seguinte, a cada sessão, Mourad me apontava com o dedo a torneira. Eu era obrigada a lhe repetir: "*Não, não tem água*". Para meu espanto, ele não só não ficava irritado, mas parecia até escutar muito atentamente o que eu lhe dizia, como se bebesse aqueles *não... não...* que eu lhe fornecia a cada vez.

---

[15] Isakower, após o próprio Freud, sublinhou a predominância da esfera auditiva na formação do supereu. Lacan a isso faz alusão em *La relation d'objet, op. cit.*, p. 390.

O *não* já havia aparecido anteriormente em nossa relação. Fazia parte do enunciado do jogo do *brbk*: "*Cuidado! Não quero que tu caias*", eu devia dizer ao bebê-carro, protegendo-o com as mãos, enquanto Mourad, feliz, tentava fazê-lo cair.

A sequência dos acontecimentos vai mostrar que o pai ouviu algo do que lhe formulei nessa entrevista. Na hora, foi muito difícil para ele; aliás, naquela mesma noite, o menino passou muito mal, ficou a girar por muito tempo antes de conseguir se acalmar. No entanto, nas sessões seguintes, Mourad parece retomar a vida.

Março, nova sessão com o pai

Nas sessões precedentes, Mourad havia colocado várias vezes massa de modelar na boca. A mãe havia tentado proibir-lhe verbalmente. Mas os *não* da mãe, que o divertiam muito, não o impediam de modo algum de continuar. Na sessão em que o pai vem, Mourad repete o jogo diante dele de maneira muito ostensiva, quase provocadora, como se esperasse que o pai lhe dissesse algo. O pai está muito nervoso, suporta ainda mais mal que a mãe ver o filho pôr massa de modelar na boca, mas não consegue lhe dizer nada. Explica que tem muita dificuldade de lhe recusar o que quer que seja, tendo em vista o mal-estar que sente diante da doença do filho. Meu apoio acaba permitindo que ele mantenha um *não* diante das ações do filho. Estamos ali confrontados com uma carência do pai real, bem ilustrada por uma cena relatada pela mãe pouco tempo antes. Mourad, que já tem três anos, abre a blusa da mãe, tira o seio e, diante do pai, põe-se a brincar com ele e a mamá-lo. Quando lhe pergunto como o pai reage, ela me responde: "*Ele ri*". Um dos aspectos do trabalho com o pai consistiu em permitir que ele modificasse o *olhar* que tinha sobre Mourad. Pois o menino que ele deixava brincar com o seio da mãe só representava, então, a seus olhos uma pobre coisa doente e não um futuro homenzinho, digno da estima e da rivalidade de seu pai[16].

---

[16] Essa mudança na atitude do pai concretizou-se meses mais tarde com sua decisão de mandar circuncidar o filho. Mourad passava a ser, assim, um homem, como ele.

Com a distância dos anos, acho que, por um lado, aquela carência paterna era de ordem conjuntural. De um primeiro casamento esse homem tivera uma filha, que atualmente vive com ele. Depois do divórcio, ele a havia confiado à sua própria família, como costuma ser o uso na Cabília. Mas, como as coisas se passavam na França, ele teve graves problemas com a justiça e esteve até preso antes de obter a guarda da filha. Esse drama aconteceu pouco antes da concepção de Mourad e havia marcado o pai[17].

A partir desse *não* do pai, um jogo se instala nas sessões seguintes: o menino aproxima a massa de modelar da boca olhando-nos e basta que lhe digamos: *"O que foi que o papai disse? Ele disse não!"* para que a retire, com um enorme sorriso. O que não o impede de recomeçar a mesma manobra instantes mais tarde. Estamos todos, portanto, submetidos a essa fala do pai – Mourad por obedecer, ainda que temporariamente; e a mãe e eu, por termos agora nos tornado mediadoras dessa fala paterna. Nesse caso preciso, foi preciso um pai sustentar de fato o interdito, o qual, notemos, dizia respeito à esfera oral.

As sessões seguintes são monótonas. À exceção dos jogos reiterados sobre os interditos, tenho a impressão de que não saímos do lugar. Os apelos anteriormente esboçados desapareceram e, com eles, a esperança da analista de um dia ouvir Mourad falar. Por mais que saibamos que a cura [*guérison*] só vem a mais, por vezes guardamos, com os autistas muito novos, o desejo de ouvi-los por fim falar. O analista tem de fazer ali um luto de sua onipotência, luto que tive de retrabalhar, no caso de Mourad, a partir da análise de um sonho que tive no fim de março.

É este o sonho: *vejo crianças em carrinhos de bebês. Os braços e os corpos estão presos em conchas brancas, rígidas, como aquelas em que colocamos os grandes polideficientes físicos. Abaixo-me e falo ao ouvido de um deles que parece ser uma criança bem pequena. Ele me responde falando correntemente. Naquela hora, penso, no sonho, que ele vai ter falado antes de andar, o que não é a lei natural.*

Acordo, então, com o sentimento estranho de ter tido um sonho megalomaníaco. Associo as crianças nas conchas àquelas de que me fala-

---

[17] O Dr. Bérouti fez um trabalho paralelo à cura de Mourad que permitiu à família, e sobretudo ao pai, elaborar esses acontecimentos e reencontrar sua autoridade.

ram numa instituição para retardados profundos onde fiz recentemente uma intervenção. Devo ter visto carrinhos semelhantes no *hall* de entrada. Nesse centro, há também alguns autistas adolescentes que, aos olhos dos membros da equipe, são ainda mais doentes que os retardados profundos. A brancura da concha daquele que faço milagrosamente falar no sonho lembra-me as faixas que envolvem Lázaro em certas representações em pinturas. A ideia de que ele vai andar leva-me à frase: "Ergue-te e anda". Penso que, decididamente, estou achando que sou Cristo, o que, visto o nome que tenho, constitui um pendor do qual devo desconfiar. Esse sonho me remete ao que experimento com Mourad e me parece constituir uma denegação da dolorosa impotência com a qual devo me confrontar em sua cura.

Chegam as férias de Páscoa. Na volta, Mourad está falando. Seu primeiro enunciado é para exprimir seu desacordo diante do que podem lhe pedir: "*Dou não!*". A partir daí, não vai mais parar. Estou ainda mais espantada e perplexa do que no momento do roteiro do bicho grande.

Retomamos as notas do último mês de sessões, que, no desânimo, não tinham sido trabalhadas. A Dra. Bey observa-me, então, que o menino já havia proferido esse enunciado *dou não* um mês antes, sob a forma de um *dô... não*, em resposta a um pedido que fiz. Na época, ficara inaudível. Costuma haver efeitos de latência entre os enunciados das crianças autistas: um lapso de tempo muito longo pode transcorrer entre uma parte e outra do mesmo enunciado, de modo que o ouvido não retém nenhuma significação. Deve ter sido o que aconteceu ali. Da mesma forma, entre uma questão endereçada à criança autista e o momento da resposta, o atraso pode ser tão grande que a resposta não é percebida como tal; como ninguém mais a espera, ela cai no vazio.

A SESSÃO DO DÔ... NÃO

Eis a sessão de março na qual Mourad dissera seu inaudível *dô... não*. Há algum tempo, eu havia aceitado reabrir a entrada de água em minha sala; mas, para não deixar que transbordasse, eu havia dito ao menino que fecharíamos a torneira de água toda vez que ele derramasse no chão – o que não impediria que pudéssemos abri-la novamente na sessão seguinte. Para meu espanto, ele não só não se revoltava diante desse limite, mas parecia até provocar a situação para me ouvir lhe dizer não. Quando jogava água no chão e a torneira tinha, portanto, sido fechada para a sessão, ele me olhava todo contente, depois avançava a mão de novo na direção da torneira, feliz de me ouvir repetir: *"Não, não abra, tu sabes. Nós dois não podemos sujar o centro"*.

Nessa mesma sessão, assistimos a uma variante desse jogo. Mourad bebe um copo d'água, depois, com o copo vazio, finge derrubar seu conteúdo no chão. Em seguida, estende a mão na direção da torneira para abri-la. Deixo-me levar pelo jogo e lhe digo: *"Cuidado! Não joga água no chão, senão vamos ter que fechar"*. Ele fica feliz. Essa cena me fizera contar à mãe e à observadora o que se passara naquele dia mesmo, logo antes da sessão. Mourad fizera questão absoluta de me acompanhar em outra sala. Fingira, então, tocar nos objetos mais pessoais do dono da sala para que eu lhe dissesse: *"Não!"*. Então, escutando muito atento, ele acrescentou: *"Pas!* [Não]".

Ao reler essas notas, percebi que os *não não* [*pas pas*], que ele vinha enunciando há algum tempo – e que primeiramente pronunciara *ba-ba* –, eram, para ele, uma forma negativa. Graças a Mourad, notei que *"papai"* [em francês *papa*], o nome que se dá ao pai, é homofonicamente a repetição da segunda parte da fórmula da negação[18]*.

No fim dessa mesma sessão, como Mourad não queria se separar de um elemento de um jogo de Lego, perguntei-lhe: *"Tu me dás?"*. Foi então que ele respondeu este enigmático *dô*, cujo *não* [*pas*] se perdeu mais adiante, enquanto eu levava a mãe até a porta...

O *não* do pai fez com que Mourad tivesse acesso à negação que é constitutiva da ordem da linguagem[19].

---

[18] O advérbio *pas* é a segunda parte da negação verbal em francês. (N. T.)

[19] Mais tarde, trabalhando sobre o seminário que Lacan intitulou "Les non dupes errent" (seminário inédito, aula de 19 de março de 1974), caí numa passagem que corrobora o que a clínica de Mourad me havia ensinado. Lacan põe em perspectiva a questão do *Nom-du-père* [Nome do pai] com a do *non du pai* [não do pai], isto é, de sua fala enquanto proibidora. Interrogando-se sobre o que pode ser o *nom du père* [nome do pai], ele pensa que a questão não pode ser abordada de frente; por isso, propõe "mostrar como se converte

Algum tempo depois, o pai volta por si mesmo a uma sessão. Conto-lhe que, desde que disse não ao filho, este não come mais massa de modelar. O pai diz: "*De vez em quando, consigo melhor dizer não, mas às vezes não consigo*", e fica deprimido. Mourad, então, de maneira bem ostensiva, retoma o roteiro da massa de modelar. O pai exclama, com uma voz grossa de cólera: "*Não! É proibido!*", separando bem cada sílaba da palavra *proibido*. Mourad repete, então, a palavra após o pai com as mesmas escansões, o mesmo tom de voz e um prazer incontestável.

A partir dessa sessão, quando Mourad aproximar a massa de modelar da boca e lembrarmos a ele: "*O que foi que o papai disse?*", Mourad responderá, com um sorriso nos lábios: "*É proibido!*", retomando não só o enunciado paterno, mas ainda sua entonação.

No final dessa sessão, Mourad retoma uma de suas outras atividades habituais. Trata-se de ir roubar a garrafa d'água da bela secretária de nosso centro. Como o pai lhe diz: "*Não!*", Mourad bate nas próprias nádegas, dizendo: "Papai palmada". Não posso deixar de rir, pensando no pequeno Hans quando diz ao pai – que também tem muita dificuldade de se mostrar interditor –: "*Tu tens que ser bravo!*".

Por que o menino procura provocar uma reação de violência, em todo caso uma reação passional[20], no pai? Se pensarmos na predominância da esfera auditiva na formação do supereu, não é que a criança percebe a estrutura da fala antes de perceber-lhe o sentido? Em todo caso, está claro aqui, nesse material, que o interdito não se suporta apenas de uma fala, mas ainda de uma voz.

---

esse *nome*". Lembra que é raro *o nome do pai* não ser pelo menos recalcado, quando não é simplesmente foracluído. Como trazer esse nome? – pergunta-se Lacan. Ele dá uma condição necessária, mas não suficiente: convém que aquela que encarna o Outro, a mãe, traduza esse *nome* [*nom*] por um *não* [*non*], "justamente o *não* dito pelo pai e que nos introduz no fundamento da negação". Trata-se do *não* do interdito do qual, no melhor dos casos, a mãe quer bem fazer-se o porta-voz. Se isso não for suficiente para introduzir o sujeito na plena dimensão do *Nome-do-Pai*, é por ser necessário acrescentar o terceiro tempo, de que falávamos mais acima, o do pai capaz de satisfazer a mãe.

[20] Estamos, aqui, no nível da pulsão. Mourad provoca o interdito, pede para levar palmada e vigia no pai, figura do Outro para ele, o surgimento da cólera, que me parece ser uma das formas palpáveis do gozo do Outro.

O artigo de Sabine Prokhoris intitulado "Entre dizer e não dizer, proibir: ambiguidades da função do pai[21]", me sugere a ideia de que o apelo do filho ao pai é apelo a um *sujeito da enunciação*. S. Prokhoris traz elementos que o material clínico do tratamento de Mourad confirma. Com efeito, ela ressalta a que ponto, no interdito, a fala é um ato, um performativo. Ela sublinha que, quando temos a oportunidade de assistir ao nascimento do discurso numa criança, damo-nos conta de que é no próprio jogo do interdito que ele toma forma. Como o interdito é uma defesa formulada no imperativo, este marca o surgimento de toda fala e, primeiramente, sob forma negativa.

O "*Dô... não!*" de Mourad confirma a justeza da asserção de S. Prokhoris: "*É bem o gume da negação que faz surgir a fala[22]*".

---

[21] S. Prokhoris, in collectif, *Le Père*, Paris, Denoël, coll. L'Espace analytique, 1989, pp. 183-195.

[22] *Ibid.*, p. 188.

Capítulo 6

Quando *eu* [*je*] é um outro, *tu* não podes te tornar *eu* [*moi*]

A impossibilidade de inverter os pronomes pessoais, traço da linguagem autística

Kanner, desde seu texto *princeps*[1] que, em 1943, fundou o autismo como entidade nosográfica, já dizia que, no autista, a linguagem não é feita para comunicar. Dava como prova que os enunciados proferidos pela criança quase sempre eram a retomada tal qual do discurso de um outro. Ressaltando, além disso, a impossibilidade de inversão dos pronomes pessoais que confere à frase enunciada pela criança o caráter de uma cópia autenticada daquilo que acaba de ser pronunciado na sua frente, ele sustentava que o autista só possui uma linguagem ecolálica. Todas as observações de Kanner são perfeitamente justas do ponto de vista descritivo. Entretanto, embora fosse um clínico muito fino, Kanner não era psicanalista. É verdade que, nos anos 40, nenhum psicanalista ainda havia ousado dizer que a linguagem não era feita para comunicar, pelo menos no início. Mais tarde, as observações de Roman Jakobson sobre bebês em berçários mostraram que a linguagem deles só podia ser puro monólogo. Seu amigo

---

[1] L. Kanner, "Autistic Disturbances of Affective Contact", in *L'Autisme infantile, op. cit.*, pp. 217-264.

Lacan fez o seguinte comentário: "A comunicação como tal não é o que é primitivo, uma vez que, na origem, S (o sujeito ainda não barrado, ainda não dividido pelo objeto de seu desejo) nada tem a comunicar, pelo fato de que todos os instrumentos da comunicação estão do outro lado, no campo do Outro, e que tem de recebê-los dele[2]". Kanner considerava essas características da linguagem autística como uma tal deficiência que daí concluiu que não havia diferença alguma entre as crianças autistas que falavam e as que não falavam; chegou a se perguntar se o uso da linguagem como pura retomada de um discurso proferido por um outro não seria uma das causas do isolamento da criança.

Ainda hoje são sentidas as consequências das conclusões de Kanner nas instituições que cuidam de autistas, até naquelas que se dizem de inspiração psicanalítica. Há interesse pelos laços afetivos que a criança pode ou não tecer com as pessoas à volta – o que tem evidentemente importância quando se trata de uma patologia na qual essas relações estão totalmente ausentes –, mas, infelizmente, não se costuma dar atenção aos enunciados da criança. O caráter dito ecolálico desqualifica esses enunciados, relega-os a um plano secundário.

Ora, a escuta atenta desses enunciados é rica de ensinamentos humanos. As falhas da inversão pronominal, que são testemunhas da ausência de constituição da instância do eu [*moi*], também podem nos dar referências clínicas sobre o que deve vir do Outro para que uma criança possa se assumir como sujeito de seu próprio enunciado.

Continuação da cura de Mourad: sessões de setembro

Mourad tem três anos e meio quando começa o período de que vamos falar. A Dra. Bey sempre está presente a uma das três sessões semanais em que o atendo. Já há alguns meses, ele tem uma primeira parte de sessão comigo, seguida de uma segunda com a mãe.

O material clínico seguinte refere-se aos seis primeiros meses do segundo ano de seu tratamento e vai de setembro a fevereiro. A mãe e Mou-

---

[2] J. Lacan, "L'Angoisse", aula de 5 de junho de 1963.

QUANDO *EU* [*JE*] É UM OUTRO, *TU* NÃO PODES TE TORNAR *EU* [*MOI*]

rad passaram o mês de julho na Cabília e o mês de agosto com o pai, na beira do mar, na França. A volta das férias de verão foi difícil para a família: a porta do apartamento foi arrombada por ladrões, o conteúdo dos móveis estava todo revirado. Como Mourad vai nos contar nas sessões de setembro, esse acontecimento vai marcar a mãe: ela faz uma doença somática e volta a errar pela cidade, a pretexto de ir às lojas, embora se trate mais de seu modo pessoal de reação às situações de desamparo.

Ela falta às sessões da primeira semana de setembro, declara que se sente incapaz de vir por causa do arrombamento de seu apartamento. Na primeira vez que vem com Mourad, traz as fotos tiradas na Cabília. Mourad faz questão de dizer-me ele mesmo os nomes de todos os tios e tias que estão nas fotos. Quando chego para a sessão seguinte, Mourad, que já estava me esperando, vem chorando me mostrar um dedo e diz: "*Meu dedo está doendo*". A mãe me conta que ele se machucou brincando com a máquina da secretária, ele de fato feriu de leve um dedo, mas não o que ele me mostra. Mourad pede um curativo e acrescenta: "*Não posso, não consigo!*". Era o que a mãe me havia dito na semana anterior ao me telefonar para explicar por que não viria.

Meados de setembro, Mourad entra na sala anunciando-me que vamos brincar com o bebê-carro, mas durante um bom momento ele vai ficar atento aos ruídos da sala de espera onde está a mãe, falando até de mandá-la entrar, o que nunca havia feito. Ele começa a brincar com um trem de plástico dizendo: "*Ela vai vir*". Pergunto de quem ele fala, ele responde: "*Mamãe*"; em seguida, depois de um bom momento, ele acrescenta: "*Em Saint-Lazare... na Défense*". Digo que sua mãe gosta muito de ir na *Défense*; ele então se deita no chão e, depois de dizer "*Saiu*", parte efetivamente num fechamento sobre si mesmo.

Ao falar novamente dos trens, ele parece se animar um pouco e diz: "*Tu sobes no trem*". Pensando que é comigo, preparo-me para entrar em seu jogo, mas é ele próprio quem tenta subir. Logo um novo fechamento vai se seguir, durante o qual ele vai ficar rodando o trem indefinidamente sobre uma mesinha redonda.

Tão logo a mãe entra na sala, ele lhe diz: "*Tu queres um* croissant?". Ela responde que não, mas que, se ele quiser, ela lhe dará um. Como ele não consegue responder, pergunto a ele quem quer um *croissant*. Mamãe ou Mourad? "*Mourad!*" – ele responde sem hesitar. Passeia comendo o *croissant*. Pergunto se está bom. "*Delicioso!*" – responde Mourad. A mãe ri dessa palavra; eles se olham, e ela lhe envia um carinhoso "*Emmi!*", o que quer dizer *meu filho*. Mourad então repete: "*Delicioso!*" e se põe a dançar em volta da mãe. Então, lhe falo das fotos da festa do carneiro em que se via toda a família dançar, a mãe me diz que Mourad não só dançou, mas que pôs hena nas mãos; ele a interrompe para precisar: "*Gilda F. pôs hena*". De fato, a avó materna lhe pusera hena. Ele termina o *croissant* e comenta: "*Mourad comeu tudo!*". Em seguida, anuncia: "*Brbk!*" e, pulando da cadeira para o chão, diz: "*Ele caiu*". Como a mãe o levanta, ele recomeça a brincadeira várias vezes. Mourad, mais uma vez no chão, repete: "*Ele caiu*"; em seguida, dirigindo-se à mãe: "*Levanta-te!*", ele ordena, para que ela o levante de novo. A brincadeira se repete duas ou três vezes; num afã pedagógico, digo: "*A gente diz: "Tu me levantas*". Ele retoma uma ou duas vezes a brincadeira, pronunciando a frase na ordem correta; em seguida, como era de se esperar, retoma a forma direta que deve ter ouvido muitas vezes da boca dos pais: "*Levanta!*". Quando proponho à mãe submeter-se à linguagem ao se levantar ela mesma, Mourad, muito descontente, bate na mesa e grita. No fim da sessão, vai perguntar à mãe: "*A gente vai no jardim de infância?*", e acrescentará para si mesmo: "*Tu vais pôr o casaco de chuva*". Em seguida, resolve brincar de médico e, colocando o estetoscópio sobre si mesmo, anuncia: "*Tu escutas o coração*". Então, pega uma folha da Dra. Bey, desenha nela uma bola e cruzes, diz que é uma receita médica. Só então pode enunciar na primeira pessoa: "*Quero ir no jardim de infância*".

Uma semana mais tarde, começa a sessão pegando no armário de brinquedos uma placa de plástico de Meccano que apresenta quatro buracos grandes. Passa-a indefinidamente diante dos olhos. Isso me evoca o que Frances Tustin descreve a respeito do que ela chama os *objetos autísticos*. Mourad manterá durante mais de um ano um investimento muito importante nessa plaqueta com buracos. Movendo-a diante dos olhos, comenta: "*Vai partir. O metrô partiu*". Depois, faz a plaqueta rodar indefinidamente sobre a mesinha redonda. Pergunto-lhe aonde vai, ele responde, um pouco feito um sonâmbulo: "*A Saint-Lazare... o trem... a Défense*". Como se esta última palavra lhe permitisse sair de seu buraco, ele vem sentar-se na poltrona da mesa grande. Quando lhe pergunto: "*Quer ajuda?*", pois a poltrona é muito alta para suas pernas de três anos, ele me responde: "*Tu te ajudas*". Ele representa, então, uma longa história, a de um bebê-carro e de uma mãe-carro que passeiam, mas ele tem com frequência que alertar a mãe dos perigos que corre o bebê. Acabo lhe dizendo que, de fato, essa mãe-carro está absorvida por suas preocupações e não olha seu filho. Ele faz de novo o bebê-carro cair; digo que o pobre bebê se machucou, ele acrescenta: "*Vamos fazer um curativo*". Em seguida, repete o mesmo jogo. Reencontra, em seguida, seu "objeto" autístico que ele faz ir e vir sobre a mesa. Quando lhe pergunto como aquilo se chama, ele me responde: "*Metrú*[3]*". Continua a fazer ir e vir seu *metrú* na mesa e diz baixinho: "*Vai partir... para a Argélia... Mourad está doente... O metrô vai bem*". Como ele se fecha nesse movimento, tento introduzir um personagem-mamãe e um personagem-bebê que iriam juntos para a Argélia, mas Mourad os joga longe. Nesse momento, digo, sem me dar muito conta disso: "*Ele caiu com sua mamãe no buraco*".

Quando a mãe chega, converso com ela sobre a Défense, já que resolvi levar a sério as saídas de que fala o menino. Como fico sabendo que ela foi lá ao voltar das férias, digo a ela: "*Com a história desse buraco do roubo, a senhora devia estar um pouco triste?*". Ela responde: "*Ah, sim! Nos primeiros dias, eu estava muito deprimida; às vezes a gente não consegue esconder, não dá para fazer nada. Mourad conta:* "Os ladrões levaram as joias da mamãe". *Joias cabilas muito caras, de prata verdadeira. Tinham sido dadas por minha avó, durante as férias... um conjunto completo! Não posso contar à minha mãe, faria muito mal a ela, mas eu, eu posso suportar. Voltamos no sábado e fomos na Défense na quarta-feira*". Enquanto isso, Mourad construiu um trem com as tampas das canetinhas. Num dado momento, elas caem da mesa, ele exclama: "*Morreram!*". Recomeça a fazer o trem na mesinha, enquanto repete: "*O trem de mercadorias*". A mãe explica que ele viu um trem assim quando estava na casa do tio Ali, na aldeia. Mourad diz baixinho: "*Não pode subir no terraço do tio Ali para ver os trens*". Com efeito, a mãe ressalta que o tio lhe dizia para tomar cuidado, pois o terraço dava para a via férrea.

---

[3] Que dá um amálgama de *métro* e *trou* [buraco]. (N. T.)

Mourad continua a brincar com o trem, enquanto repete para si mesmo o interdito formulado pelo tio; mas, quando a tampa cai de novo no chão, ele se lamenta: *"Morreu! Morreu!"*.

Na sessão seguinte, numa segunda-feira, a mãe, muito inquieta, me explica que o filho, desde a véspera, vem passando sem parar uma forma quadrada diante dos olhos. Ela associa isso a dificuldades na escola. Pergunto quando começou, ela diz: *"Domingo à tarde, na casa dos avós; não entendo, estava tudo indo bem, me trataram bem e, além disso, todo mundo estava lá!"*. Durante a sessão, Mourad continua seu jogo do mesmo jeito. Não sei o que pensar.

Terminada a sessão, converso sobre o assunto com uma colega com quem costumo discutir esse caso. Quando lhe repito o *todo mundo estava lá*, ela me pergunta, por associação, se tive notícias de Amar. A mãe mencionara o fato de que ele quebrara a perna logo antes de ela chegar à Cabília.

No dia seguinte, Mourad inaugura a parte da sessão com a mãe puxando-a para que venha para o armário com ele. Ela o segue, feliz por vê-lo propor uma atividade em vez de fechar-se com uma forma geométrica, quando ouvimos o menino dizer numa espécie de estado segundo: *"Mamãe põe Mourad no buraco"*. A frase tem o efeito de uma ducha fria sobre a mãe. Aproveito a oportunidade para lhe observar que, quando ela me dissera na véspera que, no domingo, estava *todo mundo* na casa de seus sogros, ambas havíamos esquecido que Amar não estava lá. Ela então estoura em soluços, diz que não suporta ver toda a família do marido reunida. Durante o mês de agosto, tentou não pensar em Amar, mas estava preocupada com ele, ainda mais que, quando foi embora, a anorexia deste voltou e se agravou. Acrescenta que já pediu ao marido para poder fazer outra coisa no domingo, mas que tem sempre que ir para a casa dos sogros, pois eles querem ter "todo mundo", filhos e netos. Mourad escuta a mãe com atenção; depois, no fim, fala ele próprio, com grande desespero, do ladrão que veio e que quebrou tudo.

Uma semana depois, durante a sessão sozinho comigo, ele vive a história de uma senhora doente que vai ao médico com o filho pequeno. Em seguida, encontrando um objeto quebrado, fica muito perturbado e se

QUANDO *EU [JE]* É UM OUTRO, *TU* NÃO PODES TE TORNAR *EU [MOI]*   117

põe a dizer: "*Está quebrada, a mamãe está quebrada, tem que levar ela para o hospital*". Quando a mãe entra na sala, Mourad pega de novo o mesmo objeto quebrado e diz, soluçando: "*Foi o ladrão, foi o ladrão*". A mãe lhe diz que vai comprar outro para pôr no lugar.

Reflexões sobre o material clínico exposto

Se, em nosso reencontro após as férias, a mãe não consegue dizer nada do que lhe aconteceu, se prefere me falar dos aspectos positivos da viagem à Cabília, é o filho quem, já na sessão seguinte, põe em cena o sofrimento ao me dizer: "*Eu machuquei o dedo!*". O caráter metafórico fica patente pelo fato de que o dedo que ele me mostra não é aquele que ele machucou levemente e explica a continuação do que ele diz: "*Eu não posso, eu não consigo!*". O *eu [je]* utilizado três vezes por Mourad nessa sessão não ressurgirá mais durante todo o mês de setembro. Embora seja possível atribuir os dois últimos *eu [je]* tanto ao menino quanto à mãe, eles são testemunhas de que a mãe pôde nomear o desamparo que sentiu por causa do apartamento arrombado. Quanto ao *eu [je]* do *eu machuquei o dedo*, ainda que seja o porta-voz da mãe que não consegue falar do que a faz sofrer, o sujeito é bem o menino que mostra o dedo. Aliás, deve ser por ela ter podido nomear uma falta para ela que o filho pode, como sujeito, sustentar-se com um enunciado que o remete a seu próprio corte.

No entanto, a capacidade na mãe de mentalizar o sofrimento mais uma vez deu lugar às suas antigas errâncias. Quando o menino evoca *a Défense* – significante dessas errâncias maternas –, como sua analista não lhe diz imediatamente que ele as vive como momentos de vazio ou de queda, ele se fecha no autismo. Assim, não pode mais manter um lugar de sujeito, e é o *tu* em *tu queres um croissant* que o nomeará, ou, então, o *te* de *levanta-te!* que indicará que ele quer ser levantado[4]. Notemos que

---

[4] É de propósito que sempre isolo aqui o pronome do conjunto da frase. Kanner talvez tivesse achado que o enunciado inteiro constituía uma ecolalia diferida, isto é, a simples retomada de um enunciado do Outro, tal qual. O que nos introduz na questão do enunciado como um todo sem cesura, como uma holófrase. Dedicaremos parte do capítulo 9 a essa questão.

seu nome o representa de maneira segura; ele sempre pode a ele recorrer para falar de si. Esse menino, capaz de nomear todos os membros de sua imensa família sem se perder, ou de se lembrar da pessoa que lhe pôs hena nas mãos, é incapaz de se sustentar enquanto sujeito de sua própria demanda.

Resta um *eu* [*je*] de que ainda não falamos, aquele de *eu quero ir no jardim de infância*, que encerra a terceira sessão depois das férias. Esse pedido vai se repetir múltiplas vezes durante os dois primeiros meses desse semestre, isto é, durante todo o período em que a mãe não vai bem. O jardim de infância é uma pequena unidade de cuidados mãe-filho que se encontra no quarto andar, ao passo que nós trabalhamos no terceiro (notemos o número dos andares, pois vão reaparecer no material). É um lugar bem informal onde as mães podem encontrar um ouvido atento, enquanto os filhos brincam por perto. Mourad costumava ir lá com a mãe antes de entrar para a escola. Acho que pôde identificá-lo como um lugar capaz de conter algo difícil para a mãe. Mas seu pedido foi primeiramente formulado sob a forma englobante de um *a gente vai no jardim de infância*. A equipe do jardim de infância me disse que a mãe costumava usar muito esse *a gente*, até quando lhes parecia que falava de si. Seja como for, Mourad só poderá sustentar-se como eu [*je*] depois de brincar de médico e de *escrever* uma receita médica (na verdade, uma bola e cruzes) no papel da Dra. Bey. Mourad sabe perfeitamente que a Dra. Bey é médica. Numa das sessões do mês seguinte, quando, graças ao que me diz o menino, terei enfim compreendido que a mãe está sendo tratada de um problema somático, Mourad vai sentar-se na poltrona da Dra. Bey para escrever, diz que é a poltrona da Dra. R. – a médica que trata de sua mãe. A doença, reconhecida pela mãe e que a obrigara a recorrer a um terceiro, deve ter servido como marca de uma incompletude que permitia que o menino se sustentasse como sujeito... em identificação com esse terceiro.

A placa com buracos do Meccano que Mourad maneja num modo autístico vai ser para ele, durante muito tempo, um ponto de ancoragem, sempre que tiver que fugir de representações insuportáveis, notadamente, parece-me, quando a mãe, fisicamente presente, estiver mentalmente ausente. É o caso dos domingos passados com a família do marido em que, embora esteja sempre com um sorriso fixo nos lábios

QUANDO *EU [JE]* É UM OUTRO, *TU* NÃO PODES TE TORNAR *EU [MOI]*

119

– ainda mais que não vê do que poderia se queixar –, ele não está em lugar nenhum. Foi o próprio Mourad quem me soprou essa expressão: enquanto eu conversava com a mãe sobre suas errâncias de uma grande loja a outra, ele soltou, várias vezes, um *"Em nenhum outro lugar"*, que a mãe reconheceu como sendo o nome de um programa de televisão. Ora, ele via muitos, mas foi esse título que voltou. Foi ainda Mourad quem me sugeriu a relação entre essa placa com buracos e o *buraco* [em francês, *trou*], chamando-a de *metrou*. Além do equívoco com *metrô*, palavra que ele também pronuncia, outras polissemias são possíveis: *meus buracos* [*mes trous*], mas também *põe* (no) *buraco* [*met* (*dans le*) *trou*]. Com efeito, duas sessões mais tarde, ele diz: *"Mamãe põe Mourad no buraco"*. É verdade que, no dia em que ele falou *metrou*, eu lhe disse, ao vê-lo jogar bonequinhos no chão (uma mãe e um filho pequeno): *"Ele caiu com sua mamãe no buraco"*.

Mas convém lembrar aqui que a representação da *falta*, que introduz na ordem simbólica, não é a mesma coisa que o *buraco*, o qual constitui, no melhor dos casos, uma tentativa de dar nome à própria falha de representação. É legítimo supor que as ausências psíquicas da mãe – ausências ainda mais inquietantes, já que não a remetiam a nenhum lugar fantasmático – levaram o menino a construir para si, pelo manejo estereotipado daquelas formas diante dos olhos, uma sólida barreira contra qualquer representação que pudesse, de perto ou de longe, evocar uma figura humana e, portanto, arriscar trazer de volta a dor ligada à representação desse vazio materno.

Meados de outubro

No material de Mourad, podemos notar que o discurso que lhe vem do Outro nem sempre se inverte. Eis um exemplo.

Tão logo entra na sala, ele corre até o armário de brinquedos, murmurando: *"Procurar médico"*, enquanto tenta alcançar a caixa onde fica o estetoscópio. Ele acompanhou a mãe ao médico.

Mourad: *Eu te ajudo!* – diz ele, embora seus gestos indiquem claramente que quer ser ajudado.

Eu: *Se tu me disseres* me ajuda, *eu te ajudo.*

Mourad: *Me ajuda.*

Passo-lhe a caixa onde fica o estetoscópio, mas, instantes depois, ele puxa a minha manga; pergunto-lhe o que quer, ele responde: *Subir.*

Eu: *Quem quer subir?*

Mourad: *Mourad, no quarto andar.*

Ajudo-o a subir na quarta prateleira que representa em nosso jogo o quarto andar, onde fica o jardim de infância. Ele então pode dizer: "*Eu quero descer*". Instantes mais tarde, como não consegue abrir um leque que tem um fecho meio complicado, ele se irrita e grita: "*Eu te ajudo!*". Então lhe respondo: "Eu [*Je*] *é a pessoa que fala, que faz*" – o que me parece ir mais além de qualquer objetivo pedagógico e indicar que sou eu, a analista, como Sósia[5], que não sei mais direito quem é quem.

Pouco depois, ele designa um objeto que quer alcançar e diz: "*Eu dou*".

Na segunda parte da sessão, com a mãe, Mourad brinca com água e anuncia: "*Eu estou fazendo café*". Enquanto prepara outra xícara, pergunto-lhe para quem é o outro café. Ele me responde: "*Eu estou fazendo café. Para mamãe*".

Pergunto à mãe se gosta de café, ela me responde que não: em casa, todos bebem, mas Mourad viu a secretária do centro preparar café. Ela de fato costuma preparar para mim, sobretudo quando as sessões com Mourad são particularmente difíceis. Esse café é uma espécie de metáfora de meus próprios limites.

Mourad prepara o café diante da pia, em cima da qual há um espelho. A mãe, da poltrona, lhe diz: "*Eu estou te vendo no espelho!*". Mourad a olha, corre na direção dela para lhe fazer um carinho e, diante da poltrona, lhe estende os braços para que ela o pegue, dizendo: "*Eu pego*".

Mas, no fim dessa sessão, quando converso com ela sobre seus problemas de saúde, ele declara à mãe: "*Tu ficas*", e vai brincar na sala de espera, deixando nós duas sozinhas.

---

[5] Eu às vezes me sentia tão desorientada quanto Sósia, o personagem de Anfritrião de Plauto, retomado por Molière. Ver Molière, *Amphitryon* (1668), in *Œuvres complètes*, Paris, Gallimard, 1965, pp. 95-217.

Janeiro

Um segundo traço vale ser notado no discurso de Mourad: é que ele pode designar a si mesmo pelo pronome pessoal "tu". Mais um exemplo, numa sessão de janeiro.

Mourad está brincando com água na frente da pia. Ele gosta muito de beber num copinho azul que, nesse dia, ficou no armário. Ele me olha como que para me pedir algo.

Mourad: *Tu queres o copo azul!... Tu queres o copo azul!*

Eu: *É pra quem o copo azul?*

Mourad: *Pra ti*, quando, evidentemente, esse *ti* o designa.

Já que vimos surgir o *eu* [*je*] em fragmentos clínicos anteriores, poderíamos pensar que a possibilidade de enunciar o "eu" [*je*] precede aquela de se reconhecer como "eu" [*moi*]. Com efeito, parece mais fácil para Mourad enunciar um *eu*[*je*]-que-quer do que um *eu* [*moi*] que pede ajuda ao outro. Entretanto, quando fala de si mesmo, o uso do *eu* [*je*] permanece frágil e, a qualquer momento, pode autodesignar-se novamente pela segunda pessoa. É o que vemos neste pequeno trecho de uma sessão do início de fevereiro.

Ele tenta abrir a torneira da pia, que resiste, de modo que precisa de ajuda. Vira-se para mim e diz: "*Eu te ajudo*". Como o olho sem responder, ele se corrige: "*Eu quero ajuda!*" Mas logo acrescenta: "*Tu te ajudas!*".

Um enunciado pode às vezes servir de suporte para outro. Por exemplo, o pedido do menino pode sustentar-se da oferta de serviço, e isto como se sua própria voz se impusesse a ele sem que devesse saber de onde ela vem: "*Tu queres ajuda?... Eu quero ajuda*".

Mais complicados são os enunciados de Mourad nos quais *je* e *moi* vêm presentificar não ele, mas a analista. Esse tipo de enunciado costuma muito surgir no final da parte da sessão em que ele está só, quando chega a hora de ir buscar a mãe. Eis um primeiro exemplo, datando de fevereiro:

Eu: *A gente vai buscar a mamãe, tu vens comigo ou eu vou sozinha?*

Mourad: *Eu vou sozinha*. Diante do emprego do feminino e também porque ele continua a brincar como se minha pergunta não lhe dissesse respeito, pergunto-lhe: *Quem vai sozinha?*

Mourad: *A Sra. Laznik vai sozinha.*

Esse roteiro se repete várias vezes. Eis outro exemplo particularmente impressionante.

Durante uma sessão, que data mais ou menos da mesma época, Mourad cantarola várias vezes: "*Ninguém é ninguém*". Parece ser o refrão de uma cançoneta. Num certo momento, ele me diz: "*A gente vai buscar a mamãe*". Pergunto-lhe quem vai buscar a mamãe, ele responde: "*Eu*"[6]* [*Moi*], embora nada, nem em sua mímica nem em seus atos, possa deixar subsistir a menor dúvida: esse *eu* [*moi*] não o designa de modo algum; é a mim que designa. *Eu te ajudo, eu dou* e *eu pego* vêm ali onde esperamos *me ajuda, me dá* e *me pega*.

Estamos diante de um problema que Lacan levantou já em 1958[7], o da atribuição dos pronomes pessoais chamados *shifters* por Roman Jakobson e traduzidos por *embreadores*[8].

Se não quisermos nos ater à conclusão de Kanner que pretende que a ausência de inversão dos pronomes é devida a uma ecolalia diferida nas crianças autistas, temos de fazer aqui um desvio a propósito da natureza desses pronomes.

Jakobson explica que todo código linguístico contém uma classe especial de unidades gramaticais que ele chama, portanto, *embreadores*. Esses embreadores têm um duplo caráter: são a um só tempo símbolos e índices. Um símbolo, por exemplo a palavra vermelho, encontra-se associado a um objeto representado por uma regra convencional[9]. Por outro lado, o índice (o ato de mostrar algo com o dedo) está numa relação existencial com o objeto que ele representa[10]. Os *embreadores*, dos quais o pronome "eu" [*je*] é o exemplo mais impressionante, combinam as duas funções. "A palavra *eu* [*je*] designa, conforme o caso, pessoas diferentes, e adquire, assim, uma significação sempre nova[11]", o que lhe dá um caráter certo de *índice*. Esse pronome

---

[6] Ou "me", ou "mim". (N. T.)

[7] J. Lacan, "D'une question préliminaire à tout traitement possible de la psychose", in *Écrits, op. cit.*, p. 535.

[8] R. Jokobson, "Les embrayeurs, les catégories verbales et le verbe russe", in *Essais de linguistique générale*, trad. franc. de N. Ruwet, Paris, Minuit, 1968, pp. 176-198.

[9] *Ibid.*, p. 179.

[10] *Ibid.*

[11] Segundo Husserl, citado por Jakobson, *op. cit.*

"eu" [*je*] também possui uma significação geral, ele designa o *emissor* – ao passo que o "tu" designaria o *destinatário*. O emprego desses *símbolos-índices* é complexo, daí porque Jakobson pensa que eles contam entre as aquisições mais tardias da linguagem infantil e entre as primeiras perdas da afasia. Ele acrescenta que, como os próprios linguistas têm alguma dificuldade para definir a significação geral dos termos "eu" [*je*] ou "tu", é compreensível "que uma criança que aprendeu a se identificar com seu nome próprio não se habitue tão facilmente a termos tão alienantes quanto os pronomes pessoais. Ela pode hesitar em falar de si mesma na primeira pessoa uma vez que seus interlocutores a chamam tu[12]". Jakobson chega até a dizer que a criança pode usar sem discriminação o "eu" [*je*] (ou o "mim" [*moi*]), o "tu" (ou o "ti") para designar tanto o emissor quanto o destinatário, de modo que o pronome pode designar qualquer protagonista do diálogo.

A INVERSÃO ENTRE OS PRONOMES "EU" [JE] E "TU": TRAÇO DO AUTISMO OU MOMENTO DA LINGUAGEM INFANTIL?

Se seguirmos Jakobson ao pé da letra, não haveria, em suma, nada a assinalar de particular na linguagem de Mourad a não ser seu anacronismo: ele estaria fazendo aos quatro anos o que uma criança normal faz aos dezoito meses. Entretanto, as pesquisas em psiquiatria infantil parecem só observar esse tipo de confusão no emprego dos pronomes nas patologias de aspecto autístico. O que não quer dizer que Jakobson não tenha razão. Sabemos que ele se interessou muito pela linguagem *in statu nascendi*. Escreveu até uma obra sobre os monólogos hipnopômpicos[13] das crianças logo antes dos dois anos, momento em que *o estádio do espelho* ainda não se concluiu. É possível que fenômenos da ordem daqueles que foram descritos mais acima possam acontecer em períodos em que nem as pessoas à volta nem os especialistas busquem os indícios de uma patologia da linguagem. Esse anacronismo na criança autista revelaria, a céu aberto, um traço da aquisição da linguagem; e, aí ainda, o patológico viria nos informar sobre o normal.

---

[12] R. Jakobson, *op. cit.*, p. 180.
[13] Logo antes do adormecimento.

Se, em relação a um verbo, sempre é fácil encontrar o sujeito do enunciado, *eu* [*je*] é o sujeito dos enunciados: *eu te ajudo*, *eu pego* ou *eu dou*, bem mais difícil é responder à questão: quem é o sujeito desta enunciação? Quem é o sujeito suposto desejar carregar, ajudar ou dar?

Como dissemos, após os dois anos, a inversão entre o *eu* [*je*] e o *tu* só aparece nos estados autísticos[14]. Num trabalho da equipe de Ajuriaguerra, da qual faziam parte Diatkine e Kalmanson, publicado em 1959, um dos primeiros na França[15], os autores levam em conta os desenvolvimentos da linguística da época e, notadamente, a questão dos *shifters*. Está claro que estão pensando no que Lacan havia afirmado três anos antes sobre a estrutura imaginária do *eu* [*moi*] e seu laço com a relação especular com o semelhante. A propósito de um dos casos descritos, o pequeno Dominique, os autores estabelecem um paralelo entre sua incapacidade de inverter o "eu" [*je*] e o "tu" e seu total desinteresse para com sua imagem no espelho. Dominique fala de si ou na terceira pessoa, ao se nomear por seu nome, ou ao dizer "tu", o "eu" [*je*] ficando reservado ao interlocutor. Ele fará uma longa psicanálise com a Dra. J. Simon que o acompanhará até depois do vestibular[16]. É nessas circunstâncias que Dominique começa a descobrir o uso correto desses pronomes. Seu tratamento analítico havia começado há duas semanas e ele parecia sempre ignorar a presença da Dra. Simon e enchia páginas com números, como fazia em casa. Um dia, ultrapassa os limites do papel e toma coragem para escrever na mesa. A Dra. Simon então intervém: "*Dominique quer ver se a Dra. Simon vai zangar com ele como a mamãe*". Ele então pergunta: "*A Dra. Simon conhece Dominique?*". A Dra. Simon: "*Eu sou a Dra. Simon e eu te conheço, tu és Dominique*". Pela

---

[14] Até nas regressões de tipo esquizofrênico, só se constata uma volta ao uso da terceira pessoa do singular; jamais o uso do "eu" [*je*] parece designar aquele a quem o sujeito se dirige.

[15] J. de Ajuriaguerra, R. Diatkine e D. Kalmanson, "Les troubles du développement du langage au cours des états psychotiques précoces", in *La Psychiatire de l'enfant*, 3ᵉ trimestre 1959, Paris, PUF.

[16] O artigo foi escrito quando Dominique ainda era criança. Tive a oportunidade de vê-lo adulto. Ainda que tivesse guardado muitas esquisitices da infância, obteve um diploma de contador, que lhe permite trabalhar e viver de modo autônomo.

primeira vez, o menino levanta a cabeça e diz: "*Então, Dominique conhece Dominique. Tu és a Dra. Simon e eu te conheço*".

Em 1963, Lacan, em seu seminário sobre a angústia, lembra: "A primeira emergência (de uma comunicação por parte daquele que é ainda um sujeito [S], não barrado) é apenas um 'quem sou eu?' inconsciente já que informulável, ao qual responde, antes de se formular, um 'tu és', vale dizer que ele recebe primeiramente sua mensagem sob uma forma invertida, eu disse há muito tempo[17]". Em 1959, os autores do artigo citado falavam de distúrbio da identificação para explicar o problema que nos ocupa.

Voltemos a Mourad. Ao enfrentar uma dificuldade, ele diz, não sem pertinência: "*Eu te ajudo*". Suponhamos que esse enunciado possa valer como *um significante representando o sujeito para outro significante*. A questão seria, então, saber: para que outro significante? Suponhamos que esse outro significante possa ser *mãe*. Então, que *sujeito* esse significante *mãe* representaria? Segundo Lacan, para que um significante possa representar um sujeito, ainda é preciso que ele possa referir-se a um *significante da falta no Outro, caso contrário nenhum significante jamais representaria ninguém*[18]. Sem essa inscrição de uma falta, o enunciado de Mourad – "Eu te ajudo" – poderia nunca ter encontrado sua função significante e ter permanecido para sempre um sinal de apelo.

É verdade que os três enunciados – *eu te ajudo, eu dou, eu pego* – provêm do tesouro dos significantes do Outro. São elementos do código, empregados pela mãe. Ela os usava para pôr em palavras algumas das experiências primordiais do menino, para responder, por exemplo, ao grito da necessidade. São três respostas a três apelos; o menino precisa de ajuda, não pode pegar sozinho, deve ser carregado. Ora, Mourad está atravessado por esses enunciados como que por anúncios luminosos: não pode invertê-los por não ter podido deles se apropriar.

O que Mourad não diz? Dizer "*me ajuda*" supõe que *eu* [*moi*] possa imaginarizar-se como marcado por uma falta, por uma impotência. Sa-

---

[17] J. Lacan, "L'Angoisse", aula de 5 de junho de 1963.

[18] O que, na álgebra lacaniana, se escreve: S (Ⱥ). Ver J. Lacan, "Subversion du sujet et dialectique du désir dans l'inconscient freudien", in *Écrits, op. cit.*, p. 819.

bemos que o eu [*moi*] se constitui sobre a imagem de um outro[19]; para que o eu [*moi*] de Mourad possa integrar uma falta ainda é preciso haver rastro dela no outro. Os dois outros enunciados – *me pega*, pois estou antes de minha autonomia de andar, *me dê*, pois me falta – nos ensinam que para que a experiência do estádio do espelho permita a constituição de um eu [*moi*], por mais imaginário que seja, a intensa alegria sentida nesse momento deve recobrir um rastro, um sinal, um significante da falta no Outro. Logo, o fato de o Outro primordial, cujo lugar a mãe pode ocupar, enunciar *eu dou, eu te ajudo, eu carrego*, não basta para que o menino possa mirar-se num outro faltante.

Essas observações nos lembram a estranheza da relação de qualquer um de nós com sua fala. Ao falarmos, só podemos estar divididos em relação à própria fala, pois pronunciar uma frase não impede de a recebermos como uma voz. Os "eu te ajudo" ou os "vou buscar mamãe" produzidos por Mourad funcionam como uma voz cuja fonte não teria importância. O problema é que esse "eu" [*je*] espera uma atribuição subjetiva. Lacan resume a situação ao dizer que o "eu" [*je*], sujeito da frase em estilo direto, deixa em suspenso, de acordo com sua função dita de *shifter*, a designação do sujeito falante[20]. Ora, ao começar uma frase por "eu" [*je*], Mourad nem por isso se sente sujeito do enunciado.

O SURGIMENTO DO "EU" [MOI]

Fim de dezembro, Mourad usa, pela primeira vez, a palavra "eu" [*moi*] atribuindo-a a si mesmo, ou, mais exatamente, atribuindo-a à sua imagem especular. Estamos na parte da sessão em que a mãe está presente. Mourad começa pegando a bolsa dela, depois a minha, que ele põe a tiracolo. Então, enquanto passeia pela sala, diz: "*Está pesada! Vou na Sra. Laznik. Vou em Au-*

---

[19] *Cf.* J. Lacan, *Le Séminaire, livre II, Le Moi dans la théorie de Freud et dans la technique de la psychanalyse* (1954-55), Paris, Seuil, 1980.

[20] J. Lacan, "D'une question préliminaire à tout traitement possible de la psychose", *Écrits, op. cit.*, p. 533.

chan. Vou na Villette. Pego em Jules Joffrin (Ele fica girando na sala). *Eu quero descer em Auchan, eu caí, eu fui embora no metrô. Porque eu fiz cocô nas calças*".

Nesse momento, um bonequinho de madeira que representa um papai cai da mesa, Mourad o pega no chão e comenta: "*Tudo cai!*".

Abre, então, a bolsa da mãe e pega o batom. Vai colocar-se diante do espelho. Olha a boca, em seguida, enquanto passa batom também em sua imagem no espelho, diz: "*Sou eu*" [*moi*].

Durante esse mesmo período, Mourad também manifesta um vivo interesse por minhas unhas pintadas. Primeiro me perguntou várias vezes se eram "dodóis". Depois, pediu com frequência à mãe que pintasse também as dele.

Coisa divertida, durante a primeira parte da sessão desse dia, justamente, Mourad cantarolava o refrão de uma nova cançoneta: "*Eu sou eu e tu és ti...*" [*Moi c'est moi et toi c'est toi...*].

Está claro que a relação com o espelho situa-se no plano imaginário: seu *eu* [*moi*] é sua imagem especular. O que acontece, então, com a possibilidade de um sujeito do discurso, de um sujeito no nível simbólico?

Como eu já disse, existia entre nós um contrato quanto ao uso da torneira; deixei bem claro para Mourad que eu mesma era obrigada a respeitar o local onde trabalho e que não me pertence. Desde setembro, Mourad vinha acrescentando por iniciativa própria: "*O Dr. Bérouti disse!*". O próprio menino utiliza, para encarnar esse lugar da lei, terceiro entre nós, a figura do médico responsável. Numa das sessões de setembro, durante a qual Mourad havia com prazer espirrado água para todos os lados, vejo-me na obrigação de fechar a torneira por esse dia e o escuto declarar três vezes, enquanto tenta mesmo assim abri-la: "*O moço vai acordar... O Dr. Bérouti vai te bater!*". Quando lhe pergunto quem vai apanhar, ele me responde: "*Mourad*"; abandona, então, a torneira e passa a outra coisa. Eu nunca soube de onde lhe viera essa frase. Será que, no discurso familiar, uma figura autoritária enfim pudera se desenhar? Ou o menino teria construído uma, graças à estrutura que lhe era proposta[21]? Mais adiante, percebi que, quando a torneira estava

---

[21] O trabalho que o médico responsável fez com essa família seguramente contribuiu de modo importante para o desenvolvimento da possibilidade para o pai de desempenhar seu papel.

fechada em razão da lembrança do interdito, Mourad não cometia mais erro. Desde então, ele sempre diz: "*Quero água, por favor*".

Em outra sessão, Mourad, que continua a brincar com a torneira, diz: "*Tu vais jogar tudo no chão... senão, vão ter que fechar*". Notemos que esse "vão", forma impessoal, convém bem a um regulamento ou contrato, superando cada uma das partes em questão. Esse *vão* supera a Sra. Laznik, que deve a ele se submeter. A primeira parte desse enunciado, cujo sujeito está na segunda pessoa: *tu vais jogar tudo no chão*, pede outras reflexões. Ele tem a forma de um discurso superegoico e poderia ter substituído um *não joga tudo no chão senão...* Mas talvez seja só aí uma das possíveis faces do supereu, aquela que ordena o gozo e que poderia proferir: "*Intimo-te a jogar tudo no chão, para que haja transgressão e, portanto, gozo do Outro*". Poderíamos, então, nos perguntar se o supereu, preso na própria massa da cadeia significante, não estaria por isso mais sólido, mas fácil de instaurar que o próprio sujeito, tão evanescente.

Convém notar que, quando a interrupção da água da torneira é puramente fortuita – por exemplo, se fechei apenas porque ele não brincava mais ali –, então, quando Mourad pede novamente que a abram, ele se mostra novamente incapaz de se apropriar do enunciado do Outro ao invertê-lo, e repete: "*Eu te ajudo*". Esse pedido não é sustentado por nenhum interdito e o sujeito vacila. Se finjo não compreender, Mourad pode acabar dizendo "*me ajuda, por favor, senhora Laznik*", inversão que parece consentida mais por delicadeza que por ser a assunção de seu lugar de sujeito.

Mas logo é ele mesmo quem vai voluntariamente desencadear o que chamo *o roteiro da água*, como que para obter a recusa que lhe permitira falar enquanto *eu*[*je*]-que-quer. Às vezes, quando as coisas se complicam, Mourad acrescenta por conta própria: "*Tem que falar com papai*", terceiro doravante suscetível de resolver um eventual confronto dual imaginário. Mourad vai com frequência apelar para o pai, e o resultado sempre vai ser apaziguador. A mãe conta que, até em casa, quando estão sós, o menino invoca o pai para resolver os conflitos.

Numa das sessões, Mourad chega até a provocar o roteiro da água, ao jogar uma minúscula gota d'água no chão e ao me anunciar: "*Tem água no chão, então, vão ter que parar!*". Essa gota simbólica basta, no entanto, para

QUANDO *EU [JE]* É UM OUTRO, *TU* NÃO PODES TE TORNAR *EU [MOI]*

suscitar o interdito – que ele próprio se encarregou de lembrar – e lhe dá a oportunidade de exclamar: "*Quero água!*" – prova, se necessário, de que é a própria letra do interdito que funda o desejo que permite ao sujeito advir.

Essa torneira, quando a lei de funcionamento do centro proíbe seu uso, lei que Mourad se encarregou de encarnar na figura do médico-chefe, passa a ser a Coisa que ele mais cobiça. Poderíamos dizer que ela se torna o objeto causa de seu desejo[22].

Lacan, em *A ética da psicanálise*, se interroga sobre as relações entre o desejo e a Lei. Nota que, se uma transgressão é necessária para que se tenha acesso ao gozo, é porque a própria letra do interdito permite que esse gozo encontre um trilhamento. A clínica do autismo confirma isso: esse forçamento é necessário para que o funcionamento psíquico não permaneça no nível de um princípio do prazer, o qual, no autista, tende, em geral, a manter uma homeostase[23].

A propósito da articulação entre o desejo e a Lei, Lacan parafraseia uma passagem da Epístola aos romanos, de são Paulo[24], que também vou retomar ao colocar o termo *desejo* no lugar de *pecado*: "O que quer dizer? Que a Lei é desejo? Evidentemente que não! Mas é que só conheci o desejo pela Lei. E, de fato, eu teria ignorado a cobiça se a Lei não tivesse dito: não cobiçarás. Mas, aproveitando a oportunidade, o desejo por meio do preceito produziu em mim toda espécie de cobiça: pois, sem a Lei, o desejo é só um morto". Mourad seria paulino?

O leitor não deve ter esperado para pensar que a torneira d'água devia ter alguma relação com a torneira do pequeno Mourad. De fato, durante esse período, essa outra torneira entra em jogo. Mourad, que bebe muito na torneira de minha sala, faz o mesmo em casa. Levanta-se,

---

[22] J. Lacan, *Le Séminaire, livre VII, L'Éthique de la psychanalyse*, 1959-60, Paris, Seuil, pp. 100 *segs.* Nesse seminário, Lacan introduziu a Coisa como aquilo em torno do que todo o circuito pulsional se instala. Dois anos mais tarde, é o *objeto pequeno a*, o objeto causa do desejo, que ocupará esse lugar. Ver, a esse respeito, M.-C. Laznik, *op. cit.*

[23] Entendo por gozo o forçamento e a barreira do princípio de prazer, o que permite à pulsão fazer a volta do objeto causa do desejo. Para a diferença entre prazer e gozo, ver M.-C. Laznik-Penot, "La mise en place du concept de jouissance chez Lacan", in *Revue française de psychanalyse*, tomo LIV, 1990, Paris, PUF, pp. 55 segs.

[24] Paulo, Epístola aos romanos (VII, 7).

portanto, várias vezes na noite, a pretexto de fazer xixi ou então faz xixi na cama. Para pôr ordem nisso, o pai proíbe o filho de beber à noite. Sua torneira passa a ser um objeto de atenção e a família percebe que os testículos de Mourad não desceram. Um tratamento médico resolverá o problema. Em seguida, o pai, muçulmano, decide que já é tempo de prever uma data para a circuncisão do filho, agora totalmente digno de a ela se submeter. Foi no início de fevereiro, um dia após a consulta com o cirurgião a respeito de seus testículos, que aconteceu a sessão da qual segue aqui um trecho.

Depois de vagamente manipular uns bonequinhos, Mourad deita-se no chão e solta uma série de gemidos queixosos, enquanto se fecha num modo autístico. Para tentar fazê-lo sair, e como o ruído que ele emitiu me faz pensar nos uivos de um lobo, arranjo no chão, à sua volta, pequenos bonequinhos e imagino, em voz alta, duas crianças, um irmão e uma irmã, num quarto, os pais no outro, e o ruído do lobo que dá medo. Faço vir o pai que proíbe que o lobo faça mal ao menino. Até ali, nada retém a atenção de Mourad, quando, de repente, o boneco que representa o pai cai. Mourad sai imediatamente do fechamento, olha o boneco e, reproduzindo com o dedo o gesto da queda, lhe diz: "*Tu cais*". Desde que está falando, é a segunda vez que eu o ouço empregar o "tu" para nomear aquele a quem ele se dirige. Lembramos que a primeira vez era para dizer à mãe "*tu ficas*", quando ela começara a me falar das dificuldades que estava atravessando.

Mourad se levanta e começa a brincar com os bonequinhos. Pega o boneco que representa a mãe, deita-o sobre o do pai, enquanto lhe diz: "*Tu viste? Tu tens um dodói*". Em seguida, pega o irmão, coloca-o ao lado da irmã, na mesma cama; os dois casais se encontram como que em espelho. Poderíamos dizer que a mãe, marcada por esse "dodói", passa a ser um pequeno outro, um pequeno semelhante ao qual ele pode se dirigir na segunda pessoa.

Os enunciados que ele endereça a esse semelhante têm um ponto em comum: *tu ficas* (subentendido: para dizer que tu estás doente e que precisas de ajuda); *tu cais* (endereçado ao pai, que ele em seguida coloca sobre a mãe numa *cena primária*), *tu tens um dodói*; todas essas imagens especularizáveis estão marcadas por uma falta, uma falha, uma ferida. A

QUANDO EU [JE] É UM OUTRO, TU NÃO PODES TE TORNAR EU [MOI]

frase também sublinha a importância do olhar: *tu viste? Tu tens um do-dói*. Ela remete apenas ao reconhecimento de um eu [*moi*] para ele: o de sua imagem no espelho, imagem cujo corte labial ele havia desenhado com o batom que acabara de pegar na bolsa da mãe, antes de exclamar: "*Sou eu!*".

Eis a sequência do material clínico: Mourad pega o boneco da mãe, coloca-o numa coberta feita com uma folha de papel e lhe diz: "A gente vai *te deitar*". Em seguida, tirando a cabeça da mãe da coberta e recolocando-a debaixo, lhe diz: "*Eu te escondo*". Eu [*Je*] é bem aqui ao mesmo tempo o sujeito do enunciado e o sujeito do ato designado pelo enunciado.

O "eu" [*je*] surge da possibilidade do "tu", o qual parece sustentar-se pelo reconhecimento da existência do *dodói* na mãe. Quando nos lembramos que, em cabila, o *seio* da mãe e o *pipi* do menino têm a mesma pronúncia *bubu*, o *dodói* [em francês, *bobo*] talvez remeta a outras coisas.

No entanto, Mourad, no momento de partir, apanha seu "*objeto*" *autístico*, enquanto murmura para si mesmo: "*Tu vais fazer a sesta na escola*" – o que é, com toda certeza, a retomada de um enunciado materno.

Epílogo provisório

Hoje, cinco anos depois, os problemas de Mourad não estão inteiramente resolvidos. Nos anos após o período descrito, as sessões de Mourad foram literalmente invadidas por circuitos de trens e metrôs nos quais ele rapidamente dera um jeito de se fechar. Ainda que dedicasse a isso uma atenção enorme, eu nem sempre era aceita em suas viagens, as quais, aliás, com frequência giravam em círculos. E, embora Mourad usasse os pronomes de modo adequado e uma linguagem bem correta no plano gramatical, seu fechamento às vezes era tal que ele parecia não mais ouvir sequer o que eu podia lhe dizer. Durante seu último ano de maternal, ele se mostrou tão fechado que, numa das sessões em que parecia não escutar nada, falei-lhe de minha incapacidade de ajudá-lo e de evitar que ele fosse para o hospital-dia. Ele logo levantou a cabeça, olhou-me direto nos olhos para me dizer que não queria de modo algum ir para o hospital-dia. Essa mudança brutal de registro deixou-me muito perplexa, mas fez com que retomássemos o trabalho. Além disso, dois acontecimentos da realidade iam contribuir para isso e dar lugar a trocas verbais mais ricas. O avô paterno ficou gravemente doente após uma visita que fez à Cabília para reaver a casa natal. Não se recuperou e morreu pouco tempo depois. Mourad trouxe-me ele próprio o pai para que falasse da aldeia e da casa que o avô havia deixado para os filhos. Nessa circunstância, Mourad "remava na areia". O segundo acontecimento foi um acidente. Andando de bicicleta na calçada, Mourad esbarrou de leve numa senhora muito idosa, que caiu e quebrou o colo do fêmur. A polícia foi chamada enquanto a senhora idosa era levada para o hospital. Os pais estavam assustados com a possibilidade de um processo e Mourad, consternado pelo que havia feito. Ele não parava de falar daquilo, de se dizer responsável e de fazer desenhos para a senhora no hospital. Enquanto durou a hospitalização dessa "vovó", como a chamava, ele não caiu em qualquer fechamento autístico. Estava muito presente, tornara-se um sujeito, o de um ato que ele reconhecia como vindo dele. O tempo de hospitalização da velha senhora correspondeu mais ou menos ao primeiro trimestre da escolaridade de Mourad num curso primário normal. Mostrou-se ali um aluno brilhante, aprendeu a ler e a contar antes dos outros. Fez até um amigo e foi convidado para ir à sua casa. Ora, a fratura da velha senhora se acertou, ela pôde andar de novo, e o medo de um eventual processo deixou a família. Mourad começou novamente a se fechar, às vezes em seus circuitos de metrô. É verdade que conhece de cor não só todas as linhas de metrô existentes, assim como as características específicas de cada estação, mas também as linhas que vão ser criadas, o que nos autoriza um mínimo de projeções para o futuro. Por outro lado, como as linhas de trem são ligadas ao metrô, Mourad ensinou-me certas coisas sobre o Eurostar, o túnel sob a Mancha, e estendeu, assim, nosso horizonte até Londres. Na vida prática, Mourad é um aluno cujos resultados são satisfatórios, que não tem nenhum de seus jogos estereotipados na escola e que sai com os outros quando há viagens. Até viveu alguns dias numa família estrangeira por ocasião de um intercâmbio escolar. As coisas não se passaram mal, a família no entanto notou nele uma certa tendência para brincar só. Na vida corrente, é muito ativo, vivo e se exprime com força quando quer algo. Essa adaptação à vida prática contrasta com o espaço limitado no qual parece funcionar sua vida psíquica, pois, no trabalho analítico, costumamos ficar confinados nos túneis do metrô parisiense.

Se vimos emergir nitidamente o *sujeito do enunciado*, um longo trabalho ainda nos espera antes que possamos ver o fim do túnel, isto é, antes que um *sujeito da enunciação*, que um sujeito do desejo possa vir se constituir.

CAPÍTULO 7

DO RITORNELO
AUTÍSTICO AO CHISTE
O CASO LOUISE

No capítulo anterior, lembrei que Kanner, em seu artigo de 1943[1], sublinha de maneira insistente que a linguagem autística não serve para comunicar. Embora oito das onze crianças de sua observação tenham adquirido a possibilidade de falar, ou na idade habitual, ou algum tempo depois, Kanner afirma que nenhuma delas dispunha de uma linguagem que lhes permitisse conversar com outra pessoa. Segundo Kanner, lembremos, a criança se contenta em repetir os enunciados parentais em ecolalia diferida e não é capaz de inverter os pronomes. Além disso, observa, com toda razão, que essa linguagem consiste essencialmente "na nominação de nomes de objetos identificados, de adjetivos indicando as cores, ou em numerosas indicações sem especificidade[2]". No entanto, para mim é mais difícil segui-lo quando conclui: "No que concerne à função de comunicação da fala, não há diferença fundamental entre as oito crianças que falam e as três mudas[3]".

Por outro lado, Kanner observa que quase todos os pais contam com orgulho que seus filhos são capazes de aprender a repetir versos de poemas

---

[1] L. Kanner, "Autistic Disturbance of Affective Contact", in *L'Autisme infantile, op. cit.*, pp. 217-264.
[2] *Ibid.*, p. 254.
[3] *Ibid.*, p. 255.

ou refrões de cantigas. E Kanner deplora que esses pais sejam levados a *entupi-los* cada vez mais com versos e canções. Kanner mostra-se particularmente inquieto a respeito de duas crianças novas, uma que conhecia de cor grande número de poemas, a outra capaz de recitar uns vinte e três salmos. Não só, diz ele, isso "não podia ter muito mais sentido que uma série de sílabas sem sentido para um adulto [...] mas [...] é difícil saber, para alguns, se esse tipo de preenchimento contribuiu essencialmente para o desenvolvimento das condições psicopatológicas [...], também é difícil imaginar que não tenha interrompido profundamente o desenvolvimento da linguagem como instrumento de recepção e emissão de mensagens significativas[4]". Logo, Kanner acaba pensando que a presença desse tipo de discurso, longe de constituir um elemento estruturante, poderia até ser patogênico. No fim deste capítulo, veremos que as conclusões de Kanner a respeito da linguagem são eminentemente discutíveis não só do ponto de vista da clínica que vou apresentar, mas igualmente de seus próprios casos.

A meu ver, a linguagem da criança autista traz a marca do *Real* de onde ela provém. O conceito de *Real* na obra de Lacan é extremamente complexo. Para sermos breves, imaginemos o real da linguagem comparando-o com o que pode ser registrado num gravador, num disco, como, aliás, costuma ser o caso para as canções e as rimas infantis. Quando Kanner diz que a criança autista fala como um papagaio, afirmarei que se trata de um discurso que não é atravessado por uma *cadeia significante*, de modo que não pode ser fechado numa *significação*. Um exemplo clínico explicará o que se pode entender por elementos de uma *cadeia significante*. Em todo caso, para que haja fechamento de significação, é preciso que o discurso seja endereçado a um Outro que possa mostrar que se trata bem, para ele, de uma *mensagem*.

O caso Louise

Quando a encontro, aos quatro anos, Louise não é mais o bebê de pano que foi. Graças provavelmente ao trabalho que a mãe e a menina

---

[4] *Ibid.*

DO RITORNELO AUTÍSTICO AO CHISTE O CASO LOUISE

fizeram com uma psicomotricista aberta à psicanálise, ela não só anda, mas fala um pouco, ainda que de modo bem particular. Embora dê a entender algumas palavras, estas são sempre quebradas, truncadas ou resmungadas de modo incompreensível. Seu discurso às vezes se torna um puro ritornelo no qual ela repete sem descanso uma história de bebê que faz xixi ou cocô no penico. Ou ainda reproduz pedaços de frases em que reconhecemos trechos de cantigas infantis que parecem ser desfiadas automaticamente. Kanner na certa teria considerado que Louise nunca usava a linguagem para se comunicar com outra pessoa e, de um ponto de vista fenomenológico, teria sido difícil contestá-lo.

Na época, Louise costumava ter "acidentes" enuréticos durante o dia e perdia facilmente o eixo do corpo, desabando, então, feito uma boneca de pano; os sapatos saíam com frequência dos pés. É como se deslizassem para fora dela da mesma forma que a saliva que, por vezes, escorria do canto de seus lábios, os quais nem sempre fazem borda. Por não ter sido preso num circuito pulsional, um orifício corporal pode não ter sido investido enquanto zona erógena e, em consequência, não vai funcionar corretamente como limite, fechamento.

Uns meses após o início do tratamento, Louise encontra na caixa de brinquedos de minha sala um lobinho de plástico. "*Sou Lou, o pequeno lobo*[5] * *das estepes*", diz ela. Essa frase é a retomada textual do início de uma historinha infantil que ela escuta num disco, e que então repete numa espécie de ecolalia diferida, mas desta vez em relação a um objeto suporte de uma representação possível. Este vai ser um dos primeiros ritornelos que poderia se encarnar, a um só tempo no plano imaginário – uma vez que o objeto será suporte de uma representação, esboço de um roteiro – e no plano simbólico, pois *Lou* é o apelido que a mãe lhe dá. O real da linguagem – o texto do disco – aí se amarra a um elemento significante para a menina, ainda que seu apelido remeta antes à representação de um animal que de uma menina. A palavra traz o rastro de um investimento materno garantido.

Tempos depois, um outro enunciado, aí ainda desconectado de qualquer contexto e lançado ao acaso, ressoa em meu ouvido: "*Rio profundo*". Interrogo o pai, presente a essa sessão. Este reconhece uma das

---

[5] *Lou* e *loup* [lobo] pronunciam-se igual.

estrofes da canção *Nos degraus do palácio*[6]. Ele canta a canção para Louise, ela a retoma; conhece de cor a canção e pode desfiá-la automaticamente. Mas, para meu espanto, fica muito feliz quando ouve o pai lhe dizer: "*Há uma moça tão bela*" – é a primeira vez que o significante *moça* [em francês, *fille,* também filha] a toca.

Como nessa sessão ela mais uma vez perde os sapatos, e o pai, como de hábito, os calça de novo, peço a este que cantemos a seguinte estrofe: "*Foi ao calçá-la*". Louise, que antes deixava o pai calçá-la como uma boneca de pano, estende desta vez o pé ao pai – como "*uma moça tão bela*", poderíamos acrescentar.

Com a mãe ela ainda não pode ser nada mais que o *lobo* ou, então, o *bebê-que-faz-xixi*, e isto por muito tempo ainda. Uma ou duas tentativas que ela esboça para se olhar no espelho murmurando "*batom*" vão deixá-la num tal estado de desamparo que ela rolará pelo chão, como se seu corpo se partisse em pedaços. A mãe costuma usar um batom bem bonito.

Nas semanas seguintes, Louise continua a cantarolar em ritornelo pedacinhos de canção. Reconheço uma frase aqui e ali; por exemplo "*...estava na janela*". A mãe, que interrogo, procura e encontra: no mesmo disco de canções francesas, há também *Belo tambor*[7]. Peço à mãe para cantá-la, e é a expressão *filha do rei* que, desta vez, faz Louise sorrir.

---

[6] É uma antiga canção francesa: *Aux marches du palais / Y a une tant belle fille / Elle a tant d'amoureux / qu'elle ne sait lequel prendre / c'est um petit cordonnier / qui a eu sa préférence / c'est en la lui chaussant / qu'il lui fit sa demande / la belle si tu voulais / nous dormirions ensemble / dans un grand lit carré / couvert de toile blanche / Dans le mitan du lit / la rivière est profonde*, etc. [Nos degraus do palácio / Há uma moça tão bela / Tem tantos enamorados / que não sabe qual tomar / foi um pequeno sapateiro / quem teve sua preferência / foi ao calçá-la / que ele fez seu pedido / bela, se quisesses / dormiríamos juntos / num grande leito quadrado / coberto de linho branco / No meio do leito / O rio é profundo, etc.]

[7] É outra velha canção francesa do mesmo disco: *Trois jeunes tambours s'en revenaient de guerre / le plus jeune a dans sa bouche une rose / la fille du roi était à sa fenêtre / joli tambour donne-moi donc ta rose / fille du roi donnez-moi votre cœur / joli tambour, demandez à mon père / Sire le roi donnez-moi votre fille / joli tambour tu n'auras pas ma fille / joli tambour tu n'es pas assez riche*, etc. [Três jovens tambores voltavam da guerra / o mais jovem traz uma rosa na boca / a filha do rei estava na janela / belo tambor dá-me, pois, tua rosa / filha do rei dai-me vosso coração / belo tambor, pede a meu pai / Senhor rei, dai-me vossa filha / belo tambor, tu não terás minha filha / belo tambor, tu não és rico o bastante, etc.]

Nos dias seguintes, vou notar que uma palavra deformada constitui o rastro de uma figura paterna. Louise retomou a expressão *filha do rei*, mas fazendo questão absoluta de pronunciá-la: "*Filha do rê*". Pergunto à mãe o que essa pronúncia evoca para ela. Nada, a não ser os habituais ritornelos de palavras quebradas resmungadas pela filha. Ora, nas sessões seguintes, minha atenção é atraída por outras palavras deformadas da mesma maneira. Sobretudo: *espeia* [*atteing*], palavra que ela profere em momentos de desamparo e que parece acalmá-la. A mãe de repente acha que se trata do sotaque do Vivarais das Cevenas, região de origem do pai, que, este, não guardou nenhum sotaque. Fico então sabendo que é o avô paterno, "vô Vincent", quem de hábito diz *espeia* a Louise para acalmá-la. Como sempre, Louise não parece acompanhar a conversa entre a mãe e eu; ora, nesse momento, ouvimo-la pronunciar – para ninguém em especial, como de hábito – *Vovô Vinceinte!* Fica então evidente que *filha do rê* é uma retomada do sotaque meridional, aparentemente no modo da gozação, da derrisão. E Louise então cantarola o: "*tu não terás minha filha*" – fala do *rê*, precisamente.

Além disso, Louise vai me ensinar como uma frase em língua estrangeira pode vir presentificar o laço mãe-filha. Louise apresenta sinais de desamparo tão logo tem um movimento de desejo por um objeto feminino – joias, bolsa, lenço, batom – pertencente à mãe ou a mim. Adivinhamos seu gesto, mas ela para a meio-caminho e desaba gritando. Vejo-a, certo dia, esboçar um movimento na direção de uma corrente de ouro que a mãe sempre usa. Durante a própria sessão, não posso dizer nada, pois ela cai num desamparo destruidor, como se se partisse em pedaços[8]. Na sessão seguinte, converso de novo sobre isso com a mãe, que me conta que comprou para si essa corrente para o nascimento de Louise. Esta que, como

---

[8] No plano fenomenológico, esses estados de desamparo lembram as excelentes descrições daquilo que Donald Meltzer chama *desmantelamento* (*cf.* D. Meltzer, J. Bremmer, S. Hoxter, D. Weddel, I. Wittenberg, *Exploration dans le monde de l'autisme*, trad. franc. G. Haag *et al.*, Paris, Payot, 1980). No plano metapsicológico, parece-me que nos encontramos aí aquém da constituição da unidade corporal que se elabora naquilo que chamo o *olhar do Outro*. Louise ainda está aquém do registro do eu [*moi*] como unidade constituída sobre a imagem especular. A esse respeito, ver M.-C. Laznik-Penot, *La Psychanalyse à l'épreuve de la clinique de l'autisme, op. cit.*

sempre, parece não escutar nada e que rabisca no quadro negro, nessa hora emite dois sons que não entendo, mas que me parecem articulados.

Como os repito num tom interrogador, a mãe estoura de rir. Acha que reconhece uma palavra de uma pequena canção em língua quíchua. A mãe de Louise é de origem peruana. Veio estudar em Paris quando era moça e fala perfeitamente o francês. A palavra em questão vinha de uma cançoneta quíchua que lhe foi transmitida pela própria mãe. A mãe de Louise se põe a cantarolar, a menina canta com ela, sorrindo-lhe.

Eis a tradução: "*Uma mamãe vai até um poço, o que ela vem procurar? Ela vem procurar uma filha? Como vai se chamar essa filha? Essa filha vai se chamar Louise. O que vamos lhe dar? Vamos lhe dar uma corrente preciosa*".

Tempos depois, a mãe dá de presente uma corrente de ouro à filha, a qual veio mostrar-me, dizendo-me a palavra quíchua correspondente. Pouco depois, uma zona erógena começa a fazer borda para Louise: ela não baba mais.

Mais tarde, surge um novo ritornelo, lançado, como de hábito, fora de contexto e ao acaso: "*Alexandre! Alexandre! O que você está fazendo, Alexandre?*". Os pais me contam que ela passa o dia a gritar esse refrão e que haveria em sua sala na escola um Alexandre que pintaria o sete. Como o ritornelo invade literalmente as sessões seguintes, acabo indo buscar bonecos de madeira e lhe proponho que representemos as crianças da sala de aula. Ela me deixa fazer, depois parece decidir que um personagem será Alexandre. Na sessão seguinte, ele passa a ser "*Senhor Alexandre!*". Ela põe, ao lado do boneco que havia escolhido para representá-lo, o de uma menina bem pequena que ela chama "*Marceline*". Nas sessões seguintes, ela vai buscar os mesmos bonecos.

Os pais se informam na escola: não há criança chamada Marceline. Logo, de onde pode sair esse nome? Após vários dias, a mãe de repente se lembra que de fato existe um amigo do pai que se chama Alexandre, que tem um filho que se chama Marcelin! Esse Senhor Alexandre é o único dos amigos dos pais a ter sempre olhado Louise como uma criança extraordinária, diz a mãe. Nesse momento, ouvimos sair da boca de Louise, que, parecendo ausente, mexe em alguma coisa no chão, as seguintes palavras, lançadas ao acaso: "*Um bebê formidável! A ver! A ver!*".

De onde podem bem vir? Estou siderada.

Pois então, de um *Gargântua contado às crianças*, fita, nestes últimos tempos, que ela escuta o dia inteiro – me diz a mãe. Rabelais! O que pôde "prendê-la" ali?

A mãe me interroga: "*A voracidade de Gargântua a interessa?*". Incapaz de lhe responder, posso apenas lhe falar de meu espanto, pedindo-lhe que me traga o texto para que tente descobrir o que interessa Louise.

Foi a primeira vez que utilizei a literatura infantil com uma criança autista. Lendo-lhe o livro que acompanha a fita, pude identificar os passagens do texto que chamavam sua atenção. Aqui estão: "*Era uma vez, no castelo da Devinière, na Touraine, um gigante... que ainda não tinha nascido. Seu futuro papai, Grandgousier, senhor do lugar...*". A continuação não interessa mais. Depois, de novo, ela para em: "*Este Grandgousier tinha tomado por esposa Gargamela, filha do rei dos Parpaillots*".

Ela de novo deixa de lado a continuação, mas quando chegamos ao olhar da assistência sobre o recém-nascido: "*Um bebê formidável!*", ela fica muito alegre. Entretanto, em vez do primeiro grito do bebê Gargântua, *a beber! a beber!*, Louise exclama: "*A ver! A ver!*".

Deixa imediatamente de lado o texto para correr até o fim, até o nascimento do filho de Gargântua, Pantagruel: "*Gargântua teve um filho de Badebec que, infelizmente, morreu ao pôr o bebê no mundo*". Gargântua, no início inconsolável, exclama ao ver o filho: "*Ah! meu filho, meu pezinho, como és bonito, como sou feliz!*". O que Louise diz cheia de alegria. Noto, então, que praticamente desapareceu o estrabismo muito acentuado que Louise tinha.

Para empregar os termos que são os de Lacan em seu seminário sobre a identificação, estamos aqui às voltas com a *presença da linguagem no real*[9]. Lacan ressalta que o discurso falado fica fora, corre pelas ruas e pode ser registrado como que por uma fita magnética, como a versão de *Gargântua* que Louise escuta na fita. Como esse discurso é próprio do pré-consciente, Lacan coloca que o pré-consciente está no real. No caso de Louise, esse real da linguagem veio enganchar alguma coisa de uma cadeia significante; veio "ler", diria eu, algumas das representações inconscientes capazes de constituir Louise como sujeito.

---

[9] J. Lacan, "L'identification", seminário inédito, aula de 10 de janeiro de 1962.

O MODELO FREUDIANO DA TERCEIRA PESSOA

Esses enunciados, que poderiam ter permanecido como o real de uma litania, encontraram a escuta de um Outro que ali desempenhou exatamente o papel que Freud nos ensina ser, em *O chiste e sua relação com o inconsciente*, aquele da *dritten Person*[10], a terceira pessoa. Esta, ao ouvir uma "formação de palavra defeituosa como uma coisa ininteligível, incompreensível, enigmática", longe de rejeitá-la como não pertencente ao código, deixa-se levar, após um tempo de estupefação, pela iluminação e ali reconhece um chiste. Estupefação e iluminação são os próprios termos propostos por Heymans que Freud cita e em quem ele encontrou o famoso chiste de H. Heine *familionário*[11]. Ao reler esse texto de Freud, pareceu-me ali encontrar as características do que chamarei uma escuta que olha, para retomar a ideia do *escutar-ver* proposta por Gabriel Balbo.

Qual é, pois, a relação entre a *dritten Person*[12] de Freud e o *grande Outro original*? É justamente sobre essa terceira pessoa, aquela que ouve um dito espirituoso, ali onde se poderia perceber apenas falha ou neologismo, é sobre esse terceiro que Lacan escora, na obra de Freud, seu conceito de grande Outro. A isso dedica todo o primeiro trimestre de seu seminário sobre "As formações do inconsciente[13]". Quanto ao termo *Outro*, com um A maiúsculo, ele o tomou, modificando-o, de Jean-Paul Sartre, que o empregava a propósito do olhar como fundador do eu [*moi*] e do corpo.

O que Lacan diz sobre isso? Em face de um neologismo, de uma palavra truncada ou deformada, o Outro se vê diante de uma alternativa. Ele o rejeita, coloca-se como autoridade e declara: "Isso não quer dizer nada. Ele (ou ela) diz qualquer coisa" – julgamento bem habitual nos pais de autista, que exclui qualquer possibilidade de um enunciado da criança possuir uma significação e, então, este vai girar indefinidamente, no real,

---

[10] Devo essa descoberta a uma conversa com Pablo Mario Kovalovsky a respeito de seu texto, "Le mot d'esprit et son excès", in *Annales du IIè Congrès interassociatif*, Paris, 1991.

[11] S. Freud, *Le Mot d'esprit et sa relation à l'inconscient*, G. W. Vol. VI, 9, trad. franc. D. Messier, Paris, Galllimard, 1988, pp. 49-50.

[12] S. Freud, *Le Mot d'esprit...*, *op. cit.*, pp. 263 segs. e *G.W.* pp. 161 segs.

[13] J. Lacan, "As formações do inconsciente", seminário inédito, aulas de 6 e 13 nov. e de 4, 11 e 18 dez. 1957.

Do ritornelo autístico ao chiste O caso Louise

como um ritornelo. Nesse caso, o grande Outro, como manifesta seu julgamento de rejeição, permanece intocado. Em outras palavras, nenhum sinal indica que lhe faltaria algo, nem que seja saber sobre um significante que lhe seria incompreensível.

A outra resposta possível em face de um neologismo põe em jogo, segundo Freud, uma terceira pessoa na constituição do chiste. Não se trata necessariamente daquela a quem se endereça o enunciado da criança, mas daquela que se deixa *siderar*. Se, ao escutar Louise, sou levada a pensar que uma de suas frases é uma *formação do inconsciente*, talvez até um *chiste*, Louise vê-se então confrontada com um Outro que, em face desse enunciado ininteligível, deixa-se siderar. A palavra empregada por Freud é *Verblüffung*: que pode igualmente ser traduzida por *embasbacar, pasmar* (ou até *esbaldar*, para empregar um termo rabelaisiano). Lacan sublinha: o grande Outro vê-se superado nesse caso, e isto em dois sentidos: o enunciado supera o código e, por outro lado, o sujeito, que ocupa o lugar do grande Outro. A sideração assim produzida mostra um vazio interior, uma falta, uma incompletude.

Lacan acrescenta: aceitar ratificar como mensagem o que acaba de ser proferido, ainda que a significação deva permanecer temporariamente em suspenso, indica à criança que ela pode ser ouvida para além de seu dizer. O chiste só se torna possível se o Outro se deixar siderar. Caso contrário, os enunciados da criança autista permanecerão puros neologismos, como lamenta Kanner em 1943[14].

Encontramos aqui a dupla função da mãe de que fala Jean Bergès[15] a respeito da motricidade da criança: ser, de um lado, aquela que sustenta a função e, do outro, aquela que se deixa superar pelo *funcionamento da função* no filho. No que se refere à linguagem, aquela que habitualmente faz

---

[14] A posição de Kanner modificou-se já que ele escreve, três anos mais tarde, um artigo no qual marca sua admiração pelas produções linguageiras das crianças autistas, produções que ele, nesse meio tempo, aprendeu a ouvir. Ver L. Kanner, "Irrelevant and Metaphorical Language in Early Infantile Autism", in *American Journal of Psychiatry*, 1946, 103, pp. 242-246.

[15] J. Bergès, "Somatolalie", in "Le Corps", *Trimestre psychanalytique*, nº 2, 1991, public. de l'Association freudienne.

as vezes de Outro também tem, portanto, de sustentar uma dupla posição, dilacerante e contraditória: ser a mãe que, graças a uma tradução permanente dos gritos e sons proferidos, permitirá que a criança faça passar sua demanda pelo desfile do significante que ao mesmo tempo a alienará; ser, por outro lado, aquela que, embora saiba antes de a criança saber, deixa-se por ela superar.

J. Bergès, sempre a respeito da motricidade, atribui um valor pulsional ao que ele chama *o funcionamento da função*. Esse mesmo pulsional está em jogo na terceira pessoa de que fala Freud ao dedicar um capítulo inteiro ao segundo tempo do reconhecimento do chiste, o da iluminação, isto é, o do prazer pulsional experimentado pelo terceiro, prazer que ele significa por um sorriso e pelo desejo de comunicar a outros o que ouviu. Esse *prazer pulsional*, de que fala Freud, empregando o termo *Lust*, não deve ser confundido, a meu ver, com aquele do *princípio de prazer*, que tende na direção de uma homeostase das tensões para fugir do desprazer. No caso do chiste, o prazer pulsional experimentado pela terceira pessoa – o Outro, na terminologia lacaniana – não tende para um menor desprazer. Trata-se daquilo que, na obra de Lacan, aparece sob o termo *gozo fálico*[16].

Voltemos aos enunciados ecolálicos de uma criança autista. Ainda que, no início, um enunciado a tenha atravessado, depois tenha saído dela sem que ela o destinasse a ninguém, nem o modulasse em alguma demanda, quando esse enunciado lhe é devolvido como se tivesse uma significação, como se fosse mensagem, algo então se inscreve para ela. Evidentemente é no só-depois apenas que a criança pode se identificar com a fonte desse prazer experimentado pelo Outro. O que é remetido à criança é que ela proferiu um enunciado que "ex-siste" ao grande Outro, que pôde surpreender este e até ser objeto de um investimento pulsional.

Louise atribui a função de reconhecê-la ao olhar do pai. Esse caso é um exemplo clínico daquilo que é a metáfora paterna: num dado momento, o pai vem ocupar o lugar da figura materna: é ele quem garante, quem reconhece a filiação; ele é um nome do qual alguém poderá se dizer

---

[16] Sobre a distinção "gozo", "prazer", ver M.-C. Laznik-Penot, "La mise en place du concept de jouissance chez Lacan", *art. cit.*, pp. 55-81.

filho ou filha. No material de Louise, exceto a *moça tão bela* e o *pequeno sapateiro*, todos os outros enunciados remetem a um reconhecimento de filiação. Por exemplo, a *filha do rei* cuja pronúncia ela altera: *filha do rê*. Essa aparente deformação é a marca do sotaque regional, sinal de uma origem recalcada. Desse modo, Louise faz surgir um traço do avô paterno, rejeitado no nível da geração do pai.

Quanto ao *Senhor Alexandre*, ele é precisamente aquele amigo da família que olhou e reconheceu Louise como uma criança extraordinária.

A interpretação dada por Louise do mito rabelaisiano

Se seguirmos passo a passo os trechos do texto de Rabelais que retêm a atenção de Louise, constatamos novamente que é de filiação que se trata, e de filiação paterna. Sempre que diz: "*seu futuro papai*", ela diz isso com um acento particular, como se houvesse ali algo importante: o nome do pai deve estar ali antes do nascimento da criança. O Outro pode dizer: "Sou teu pai e tu és meu filho" antes mesmo que o sujeito possa formular em palavras a questão: "quem sou?". Louise aponta a importância dessa potencialidade de Grandgousier de ser o pai de Gargântua antes mesmo de seu nascimento.

Quando o texto de sua história diz: "Esse Grandgousier havia tomado por esposa Gargamela", ela se apressa em acrescentar "filha do rei dos Parpaillots". Aí, ainda, o que a retém é o reconhecimento de uma filiação que remete a um pai nomeado.

Louise abandona, portanto, a continuação da história de Gargântua para interessar-se essencialmente pela assistência ao recém-nascido: "um bebê formidável". Ela está, então, muito alegre. Enfim, modifica sistematicamente o primeiro grito do bebê Gargântua (*A beber! A beber!*) por *A ver! A ver!* Não se trata aí de uma palavra mal entendida[17]*, pois, se resolvo trocar *A beber* por *A ver*, ela imediatamente me corrige!

---

[17] Homofonicamente, o que distingue *boire* [beber] de *voir* [ver] é só a troca do *b* pelo *v*. (N. T.)

Essa mudança de uma letra que coloca a demanda de ser olhada (*A ver! A ver!*) no lugar da demanda de satisfação da necessidade alimentar (*A beber! A beber!*) é um chiste por parte de Louise. Pois essa palavra vem desvelar o que havia caído por baixo, para retomar uma expressão lacaniana: uma demanda não se reduz a ser demanda de saciação de uma necessidade; ela sempre comporta um mais além da demanda, que é da ordem do desejo, do desejo do Outro – desejo metaforizado por esse apelo a ser olhado.

Logo, o que Louise restabelece com seu chiste é uma dimensão faltante, o mais além da demanda de satisfação alimentar. Ela reintroduz o registro do desejo e, por aí mesmo, restabelece um apelo que se dirige ao Outro primordial, ao Outro cujo olhar serve de espelho. Assim, leva-nos a reconsiderar o mito da voracidade insaciável de Gargântua. Não haveria nessa insaciabilidade uma *recusa* – já que é o termo que Lacan prefere ao de *frustração* para traduzir a *Versagung* de Freud –, uma recusa de ver sua demanda satisfeita apenas pela resposta à necessidade alimentar? Não indicaria ela justamente um mais além da demanda de satisfação de necessidade?

Num artigo conhecido sob o título abreviado de "Follow up[18]", em que volta, trinta anos depois, ao devir de onze crianças por ele observadas, o próprio Kanner conta que as duas que levaram uma vida relativamente satisfatória, e até com certa riqueza, eram justamente aquelas que, crianças, sabiam de cor, uma, muitos salmos, e a outra, dezenas de canções. Ora, trinta anos antes, lembro, Kanner tinha chegado a se perguntar se aquela massa de linguagem sem endereço e aparentemente sem significação não era, por si só, patogênica para aquelas crianças. Também é preciso ressaltar que aquelas crianças puderam beneficiar-se de um encontro terapêutico com adultos que tinham o maior interesse pelo que elas produziam. Aquelas duas crianças com certeza puderam assim buscar, no real da linguagem inscrita nelas, com o que suprir a falta de vida fantasmática, isto é, o fracasso da própria função de representação. Vimos, no caso de Louise, que as intervenções da analista sobre as produções linguageiras da menina – nelas supondo uma significação, ainda que esta lhe escapasse – produziam cortes simbólicos no real da linguagem.

---

[18] L. Kanner, "Follow up Study in Eleven Autistic Children Originaly Reported in 1943", in *Journal of Autism and Chilhood Schiozophrenia*, 1971, vol. 1, nº 2, pp. 119-145.

Logo, parece que, ao contrário do que pôde pensar e escrever Kanner em 1943, há bem uma diferença entre as crianças que falam e as que não falam, notadamente se considerarmos o trabalho terapêutico que é possível empreender com elas; mas isto contanto que se considerem as produções linguageiras da criança como significantes e portadoras daquilo que nelas se esboça como *formação do inconsciente*. Para isso, é preciso que um ser humano se tome pelo destinatário dessas falas, ainda que não lhe sejam intencionalmente dirigidas pela criança e que, portanto, encarne *o lugar do grande Outro real*.

Pode-se, então, esperar ouvir a criança não só sustentar um discurso que se dirige a um outro, mas ainda utilizar a linguagem para trabalhar, numa atividade que lembra a construção dos mitos, os impossíveis com os quais ela se vê confrontada.

CAPÍTULO 8

CONSTRUÇÃO DE MITOS NUMA MENINA PÓS-AUTISTA

Em seu entusiasmo, Louise não parou na descoberta de Rabelais. Nos dois anos seguintes, à sua maneira, atravessou versões de textos de Perrault, Swift, Hoffmann e outros. Antes de chegar neles, devo justificar as referências teóricas que presidiram à minha escuta desse material.

Essas referências existiam em mim há muito tempo, antes do início do tratamento de Halil; tinham, com toda certeza, algo a ver com minha maneira de trabalhar com ele, com Mourad e outros. Mas foi só ao acaso de uma releitura do seminário de Lacan *A relação de objeto* que tomei consciência disso. Muitos anos antes, seguindo as indicações de Lacan, eu havia feito um trabalho sobre o *Pequeno Hans* de Freud. Havia inscrito em fichas separadas os significantes importantes de Hans – o cavalo, o carro, a girafa, a mordida, a banheira, etc. – a fim de identificar como cada um deles acabava ocupando um lugar diferente conforme o contexto no qual se achava tomado. Terminado esse trabalho, eu o havia introjetado, depois, recalcado. Certamente teve uma incidência em minha escuta desses fonemas aparentemente desprovidos de significação ou daqueles "bagaços de frases" próprios à linguagem autística.

Mostro agora as duas diretrizes que, à minha revelia, orientaram minha clínica: "Na análise, seja ela de criança ou de adulto", diz Lacan, "nem todo elemento que possamos considerar significante [...] um objeto, uma relação, [...] um ato sintomático [...] pode ser considerado como se tivesse um alcance unívoco[19]". Ele acrescenta: "Os elementos significantes devem primeiramente ser definidos por sua articulação com os outros elementos significantes[20]".

A outra diretriz é considerar as produções infantis como *mitos* e estudar as conexões, as relações de contiguidade dos elementos míticos entre eles. Como conceber o emprego da noção de *mito* em psicanálise de criança?

Durante seu trabalho sobre o pequeno Hans e suas teorias sexuais infantis, Lacan toma como modelo a noção de mito[21]. Sua preocupação é não se perder no labirinto das lucubrações de Hans. Um mito, constata Lacan, seja ele religioso ou folclórico, apresenta-se como um relato, relato que tem algo de atemporal. Embora tenha algum parentesco com a criação poética, o mito dela se distingue por "certas constantes que não são absolutamente submetidas à invenção subjetiva". O mito tem um caráter de ficção, de uma ficção que sugere a noção de *estrutura*: vale dizer que, se modificarmos um dos elementos, todos os outros acabam remanejados. A ficção do mito teria como característica ser portadora de uma *verdade*.

Considerar o mito como da ordem de uma estrutura mais que como um conteúdo oferecia-me um possível que me permitia acompanhar Louise em seus recortes dos textos da literatura infantil. Com muita frequência, nos trechos assim isolados por Louise, que negligenciava a significação global, os temas propriamente míticos eram mais bem ressaltados que no texto original.

Segundo Lacan, esses temas *dizem respeito à vida e à morte, à existência e à não-existência, ao nascimento bem especialmente, isto é, ao aparecimento daquilo que ainda não existe*[22]. Ora, esses temas são precisamente aqueles que Louise privilegia em seu *Gargântua*: "*Era uma vez, no castelo da Devinière, na Touraine, um gigante... que ainda não havia nascido. Seu*

---

[19] J. Lacan, *La Relation d'objet, op. cit.*, pp. 288-289.
[20] *Ibid.*, p. 289.
[21] *Ibid.*, pp. 252 segs.
[22] *Cf.* J. Lacan, *op. cit.*, p. 254.

futuro pai, Grandgousier, senhor do lugar...". Depois, é o recém-nascido: "*Um bebê formidável!*". Enfim, a morte e o nascimento: Badebec morre ao pôr no mundo Pantagruel.

Esses temas, que podem ser encontrados na produção mítica de toda criança, juntam-se por seu conteúdo e objetivo àqueles estudados pelos antropólogos, sem recobri-los por completo. Para entender a estrutura da atividade mítica infantil, Lacan propõe utilizar o método de investigação da mitologia científica e comparada[23]. Trata-se de uma formalização que ressalta nos mitos unidades de funcionamento estrutural comparáveis, mas não idênticas, àquelas da linguística. Essas unidades se chamam *mitemas*. Sua decomposição e recomposição permitem perceber uma surpreendente unidade entre os mitos em aparência os mais afastados. É essa técnica que vou aplicar nos temas isolados por Louise. Antes, tenho de responder a uma possível objeção.

Poderiam objetar-me, com razão, que é difícil comparar uma criança autista com o pequeno Hans. O material clínico das análises de crianças autistas ou pós-autistas pode, na melhor das hipóteses, ser considerado como que relacionado com o campo das formações do inconsciente, regidas pelo que Freud chama o processo primário. Quanto às fantasias do pequeno Hans, elas mostram muita imaginação e invenção, o estilo é tão lúdico que, às vezes, o próprio Hans não consegue mais se desvencilhar de seu imbróglio.

A meu ver, existe, no entanto, um registro comum às duas ordens de produções em questão. Com efeito, segundo Lacan, convém não confundir o aparente jogo mental do sujeito com o próprio jogo do significante "que se apossa do sujeito, que o prende bem mais além de tudo o que o sujeito pode intelectualizar sobre isso, mas [...] que não deixa de ser o jogo do significante com suas próprias leis[24]". Desse ponto de vista, como teremos a oportunidade de notar, o funcionamento mítico seria até mais puro em Louise que em Hans. Com efeito, nela ele se apresenta como que a céu aberto, nenhuma elaboração imaginária vem se interpor entre a estrutura mítica e seu dizer.

---

[23] Lacan se refere essencialmente aos trabalhos de Lévi-Strauss.

[24] J. Lacan, *La Relation d'objet, op. cit.*, p. 290.

O Pequeno Polegar

Louise não ficou na história de Gargântua. Algum tempo mais tarde, entra em minha sala lançando ao acaso: *"Bem pequeno! Só um pouquinho maior que o polegar de uma mão!"*. Em seguida, fica sonhadora e acrescenta, como que para si mesma: *"Ora, naquele ano, o trabalho fora particularmente raro"*. Como de hábito, Louise não só não pode dizer nada quanto a essas duas frases, mas nem parece entender as perguntas que lhe faço. Como de costume, anoto suas frases. Na segunda parte da sessão, o pai me confirma que é um trecho do *Pequeno Polegar*, cuja gravação ela vem escutando nos últimos tempos. Louise possui toda uma coleção de livros e fitas de literatura para crianças e é sempre ela quem escolhe o que a interessa. O pai está muito impressionado com a segunda frase trazida pela filha nesse dia. Nessa manhã, justamente, ele foi demitido e acaba de ser informado disso por telefone. A própria mulher ainda não está a par. Além disso, com a conjuntura econômica, ele teme ter dificuldades para achar um emprego. No entanto, com o que aprendemos com a própria Louise, decidimos não concluir com muita pressa que o apego da menina a esse novo texto só tem a ver com a perda do trabalho do pai. Assim, ele fará uma fotocópia do livrinho que acompanha a fita e a trará para mim.

Louise e eu retomamos várias vezes a leitura desse texto. Anoto as passagens que retêm sua atenção e que, em geral, ela recita de cor. Com efeito, ela própria faz questão de dizer não só a frase sobre a escassez de trabalho, mas também o final da história: *"Graças à Inteligência do Pequeno Polegar, sua família teve dali por diante uma vida mais fácil"*. Ela murmura outros trechos: *"Certa noite, quando estava escondido debaixo da mesa... a conversa entre o pai e a mãe... crianças no bosque... as pedrinhas brancas"*. Ela diz certas sequências com convicção – *"A família logo penetrou na floresta... eles eram tão pobres!"* –, mas outras com medo: *"Mas a floresta ia ficando cada vez mais densa"*. Sempre abre o livro bem na página onde há uma frase que ela gosta de recitar: *"Que alegria para a mãe poder abraçar os filhos que voltavam!"*. Ela ainda não sabe ler, mas sabe encontrar as páginas onde estão as frases que a interessam; deve se guiar em parte pelas ilustrações.

O tema do ogro decerto retém sua atenção, mas sua preferência vai *para a ogra que era boa* e *para a sopa perfumada*. De sua relação com a ogra

CONSTRUÇÃO DE MITOS NUMA MENINA PÓS-AUTISTA

alguns bagaços de frases emergem, como os pedacinhos que ficam de um pesadelo, ao despertar: *catástrofe... cheiro de estufa* (carne)[25]* *fresca... somos pobres crianças desgarradas*. Por outro lado, ela dá toda a sua atenção ao *cutelo* do ogro. Em seguida, por uma referência ainda furtiva ao *ogro furioso*, Louise chega às botas. Ela retoma o enunciado: "*Em menos tempo do que é preciso para dizer*", para terminar no Pequeno Polegar que "*retira as pequenas botas de sete léguas*" do ogro adormecido. *Pequenas* no lugar de *grandes* é a única modificação importante que ela traz à história. A conclusão tem, eu disse, sua preferência: "*Graças à inteligência do Pequeno Polegar, sua família teve dali por diante uma vida mais fácil*". Se pensarmos na escola maternal que ela frequentava na época, ficando isolada num canto, quase não participando das atividades, já é possível medir a fabulosa desforra que ela tirava com essa frase. Devo no entanto reconhecer que isso nem mesmo passou pela minha cabeça. Louise estava então muda, impassível e indiferente quanto aos acontecimentos cotidianos. Eu não conseguia conceber a humilhação que devia comportar para ela sua experiência escolar.

O problema de seu vivido de impotência radical no plano fálico ainda hoje se coloca. Mas, na época, não encontrava sequer caminho para se formular. O *Pequeno Polegar* foi o primeiro viés graças ao qual essa questão começou a aparecer, embora sob o modo do processo primário próprio aos vividos oníricos. Entravam em cena as botas, o cutelo. O aspecto mágico da inversão dos papéis – da imagem da impotência radical àquela da potência – não podia escapar: o Pequeno Polegar, *pequenininho, só um pouquinho maior que o polegar de uma mão*, de repente promovido a substituir o pai que falhara. Teria sido fácil fixar Louise numa identificação com o Pequeno Polegar confrontado com a questão da devoração materna (através da imagem do ogro). Até num plano mais estrutural, teria sido tentador perguntar-se como a questão do *falo* vinha ali se exprimir. Supondo que Louise se tivesse identificado com o Pequeno Polegar, será que ele detinha o *falo* ou era ela, inteira, o falo de sua mãe? Mas procurar localizar um laço identificatório único ou então apressar-se em compreender elementos isolados seria a iniciativa exatamente contrária àquela preconizada por Lacan a respeito do pequeno Hans, quando lembra que nenhum elemento

---

[25] Há homofonia em francês entre *serre* [estufa] e *chair* [carne]. (N. T.)

significante "é equivalente a um significado único[26]". Mais ainda que com um neurótico cuja problemática poderíamos achar que conhecíamos, era "urgente", no caso de Louise, não compreender rápido demais – o que para mim era ainda mais fácil, já que era inútil propor-lhe qualquer interpretação: ela não ouvia. Em compensação, ela própria trazia uma tal quantidade de material novo que bastava esperar a sequência para melhor entender a recorrência de seus *mitemas*. Ela já trabalhava paralelamente na história do *Aprendiz de feiticeiro*.

O APRENDIZ DE FEITICEIRO

Durante uma sessão, Louise diz ao pai: "*Tenha os olhos verdes!*". O pai declara que ela já repetiu isso várias vezes e que ele não vê do que ela está falando. Diante do evidente prazer admirado que a frase de sua filha suscita em mim, o pai precisa de toda a sua habitual educação para não me fuzilar com seus olhos negros. E é ele quem tem razão, pois a frase de Louise, à primeira vista, é incompreensível.

Se pude entender o que Louise dizia, foi que ela havia descoberto em minha sala de espera uma versão em cores do *Aprendiz de feiticeiro* que me pedira para ler. Mostrara-se atenta ao início que descrevia "*um velho feiticeiro, muito sábio, capaz de transformar um príncipe num camundongo e desaparecer, num piscar de olhos, numa nuvem de pó azul*". A fórmula mágica capaz de fazer a vassoura funcionar assim como o livro onde ela está escrita tinham para Louise um evidente valor fálico. Mas eu havia notado que Louise se demorava mais na raiva do velho feiticeiro e na punição que esse pai severo infligia a seu aprendiz depois de tê-lo salvado do perigo de ser tragado pela maré montante. Ora, nesse livro, a cara do velho feiticeiro furioso com o aprendiz está representada, numa página inteira, com grandes olhos verdes.

Percebemos o laço subjacente com o pequeno Hans, quando este último diz ao pai: "*Tu tens que ser bravo[27]*". Aliás, o pai de Louise e o de

---

[26] *Ibid.*, p. 286.
[27] *Ibid.*, p. 263.

Hans têm em comum essa mesma gentileza devotada que impede que sejam autoritários. Louise clama sua necessidade de um pai autoritário mediante um trabalho de metaforização. Mas a grande diferença entre Hans e Louise vem justamente da falta de imaginário nesta última. Não é seu *eu* [*moi*], enquanto formação imaginária, enquanto *ego* que se dirige ao pai. O enunciado se profere em Louise e deve ser primeiramente decifrado como um rébus para poder ser restituído ao pai. Se eu não tivesse tido acesso à própria fonte onde Louise vai buscar a linguagem no real – no caso em questão, o livro da sala de espera –,nunca poderia ter encontrado a chave para ouvir seu enunciado. Só depois é que parece ser um achado poético.

Essa centelha poética, mas absolutamente hermética, característica da linguagem nas crianças autistas, já havia sido identificada por L. Kanner em 1946[28] num artigo apaixonante. Ele ali mostra como se deixou ensinar pela clínica das crianças autistas até descobrir a riqueza insuspeita dessa mesma linguagem que tanto criticara três anos antes.

Nesse artigo, Kanner trata rapidamente da ecolalia, das repetições estereotipadas e da não-inversão dos pronomes pessoais – que ele, aliás, considera patognomônica do autismo. Dedica-se a outro aspecto da questão da linguagem autística. Lembra que essas crianças costumam dizer coisas que parecem desprovidas de significação em relação ao contexto no qual são enunciadas. Conta que teve felizmente a oportunidade de seguir a pista de alguns desses enunciados "sem importância" até sua fonte. Ficou então sabendo, sempre que o trabalho foi possível, que os enunciados que pareciam os mais despropositados na conversa habitual puderam se tornar *portadores de significação*. E Kanner, em 1946, fala de *metáfora* e *metonímia* para explicar o processo primário em jogo nos exemplos clínicos que ele fornece e que são de estrutura análoga ao achado de Louise com seus *olhos verdes*. Kanner também observa que o sentido da metáfora permanece obscuro para a própria criança e que, por não ter acesso à sua origem, aquele a quem ela é dirigida decide, com frequência de modo bem rápido, que isso não quer dizer absolutamente nada. Para o autor, a observação da criança

---

[28] L. Kanner, "Irrelevant and Metaphorical Language in Early Infantile Autism", *art. cit.*

permanece quase sempre sem importância na troca verbal com as pessoas à sua volta. Exatamente o que poderia ter acontecido no caso de Louise.

Kanner tenta compreender por que a metáfora poética da criança autista permanece inacessível. Observa que ela não remete a uma referência cultural comum e partilhada. Entretanto, se partirmos do caso clínico de Louise, vemos que, como muitos poetas, ela vai se nutrir na literatura universal. Mas, ao contrário de Victor Hugo, Louise não nos indica a pista. Quando o poeta escreve *Seu feixe não era nem avaro nem odioso*, sabemos que ele está falando de Booz e podemos, portanto, nos reportar ao texto bíblico para melhor saborear a centelha poética da metáfora. Vimos no capítulo anterior que foi a mãe de Louise quem descobriu que o enunciado: *"Uma criança formidável! A ver! A ver!"* provinha de Gargântua. Louise era incapaz de indicar o caminho, assim como para *os olhos verdes*.

Kanner observa que, para suas metáforas, a criança autista não depende dos arranjos semânticos pré-fabricados: ela vai aos poucos forjando as suas. Em seguida, o autor percebe que a própria linguagem não procede diferentemente, que ela produz generalizações a partir de certos acontecimentos que resultam simplesmente da contiguidade discursiva. Descobre, então, surpreso, que o mecanismo de substituição que preside à construção da metáfora particular na criança autista é o mesmo que aquele do enriquecimento das línguas por transferência de sentido, o que o estudo da etimologia põe em evidência. Mas tem razão de lembrar que, ao contrário da poesia e da etimologia, a linguagem metafórica da criança autista não é percebida pelo outro como um convite para partilhar algo. Poderíamos dizer que ela não visa mais o outro do que o faz um sonho. É mais provavelmente ao Outro que ela se dirige. Mas, para poder ir mais longe nessas hipóteses, temos de voltar ao material clínico.

A dificuldade do pai de Louise em se mostrar severo leva a filha a produzir dois novos desenvolvimentos míticos.

A POBRE PEDRINHA

Primeiro foram trechos de uma cançoneta que Louise descobriu no repertório de escola da irmã mais velha. Foi a própria professora da irmã

CONSTRUÇÃO DE MITOS NUMA MENINA PÓS-AUTISTA

quem a compôs. No início, Louise me mostrou só um pedaço; depois, aos poucos, pudemos, como arqueólogos, reconstituí-la. Aqui está:

> *Era uma pedrinha, uma pobre pedrinha*
> *Perdida na floresta escura. Ela gritava bem alto*
> *Mas ninguém a ouvia. Tinha perdido toda esperança*
> *Caíra do bolso do Pequeno Polegar.*

Esse novo achado de Louise tem como espantar: é como se bastasse para ela debruçar-se para pegar no real da cultura à sua volta materiais para continuar a dar representações ao impossível que ela deve enfrentar. É verdade que o neurótico encontra no discurso existente no real as *representações de palavras* que tomam lugar no *pré-consciente*. É como se, nele, elas traduzissem o que já está constituído em seu inconsciente. Em Louise, como em outras crianças autistas, é como se o trabalho de ligação efetuado pelo processo primário não acontecesse no inconsciente, mas a céu aberto, no nível mesmo dessas *representações de palavras*. Permanentemente suprindo a carência de sua vida fantasmática, um mecanismo particular a obrigaria a arrancar pedaços de discurso no real a cada etapa de seu processo de pensamento.

Voltemos ao texto da canção; ele parece permitir que a experiência primária de desamparo de Louise se exprima; ainda mais que retoma elementos que ela já havia privilegiado na história do Pequeno Polegar; a floresta escura, por exemplo. O tema da queda, cuja importância vimos em Mourad, está igualmente presente nessa canção. Sua letra autoriza outra leitura do *Pequeno Polegar*. Para além do aspecto maníaco, mas bem-sucedido, da defesa contra a experiência primária de desamparo representada pelo personagem Polegar, o desamparo sem nome da pedrinha, que não é sequer um ser humano e que perdeu toda esperança de ser ouvida, poderia valer como a parábola daquilo que leva ao mutismo autístico.

Poderão objetar-me que nada prova que Louise se identifique com essa pedrinha, que podia ser simplesmente um ritornelo a mais. É verdade que poderia ter se tornado um ritornelo, ainda mais que é uma cançoneta que ela cantarola. Mas será porque me senti interpelada por esse texto, alojada na transferência na situação desse *ninguém*, que não a ouvia? Será que minha própria escuta fez com que Louise retomasse esse texto na primeira pessoa? O fato é que ela enunciará diversas vezes: *Sou uma pedrinha, uma pobre pedrinha*, o que a canção não diz.

GULLIVER

Louise chega à sessão e solta: "*Gunaglich está com o nariz entupido*". Como a interrogo, ela acrescenta: "*É uma princesa que ninguém compreende*", sem nenhuma outra explicação. É verdade que, durante muito tempo, Louise falou nasalizando as palavras, de modo que a compreendíamos mal. Mas Gunaglich? A moça que a acompanha me diz que, na história de *Gulliver no país dos gigantes*[29], há uma menina que se chama Glumdalclitch. É a filha do gigante que cuidou de Gulliver durante sua segunda série de viagens. Ora, Glumdalclitch não é uma princesa e não está com o nariz entupido; aí, são acréscimos de Louise.

Graças à fotocópia do livro que o pai nos traz, fico sabendo que essa menina, de dez metros de altura, é muito gentil e atenciosa com Gulliver. Este, evidentemente, é tão minúsculo em relação aos gigantes que o cercam quanto o Pequeno Polegar em relação ao Ogro.

Por muito tempo, Louise não conseguirá me pedir que leia para ela nenhuma dessas histórias; vai se limitar a apontar com o dedo a página que devo ler e só se interessa por trechos precisos. Nessa história, será antes de tudo a maneira como Gulliver foi abandonado. Ela vai repetir durante mais de dois anos a frase pronunciada pelos marinheiros quando os gigantes se aproximam: "– *Vamos fugir! Rememos forte até o navio. – E Gulliver? – Azar dele, salve-se quem puder!*". Outro trecho retém sua atenção. Gulliver, que a menina gigante deixou sozinho na cama, conta: "*Adormeci, mas não por muito tempo, ouvi um ruído*". "*Eram dois ratos enormes!*", diz Louise vigorosamente, impaciente por ouvir a continuação. "*Eu havia trazido meu sabre. Toma aí, vamos, eu gritava, toma*". Depois, em geral, é ela quem completa: "*Ah! estão mortos! Mas quanto sangue!*". Ela também se mostra interessada pelo que Glumdalclitch, que

---

[29] O das *Viagens de Gulliver*, intitulado "Viagem a Brobdingnag".

chega nesse instante, diz ao minúsculo Gulliver: *"Bravo Grildrig, eu te adoro. És um herói!"*. Louise sabe que Grildrig quer dizer *micróbio*, mas talvez seja o reconhecimento do valor desse micróbio que Gulliver é que a deixa feliz.

A meu ver, os dois fragmentos que Louise extraiu dessas longas aventuras de fato têm a estrutura de elementos de mito. A questão do desamparo original da criança de que fala Freud[30] ali está presente na queda de Gulliver e no abandono de que é vítima. O desfecho favorável da aventura, no momento em que ele luta contra os enormes ratos, é estruturalmente o mesmo que o do *Pequeno Polegar*. O desamparo vivido é semelhante ao da Pedrinha. Uma mesma questão trabalha Louise. A comparação das diferentes histórias faz surgir suas múltiplas identificações possíveis. Ela não é unicamente Gulliver, pequenino em seu desamparo, embora esteja armado de um sabre fálico. Ela é também a menina gigante, quando diz que Gunaglich está com o nariz entupido. A nasalização de Louise deve ter sido causa de zombaria por parte das outras crianças. Quanto ao gigantismo, a escolha de Gargântua, o bebê formidável, era a primeira ocorrência disso. O próprio Gulliver tem dupla faceta: ora micróbio num desamparo radical, ora gigante quando está no país de Lilliput – história que Louise também conhece muito bem.

ZERALDA

A história a seguir apresenta alguns pontos comuns com aqueles que ela havia notado em *Gulliver*. Louise ali "trabalha" praticamente em paralelo, vale dizer que, numa mesma sessão, ela me faz percorrer parágrafos de um e outro texto. Mas, desta vez, ela se interessa por trechos mais longos. Aí ainda, trata-se de um ogro, munido de um facão. Louise gosta de repetir: *"As escolas estavam vazias, os professores estavam desempregados"*. Com efeito, os pais escondiam as crianças para protegê-las do ogro; mas não posso afirmar que Louise percebesse esse laço. Em compensação, a sequência que fala da fome do ogro capta sua atenção: *"ele ficava cada vez mais ranzinza.*

---

[30] No "Projeto de psicologia científica", *in* S. Freud, *O nascimento da psicanálise, op. cit.*

– *Tenho tanta fome que faria bem um festim comendo cinco ou seis moleques. Devoro-os numa dentada só*".

O livro passa em seguida a outra coisa: "*Num vale afastado vivia um agricultor com sua filha Zeralda. Zeralda, seis anos de idade, gostava muito de cozinhar*". Uma página inquieta Louise. Nela, vemos o pai doente deitado numa cama, dizendo à filha pequena: "*Zeralda, minha filha querida, sinto-me muito fraco, não consigo mais mexer nenhum membro e tudo gira diante de meus olhos. De modo algum poderei ir amanhã ao mercado. Você terá que ir sozinha no meu lugar*". Então, podemos imaginar, Zeralda terá que enfrentar o ogro sozinha.

Paremos primeiramente nessa página insuportável para Louise. A meu ver, é o texto e não a imagem que a inquieta, pois ela pode olhar a imagem dizendo-me fragmentos do texto em inglês! Assim, fico sabendo que ela possui o mesmo livro, com as mesmas ilustrações, em inglês. Ela, que não pode ouvir esse texto em francês, gosta de escutá-lo em inglês. Assim, Louise começa a aprender uma outra língua; não mais o quíchua, língua da bisavó, nem sequer o espanhol, língua de infância da mãe, mas o inglês. A mãe fala inglês relativamente bem, como costuma ser o caso nas classes médias sul-americanas, mas, de qualquer modo, para ela é só uma língua de cultura.

Louise trabalha paralelamente com as duas versões, francesa e inglesa, da história de Zeralda, uma vez que o pai nos forneceu fotocópias dos dois livros. Louise, que não pode me escutar ler para ela em francês o discurso do pai de Zeralda à filha, compraz-se em repetir o início em inglês: "*My loving child!*". Ela ainda hoje o emprega em formulações que signifiquem uma negação de abandono. Aconteceu-me, por exemplo, tendo de ausentar-me para participar de um congresso, anunciar a Louise que não poderia atendê-la com um tom de lamento na voz. Louise, então, imediatamente me respondia, num tom muito teatral: "*My loving child!*". Uma outra vez, seguindo suas indicações, eu relia para ela o início de *Gulliver no país dos gigantes*. Chego na passagem em que os marinheiros dizem entre si: "– *Vamos fugir! Rememos forte até o navio. – E Gulliver? – Azar dele, salve-se quem puder!*", quando ouço Louise acrescentar: "*My loving child!*".

Voltemos à história de Zeralda. No caminho do mercado, o ogro cai sobre Zeralda – cai, literalmente, do alto de um rochedo e se machuca

CONSTRUÇÃO DE MITOS NUMA MENINA PÓS-AUTISTA

muito. Louise está bem atenta ao texto *"Grrr, menina! Ah minha cabeça! Grrr, tenho tanta fome! Dizia o ogro gemendo. — Este pobre homem morre de fome, pensou Zeralda, e começou a cozinhar"*. A menina tem pena desse gigante morto de fome. Em seguida vem a lista das iguarias que ela lhe prepara. Louise sente muito prazer. O ogro então leva a menina para seu castelo a fim de que se torne sua cozinheira. Ele deixa de comer criancinhas para saborear exclusivamente a comida de Zeralda. Louise manifesta um vago interesse por esses episódios, mas, durante meses, uma página retém sua atenção e parece forçá-la a um trabalho de elaboração. É o cardápio no qual figuram os nomes das iguarias que Zeralda prepara para o gigante. Numa página dupla estão desenhados os diferentes pratos dispostos como que para uma festa, assim como o cardápio. Na fotocópia que temos, Louise rabisca sobre vários pratos e seus nomes até ocultá-los. Nunca havia feito aquilo nas outras cópias. Sua atitude de evitamento radical diante do cardápio em francês é evidente. De fato, os nomes não são sem importância: *"Pata mocinha, papa-menininha sobre delícia de ogro, Pompano Sarah Bernhardt, etc"*. Além disso, as imagens que acompanham o texto são antes sugestivas; a *pata mocinha* exibe suas coxas e um par de sapatinhos. No entanto, Louise pode ficar muito tempo contemplando essa página dizendo para si mesma o cardápio em inglês. Saboreia cada uma das palavras. O lado obsceno não me parece então ser mais operante; são significantes que ela come, e vou por minha escuta partilhá-los com ela. Louise não mostra muito interesse pelo final da história em que o ogro e Zeralda, uma vez adulta, se casam e têm muitos filhos.

Fico paralisada ao ver Louise, diante da quantidade de histórias infantis que os pais lhe dão, descobrir precisamente aquela que lhe fornece o material mítico-fantasmático que faz com que continue a trabalhar. Ela tem então seis anos, como Zeralda, e essa história a deixa fascinada. Podemos pensar que ela se identifica com a menina? Diante da riqueza do material trazido como que numa bandeja por esse conto, seria tentador supor que Zeralda representa Louise às voltas com uma imago devoradora de mãe arcaica, ainda mais ameaçadora já que o pai não pode lhe fazer obstáculo. Esse registro está certamente presente. Evocamos anteriormente o perigo que representa a devoração materna e o benefício de poder trocá-la pela mordida paterna, mais negociável, ainda que pelo fato da possibilidade da eviração em jogo nesse momento. Desse ponto de vista, poderíamos dizer que, comparado à devoração materna, o ogro já representa uma primeira solução; é possível castrá-lo. Ele tem um cutelo, botas fálicas, e o Pequeno Polegar não se eximiu de roubá-las. Tomado isoladamente, o conto de Zeralda propõe, com toda evidência, uma solução elegante para essa mesma questão da devoração materna. Enquanto homem, o ogro é suscetível de se deixar seduzir pelas iscas da pequena mãe tornada mulher. É uma fantasia histérica bem corrente entre as meninas. Entretanto, minha opção no trabalho com Louise não é interpretar-lhe o que eu poderia achar ser já uma fantasia constituída nela[31]. Além do mais, ela privilegia, no texto, um desamparo de bebê faminto nesse ogro depois que caiu. Ele também não é, então, uma figura de identificação para ela? Deixando-me surpreender por seus achados, sustento Louise em sua busca de representações capazes de operar ligações psíquicas para ela. O importante é que, através dos cortes, dos agrupamentos, dos deslocamentos metonímicos que ela não para de operar nesse material mítico-cultural, Louise dá consistência à dimensão imaginária que lhe falta.

O trabalho em duas línguas nas crianças autistas

Nesse material, um ponto me parece específico dos problemas do autismo. Tem a ver com um tipo particular de relação com as palavras. Sem a esperteza do desvio pelo inglês, parece-me que Louise teria ficado colada em certos enunciados. Lembro o do pai fraco que declara amar a filha, embora seja incapaz de protegê-la. Há também o cardápio no qual a própria Louise parece se encontrar presa, incluída. Como se as palavras dessas frases não conseguissem adquirir um estatuto de significante que representa um sujeito, mas para um outro significante. Como se algo fixo encurralasse definitivamente Louise, como se o texto se solidificasse à sua volta, se fechasse sobre ela. Como se, diante da *Pata mocinha*, Louise só pudesse ser o pato dessa farsa, toda polissemia podendo ser excluída. Ora,

---

[31] Para poder falar de fantasia no sentido em que Lacan emprega esse termo é preciso um sujeito que reconheça que lhe falta um objeto causa de seu desejo.

CONSTRUÇÃO DE MITOS NUMA MENINA PÓS-AUTISTA

a partir do momento em que ali se pode colocar *Rost Duck à la Cinderella*, é o campo da linguagem que se abre. O desvio por outra língua permite a distância necessária para que as palavras passem a ser significantes para Louise. Como podem ser traduzidas, põem-se a remeter a outros significantes, numa relação que não é unívoca, já que a natureza das duas línguas não é a mesma. Por exemplo, *Papa-menininha sobre delícia de ogro* torna-se *Ogres delight candied fruits lady fingers and ice cream*. Na tradução em inglês, a menininha só deixa seus dedos – sem contar um refresco inesperado. Outras identificações passam então a ser possíveis. Louise não vai se privar de ir mais tarde olhar a Cinderela. A história de Zeralda adquire seu valor de ficção para Louise. Na época em que Zeralda era o centro de seus interesses, Louise até aceitou cozinhar com a moça que tomava conta dela. Entretanto, não é a arte de combinar as iguarias que é a mais importante para ela, mas, sim, a de combinar linguagem.

Na cura de Halil, vimos como o trabalho entre o francês e o turco, longe de constituir uma deficiência, havia cavado um espaço entre as palavras e feito com que a significação surgisse diante do sujeito, assombrado por tê-la produzido. Louise, criada em francês, não se beneficiara desse descolamento para com as palavras produzido pela tradução. E é ela própria quem vai procurar uma língua estrangeira para compensar sua dificuldade estrutural.

Em seu artigo de 1943, Kanner[32] observava que certas crianças autistas falavam ou cantavam às vezes numa língua estrangeira. Mas como, na época, o único critério de Kanner para pensar a linguagem era seu valor de comunicação, ele só podia considerar essas tentativas como um traço patológico adicional. A seu ver, a língua estrangeira fechava a criança numa relação de autossuficiência com sua própria fala, sem intenção de comunicar. Ora, em sua reavaliação do problema, trinta anos mais tarde, Kanner traz precisões interessantes sobre as mesmas crianças[33]. Ali ficamos sabendo que Don, um dos dois meninos que não se "saiu muito mal", dedicou-se ao estudo do francês no liceu e mostrou grande aptidão para as línguas. Fred, o outro menino que se tornou mais tarde um adulto respeitado em seu

---

[32] L. Kanner, "Autistic Disturbances of Affective Contact", in *L'Autisme infantile, op. cit.*
[33] L. Kanner, "Follow up", *art. cit.*

trabalho, dedicou parte da juventude ao estudo de uma língua estrangeira. Não deve ser uma simples coincidência, mas talvez um fato de estrutura. O jogo com duas línguas supriria a falta de espaçamento entre os significantes na própria língua, falta que é encontrada nas crianças autistas.

O YETI

No álbum de Hergé, *Tintin no Tibete*, Louise vai buscar novos elementos que vão remanejar seus mitemas. Tintin, como sabemos, parte para salvar um menino chinês, Tchang, perdido, no maior desamparo, no alto das montanhas tibetanas. Tintin está acompanhado do capitão Haddock, que tem idade para ser seu pai. Este último, apesar da boa vontade, às vezes está sujeito a temores que obrigam o jovem Tintin a enfrentar sozinho o perigo. Aqui, o perigo tem a figura de uma espécie de ogro assustador, o *yeti*, o abominável homem das neves, que mantém prisioneiro o jovem chinês. Descobriremos que esse *yeti*, furioso quando querem lhe tomar Tchang, tomou-se de afeição pelo menino e cuidou dele como uma babá muda.

O interesse de Louise por essa história começou pelo que eu chamaria sua identificação com o *yeti*. Ela própria me traz o álbum, indicando-me com o dedo que quer que eu leia para ela a última página. Ali vemos Tintin partir com a expedição que viera ao encontro deles, enquanto conversa com o amigo Tchang. Tintin lhe fala então de seu desejo de que, um dia, o *yeti* seja capturado. E é a resposta de Tchang que retém a atenção de Louise: "*Pois eu desejo que não o encontrem nunca, pois seria tratado feito um bicho selvagem*". A própria Louise faz questão de me contar a continuação, que conhece de cor: "*E, no entanto, lhe asseguro, Tintin, ele agiu comigo de tal maneira que por vezes me perguntei se não era um ser humano*". Em seguida, a própria Louise acrescenta – o que não está no texto: "*Ele está muito triste, sozinho*". Com efeito, na última página do álbum, vemos, em primeiro plano, o *yeti* bem colossal, mas com as costas curvadas, olhar com um ar triste a expedição que parte ao longe; à sua volta, as montanhas vazias.

Os pais de Louise e eu mesma ficamos desnorteados com o que essa menina enfim nos fazia entender. O que devia ter sido sua experiência de

CONSTRUÇÃO DE MITOS NUMA MENINA PÓS-AUTISTA

solidão, de isolamento, talvez até a rejeição que sofrera na escola maternal que já frequentava há três anos. Louise jamais mencionou qualquer criança dessa escola. Com toda certeza ficava num canto, simplesmente tolerada. Talvez tenha apreendido no olhar de certas crianças um pavor diante de suas atitudes, por vezes estranhas, as de um ser que elas não reconheciam como humano.

Retrospectivamente, entendemos que o termo bebê *formidável* deve ser tomado igualmente em seu sentido primeiro de assustador. A palavra deriva do verbo latino *formidare*, que quer dizer *ter medo, temer, recear*. Só recentemente tomou sua significação positiva de *imponente* e, depois, de *sensacional*. Mas, hoje ainda, traz o rastro de *espantoso, assustador, terrível*, que era seu sentido primeiro na época de Rabelais. Quando Louise introduz seu bebê formidável pedindo-nos que o olhemos, a incapacidade de me lembrar do sentido antitético dessa palavra deve ter a ver em mim com uma resistência da analista. Talvez fosse para mim insuportável pensar que um bebê pequeno em desamparo pudesse ao mesmo tempo ser portador de algo terrível ou assustador. Só depois me dei conta de que esse elemento de mitema já circulava em todas as escolhas de fragmentos feitas por Louise. Não deve ser fácil conceber que Louise não ocupe unicamente o lugar do Pequeno Polegar, mas também o do ogro. Vimos, por outro lado, que ela se identifica com uma certa Gunaglich. Ora, Glumdalclitch, do alto de seus dez metros, também não é a figura de uma ogra boazinha? Gulliver, este, ora se apresenta como um ser minúsculo, o micróbio, em desamparo; ora como um gigante a aterrorizar os liliputianos. Miticamente, ele dá conta do impasse subjetivo de Louise, o de poder ter sentido o desamparo de um bebê, mas de um bebê *formidável*. Vemos bem que nenhum elemento significante deve ser tomado num sentido unívoco.

Na história de Zeralda, a menina que o pai deixa diante do perigo não é a única a experimentar um sentimento de abandono. O ogro, ao cair, também passa a ser um *formidável* bebê, ferido e faminto, que no entanto consegue enternecer a mãezinha que é Zeralda. Com efeito, ela se apresenta como uma filha mãe capaz de atender à fome insaciável de seu formidável bebê ao lhe dar significantes com sua comida e, portanto, ao humanizá-lo. O ogro se revela de grande ambiguidade; *um signo que serve para tudo*, caráter, segundo Lacan, de todo significante típico.

Vejamos agora como Louise vai conseguir encontrar no álbum de Hergé matéria para trabalhar suas próprias questões. Os diversos elementos míticos por ela extraídos, assim como os diferentes lugares que eles vão ocupar na estrutura, às vezes têm mais a ver com o espírito de Hergé, às vezes com as condensações e deslocamentos que ela opera; talvez fosse mais justo dizer: que intervêm em Louise, pois seu trabalho sobre o texto é análogo ao trabalho do sonho, regido pelo processo primário.

Como Louise faz para transferir seu próprio desamparo primário para o personagem do *yeti*? Ela interpreta uma imagem do álbum que, através do binóculo do capitão Haddock, faz surgir o *yeti* ao longe, minúsculo. Para Louise, essa luneta que envolve a silhueta do *yeti* é como o buraco [em francês: *lunette*] da privada. Ela declara que o *yeti* caiu na privada! O *yeti* passa a estar em lugar de objeto caído. Como é abominável, e não objeto causa de desejo para quem quer que seja, só pode ser reduzido a um dejeto, um cocô minúsculo. É verdade que o *yeti* de Hergé serve para figurar aquilo que não pode se apresentar ao reconhecimento do Outro. Mas era preciso ser Louise para identificar o redondo do binóculo com o buraco da privada. Por minha vez, percebo que o binóculo representa o olhar que lançamos sobre o *yeti*. Tintin, aliás, diz ao olhá-lo: "*Estou vendo o yeti!... Ele acaba de surgir detrás de um rochedo*". Sobre esta última palavra, Louise imediatamente associa, por um curto-circuito do processo primário: "*Ah! Zeralda*", ela diz. É evidente que ela não está em condição de me dizer por que está falando de Zeralda, limito-me em anotar, supondo que ela não está dizendo qualquer coisa. Só depois esse rochedo me lembrou aquele de onde cai o ogro que se torna um bebê desesperado. Daí, talvez, a queda do *yeti* na privada *imaginada* por Louise – parece-me que, pelo menos dessa vez, estamos às voltas com um elemento imaginário próprio de Louise.

Louise pode igualmente ocupar o lugar do pequeno Tchang, sozinho, abandonado nas montanhas. Ele sobreviveu a um acidente de avião, mas a equipe de salvamento voltou sem encontrá-lo. Louise conhece de cor o diálogo do encontro entre Tchang e Tintin e gosta de repeti-lo enquanto olha as imagens.

Tintin: *Eu sabia que acabaria por encontrá-lo.*

Tchang: *Tintin!... Se soubesse como pensei em você!*

Tintin: *Mas você está doente! Está tremendo de febre... Venha, rápido!...* *Segure firme no meu ombro.*

Se pensarmos que, pouco tempo antes, Louise com frequência ainda perdia o eixo do corpo e procurava se apoiar em alguém para ficar de pé, entenderemos que Tintin possa representar na transferência a analista chamada em socorro.

Ela se detém bem mais ainda na página em que o capitão Haddock fracassa em seu papel de protetor de Tintin. Será que acha ali com o que encenar a problemática do pai? O fato é que ela batizou essa página *My loving child*. Louise presta muita atenção nos temores e tergiversações do capitão Haddock, que deixa Tintin sozinho diante do monstro, enquanto que ele se limita a vigiar. Ela costuma me pedir para reler a frase do capitão: *"No fundo, eu não deveria tê-lo deixado ir sozinho... Espero que não lhe aconteça nada!"*. E, quando surge o *yeti*, Louise grita para ele: *"Olha ele!"*, antes mesmo de lermos as lamentações do capitão que ela, evidentemente, conhece de cor: *"Como fiz para não ouvi-lo chegar? Rápido... Assobiar!"*. A imagem seguinte mostra o capitão, que fracassou em seu papel de protetor, a morder os dedos, gemendo: *"Ai! ai! ai!... O que fazer?"*. Essa exclamação deixa Louise num tal estado que ela a cobriu inteira de preto, até torná-la ilegível. Ela nomeia essa imagem: *"O p p p do Ai! ai! ai!"*, e isto num tom de alegria intensa e derrisão. Louise me pediu para rever com ela todos esses fragmentos inúmeras vezes. Mas nunca pude elucidar essa história do *p p p*.

A QUEDA NO BURACO

Quando era menor, Louise sempre fez alusão à queda no buraco, mais precisamente no buraco da privada. Antes de utilizar os textos, insistia comigo para que lhe desenhasse uma privada e uma descarga. Também queria que eu desenhasse uma piscina, depois um filtro (Há uma piscina na casa da avó materna.). Parece-me que ela ali pedia algo que a impedisse de ser aspirada no buraco. Esse tema do engolimento já estava presente no *Aprendiz de feiticeiro*, salvo na última hora pelo velho feiticeiro severo. Quanto à história de Gulliver, Louise não só voltava com frequência a seu abandono pelos marinheiros, mas havia descoberto outra passagem em que a queda é claramente evocada. No fim das *Aventuras no país dos gigantes*, Gulliver encontra-se numa casinha levada pelos ares por uma águia. Esta solta o cordão preso ao teto, Gulliver cai no mar gritando: "*Socorro! Estou caindo!*". Louise repetiu isso muitíssimas vezes.

As crianças autistas, quando começam a falar, costumam pôr em palavras essa experiência de queda ou de desabamento do suporte. Lembremo-nos de Mourad dizendo: "*Mamãe põe Mourad no buraco*". Halil teme que o chão desapareça debaixo de seus pés, como o plano inclinado de um tobogã sobre o qual só é possível deslizar. Levantarei a hipótese que tais vividos correspondem a experiências de desinvestimento libidinal maciço e repentino em razão de um movimento de retraimento de tipo autístico por parte daquela que faz as vezes de Outro primordial. A criança viveria essas experiências nos três primeiros meses de vida, se ninguém à sua volta, por exemplo, o pai, compensasse essa carência brutal do Outro primordial.

O caso de Louise parece designar uma falha frequente nos pais de autistas durante os primeiros meses da vida do filho. No que se refere a Halil, vimos que, em seu nascimento, a depressão do pai se agravara em razão da morte de seu próprio pai. Quando Mourad nasceu, o pai ainda estava ocupado com um grave processo quanto à guarda da filha mais velha, processo que o afetara muito.

No caso de Louise, a mãe nos fala do estranho sentimento de ter sido ela mesma separada de si mesma durante os três primeiros meses de vida da filha, como se o acesso aos recursos libidinais lhe estivesse barrado. Ora, durante esse período, o pai não pôde substituir nem apoiar a mulher. Estava, psiquicamente, em outro lugar, fugindo de uma representação ainda mais intolerável por ser desconhecida. O nascimento desse terceiro filho parecia ter reavivado nele a lembrança de um acontecimento muito penoso relacionado com o nascimento de um terceiro filho ocorrido na geração de seus próprios pais, os avós de Louise. Ele pôde em seguida se recuperar e investiu muito nessa menina, que se construiu, em grande parte, graças ao olhar do pai.

É possível pensar que a dificuldade do pai de Louise de ficar irritado, a exemplo do velho mágico, entrou ressonância com um acontecimento exterior, a perda do trabalho, ao ponto de fazer fracassar a solução mítica que Louise conseguira construir ao se identificar com Pantagruel. Lembremos que Pantagruel, cuja mãe morreu ao colocá-lo no mundo, consegue consolar o pai pelo valor fálico que ele assume aos olhos deste último. Esse valor fálico do bebê é patente na frase do texto de Rabelais que chama a atenção de Louise: "*Ah! Meu filho, meu pezinho, como és bonito, como sou feliz!*".

É possível que a experiência do desemprego do pai tenha feito com que Louise reencontrasse rastros de seu primeiro vivido de queda. O que deve ter alguma relação com a proliferação mítica que se seguiu e que mostra a fraqueza da imagem paterna. Segundo Lacan, a análise estrutural de todo mito mostra que é sempre uma tentativa de articular a solução de um problema. As observações de Lacan, a seguir, aplicam-se perfeitamente ao trabalho de Louise: "Trata-se de passar de um certo modo de explicação da relação-com-o-mundo do sujeito [...] a um outro – a transformação sendo requerida pelo aparecimento de elementos diferentes, novos, que vêm em contradição com a primeira formulação. Eles de certo modo exigem uma passagem que, como tal, é impossível, que é um impasse. É isso que dá estrutura ao mito[34]".

Lacan passa, então, à criação do *chiste*, cuja possibilidade depende do interesse e do espanto que uma *terceira pessoa* pode manifestar. É evidente que é a escuta de Freud e a do pai de Hans, identificado a Freud, que faz com que o menino prossiga sua abundante produção mítica. O mesmo ocorre com Louise.

Louise havia encontrado, no *yeti*, ogro ou bebê formidável, uma representação do que ela pudera captar no olhar das pessoas à volta.

Esse olhar era simplesmente o efeito de sua patologia autística? Uma criança diferente, que não reage como as outras, pode se sentir olhada desse jeito. Ou, então, será que um equívoco ocorrido nas gerações anteriores poderia, de imediato, ter feito com que ocupasse, por razões simbólicas, um lugar, irrepresentável de outro modo?

Em todo caso, a escuta que forneci a Louise permitiu que ela encontrasse em si mesma os meios de iniciar um trabalho de representação, fez com ela surgisse de um modo bem diferente. Ao se tornar "leitora" de Rabelais, deixou de estar do lado "formidável" do assustador.

---

[34] J. Lacan, *La Relation d'objet, op. cit.*, p. 293.

A posteriori, sua nova questão – novo impasse – poderia se formular assim: como deixar essa aparência, como se transformar?

CINDERELA

Agora, é para o pranto de Cinderela vendo as irmãs saírem para o baile que vai se voltar a atenção de Louise. Ela me aponta com o dedo sobre a cópia que o pai acaba de nos dar a linha que tenho que ler: "*O que terias vestido: o teu velho vestido cinza?*". É a pergunta que as irmãs fazem a Cinderela; ora, Louise quase sempre está usando calças por certo muito elegantes, mas de cor escura. Ela me faz sinal para continuar a ler: "*Cinderela foi se sentar chorando. Uma voz então se ouviu. – Por que choras, Cinderela?*". É Louise quem continua – ela conhece o livro inteiro de cor: "*Ela viu uma bela senhora com um vestido azul salpicado de estrelas prateadas que segurava na mão uma varinha brilhante*".

Ela quer que continuemos nossa leitura: "*– Choro porque... – Porque querias ir ao baile também. Sou tua fada madrinha, vim para realizar os teus desejos. Ela agitou novamente a varinha mágica, e o velho vestido cinza se transformou no mais belo vestido de baile que Cinderela jamais havia visto*".

Falei com a mãe do prazer que Louise tinha na leitura da descrição das cores do famoso vestido. A mãe logo comprou para ela um soberbo vestido colorido, comprido e largo. Na sessão seguinte, Louise chega usando esse vestido; está encantada. Quando lhe digo que está igual a Cinderela, ela me pede para desenhá-la vestida de Cinderela.

Foi o início de uma verdadeira metamorfose nessa menina que ficou muito vaidosa. Nessa época, a moça que cuidava dela costumava andar sempre com *jeans* rasgados; de noite, metamorfoseava-se numa maravilhosa jovem, muito elegante, e saía. Ajudou-a concretamente a realizar seu desejo de ver sua imagem transformada. Além disso, toda a família participava: a avó paterna, por exemplo, fez de Natal para ela uma fantasia de Cinderela.

O interesse de Louise por esse conto tem por objetivo essencial as transformações que a fada opera com sua varinha mágica. Ela escuta com atenção como os camundongos viraram cavalos e o rato, um elegante cocheiro. A segunda metamorfose de Cinderela também lhe agrada muito – a que acontece diante das irmãs e da madrasta –, pois elas começam a olhar Cinderela de outro jeito. No mesmo ritmo, Louise se interessa pelo casamento de Cinderela com o príncipe. Só depois de ter percorrido a história do meio até o fim é que Louise vai aceitar ler o início, em que se conta que o pai de Cinderela, fidalgo muito rico, já tinha uma filha de seu primeiro casamento. Pois Louise começa a ler globalmente, sem ter aprendido, mas reconhece quase todas as palavras da história. Assim, continuamos lendo uma de cada vez: *"Essa moça tão boa quanto bela. A madrasta e as meias-irmãs, loucas de ciúme, a tratavam sem respeito"*. Como todos sabem, nada se diz sobre as razões que levam esse pai a não intervir para proteger a filha, nem que fim ele levou.

Em razão de suas origens em parte andinas, Louise é uma menina muito bonita, com uma imensa cabeleira negra que contrasta com a pele branca. Parece muito com Branca de Neve. Conhece bem a história, os pais a leram para ela com frequência. Quando começo a lhe contar uma passagem, ela me diz que conhece a continuação. Mas o tema de transformação da madrasta má em feiticeira não a prende; é sua própria transformação que a interessa. E Louise parece ter encontrado na imagem de Cinderela um eu ideal, reconhecível e admirável pelos outros. Penso que não se trata do ideal do eu, mas, de fato, de um eu ideal[35], instância imaginária e suportada aqui pelo olhar da fada-madrinha. A moça que cuida de Louise veio, em parte, ocupar esse lugar para ela. Mas essa bela moça encontrou um príncipe encantado e, como a vida não é um conto de fadas, ela foi embora com ele para um país longínquo, abandonando Louise.

Durante vários meses, o trabalho com os contos se interrompem. Louise acaba de entrar numa pequena escola onde imediatamente conheceu todos. Sua nova e primeira experiência de vida social a absorve

---

[35] Lacan sublinhou com frequência a diferença dos dois, o eu ideal remetendo à imagem especular da criança com a mãe, ao passo que o ideal do eu é uma instância diretamente ligada a uma possível identificação da criança com traços paternos. Essa identificação é a única a fazer com que a criança se descole da imagem especular própria ao universo materno.

muito[36]. O trabalho em sessão torna-se factual, tendo a escola por eixo. Não posso dizer que Louise me conta o que lá se passa; é, antes, através das *ecolalias diferidas* que ela me dá a entender os diferentes diálogos que ali percebe. Reproduz a voz de uns e outros, retomando até os defeitos de pronúncia. Mas tão logo reconheço e nomeio os diferentes protagonistas de seu teatro interior ela fica muito contente. Desde então, escrevemos num livro grande todas essas vozes que se falam e podemos relê-las como um texto. Louise gosta de reler o que pôde dizer. Submete esses escritos ao mesmo tipo de recortes e agrupamentos que aqueles cujo hábito adquiriu com a literatura.

Depois, ao fim de alguns meses, Louise volta aos contos. A questão que a ocupa é a da transformação de uma figura não só decepcionante, mas até repulsiva, em outra perfeitamente amável. Como se tornar objeto causa do desejo, ocupar um lugar de ideal para o Outro? Louise de novo vai buscar no grande reservatório da cultura que os pais lhe proporcionam; desta vez, em Grimm e Hoffmann.

Quebra-Nozes e O Príncipe Sapo

Louise vem a uma sessão com os livrinhos debaixo do braço. O pai decide, então, comprar-lhe dois novos exemplares, o que faz com que guardemos estes para nosso trabalho. Durante várias semanas, ela irá de uma história à outra, como se, para ela, fossem duas versões do mesmo mito.

Na história de Quebra-Nozes, a pequena Maria recebe do padrinho um boneco de madeira que, a despeito de uma esplêndida fantasia, é muito feio. Tem uma cabeça enorme e uma boca aberta de uma orelha à outra, é Quebra-Nozes. Ora, logo de saída, a menina o aperta nos braços e diz ao padrinho: "*Obrigado, é meu presente mais bonito*", enquanto o irmão

---

[36] Trata-se de um pequeno estabelecimento que recebe crianças que por certo têm dificuldades, mas que no entanto se considera uma escola. Essa fórmula parece bem convir a Louise. Ali não se sente nem isolada nem diferente, mas sabe, por outro lado, que se espera dela e das outras crianças a atitude que se deve ter num estabelecimento escolar. O que não acontece sem tropeços, mas a mobiliza muito, se acreditar no que ela me traz, pois fala muito da escola.

CONSTRUÇÃO DE MITOS NUMA MENINA PÓS-AUTISTA

lhe pergunta como um horror igual pode bem lhe agradar. Louise gosta dessa passagem e eu também. Ela mostra, de modo impressionante, que o olhar que uma mãe tem para seu recém-nascido pode não parar no real de sua aparência física, de sua constituição[37]. Não é o problema de Louise, que nasceu perfeitamente bem formada. O que pudemos constatar é que Louise representa, em imagens, sob os traços de uma deformidade física, o pavor que ela pôde ler no olhar do Outro[38]. É um progresso enorme, já que ela agora consegue dominar e trabalhar sobre um material de imagens.

Voltemos a Maria, a quem o padrinho conta a história de Quebra-Nozes. Durante a noite, Maria vai pegar o boneco de madeira. Louise só retém de todo esse episódio a luta que este último trava contra um exército de camundongos, luta da qual Marie acabará por salvá-lo. Em compensação, todo o resto capta a atenção de Louise. Quebra-Nozes conta à amiga Marie como uma princesa recusou seu pedido de casamento porque ele era muito feio. Marie lhe responde: "*Eu teria ficado sua amiga e sua companheira fosse você bonito ou feio*". Louise gosta especialmente da última página, na qual Quebra-Nozes, que voltou a ser um belo rapaz, diz a Marie: "*Quando você se comprometeu a ficar minha amiga apesar da minha feiura, você apagou a maldição*". E a pede em casamento.

Notemos aqui que a transformação é operada pelo efeito de uma fala. Uma maldição lançada pela rainha dos camundongos é que o havia destinado a um lugar de feioso repugnante. É ainda graças a uma fala que sua imagem pode se transformar e ele pode se tornar encantador.

A história sobre a qual Louise trabalha paralelamente é a do Príncipe Sapo. Trata-se de uma princesa que promete a um sapo tornar-se sua amiga e até deixá-lo dormir em seu leito, contanto que ele lhe traga sua bola de ouro que caiu no fundo do laguinho. Mas, depois que o sapo devolve a bola, a princesa esquece a promessa. É o pai quem a obriga a fazer o que

---

[37] A propósito do olhar do Outro paterno, ver M.-C. Laznik-Penot, *La Psychanalyse à l'épreuve de...*, *op. cit.*

[38] Saber se foi um certo lugar simbólico que ela teve de ocupar ao nascer que pôde tornar Louise *formidável* ou se esse pavor era o resultado sobre os pais do fato de ela não enviar os mesmos sinais que outra criança são conjecturas que vou por enquanto deixar de lado.

prometeu[39]. A contragosto, a princesa alimenta o horrível sapo e o deixa dormir em seu leito, embora o pegue com a ponta dos dedos. No início, a princesa de fato fica triste por ter de cuidar de uma criatura tão feia e repulsiva. O sapo a enoja tanto que ela não consegue dormir.

Antes de prosseguir, podemos notar que elementos comuns de estrutura podem ser extraídos dessas duas histórias. Na segunda, o bebê-sapo no início tem apenas um estatuto de dejeto aos olhos da mãe-princesa deprimida. Aos poucos, ela vai se apegar ao sapo e vai acabar sentindo pena dele, até o dia em que o pega nas mãos para colocá-lo no leito sem sentir nojo. E é, então, ao despertar, que encontra um príncipe encantado no lugar do sapo. O príncipe conta que uma feiticeira malvada havia lançado sobre ele uma maldição: ele teria a aparência de um sapo repugnante até que uma princesa o deixasse dormir três noites em seu leito. Então, pede-a em casamento. E Louise repete com alegria a resposta da princesa: "*Aceito casar-me com você, meu príncipe sapo*".

Nesses dois contos, a questão do amor no casal é a retomada daquela do amor do Outro primordial. Uma das questões que surge no trabalho de Louise pode se formular assim: como ser bela, fálica, desejável depois de ter vivido a experiência de ser apenas o dejeto, talvez até o objeto de nojo que uma fala lhe determinou ser?

A transformação de Cinderela devia se situar num nível ainda superficial demais, o de uma aparência indumentária. Louise possivelmente se percebeu como um assustador bebê-sapo, ou um feioso como Quebra-Nozes. Permito-me levantar essa hipótese em razão de um episódio ocorrido na mesma época. A mãe trouxera toda uma série de fotos de Louise bebê. Queria que eu sentisse como fora duro para ela ver-se às voltas com um bebê que não olhava, que não reagia. Agora, ela podia me mostrar o caminho percorrido entre o bebê de pano que fora Louise e a menina que ela se tornara. Com efeito, as fotos são muito impressionantes. Nelas vemos um bebezinho completamente desabado sobre si mesmo, o estrabismo dissimulando levemente o vazio de seu olhar. Ora, Louise não queria que a mãe me mostrasse essas fotos. No lugar, propunha-me sem cessar fotos recentes nas quais a vemos soberba, vestida com a fantasia

---

[39] Detalhe que nunca é levado em conta por Louise.

de Cinderela. Tive que lhe dizer algo como: *"Não queres que falemos de quando tu eras bebezinho e que estavas tão triste..."*. Louise com frequência falou disso desde então, mas sempre na segunda pessoa, embora seja hoje totalmente capaz de efetuar a inversão correta dos pronomes pessoais. Quando faz algo, anuncia *fui eu!* Mesmo quando é algo repreensível. Só a imagem do bebê desabado, vesgo e perdido ainda lhe é tão intolerável; que ele fique irremediavelmente "tu". O *formidável* só é suportável em sua dimensão polissêmica: com efeito, Gargântua talvez seja assustador, mas também é maravilhoso.

Vale notar que o sapo também pode ocupar diferentes lugares para Louise. Talvez não seja unicamente uma figura identificatória. Com efeito, a mãe lhe deu de presente um soberbo sapo em broche que ela usa com muito prazer. A mãe, ao notar que a filha punha às vezes o sapo debaixo da cama, perguntou-se se Louise não esperava encontrá-lo transformado em príncipe encantado.

As transformações

O tema da transformação é explicitamente o centro das três últimas histórias escolhidas por Louise. Cinderela vê seus trapos transformados em vestido de baile. Quebra-Nozes, ser disforme, torna-se um belo rapaz e o horrível sapinho encontra sua forma de príncipe. Esse tema, já presente em filigrana na história do aprendiz de feiticeiro cujo mestre é descrito como se pudesse transformar um príncipe em camundongo, atravessa todas as escolhas de Louise. O deformado Pequeno Polegar se transforma, por sua inteligência, num ser capaz de prover as necessidades de toda a família. O monstruoso que se torna amável é, pois, uma constante nas escolhas de Louise. Essas transformações fazem parte da estrutura do maravilhoso nesses contos infantis; trazem a solução a uma situação sem saída como num mito. Entretanto, diferentemente do mito, o conto termina num final feliz obrigatório. Mas Louise, ao retomar cada novo conto para ali trabalhar essa mesma questão, vai de um impossível ao outro — o que indica claramente o parentesco de sua elaboração com aquela do mito. Quando Gulliver, gigante no país dos liliputianos, se torna, pouco depois, minúsculo no país dos gigantes, trata-se de uma transformação desejada por Jonathan Swift. Da mesma forma, foi o próprio espírito do autor que soube imprimir uma dimensão mítica à história de Zeralda ao transformar a menina, abandonada pela fraqueza do pai, em mãe nutriz, enquanto que o ogro malvado vira um pobre bebê enfurecido pela fome. Mas Louise, por múltiplas permutações, produz nos textos outras transformações estruturais. Pois uma mudança de lugar modifica toda a estrutura. Louise ora se alinha sob o significante *Gunaglich* e se torna, por isso, uma gigante boazinha; ora retoma em eco o discurso do pobre Gulliver em desamparo.

Assim, constatamos no material clínico que o lugar de Louise permanece indeterminado. Vemo-la passar do lugar do bebê-ogro assustador ao da menina em desamparo, em seguida à menina identificada com uma mãe capaz de enfrentar seu formidável bebê. Podemos da mesma maneira assinalar seus deslocamentos na história do *yeti*. Ela ora é Tintin enfrentando sozinho o perigo, ora o pobre Tchang, mas também o *yeti*, a um só tempo assustador e digno de piedade. Igualmente, no conto do Pequeno Polegar, ela vem ocupar o lugar deste último, depois o da pedrinha, e só depois percebemos que o ogro também pode ser uma representação do bebê formidável.

Já conhecemos um sujeito suscetível de ocupar diversos lugares, sob tal ou tal significante, é o sujeito do inconsciente tal como se revela no trabalho do sonho[40]. Em Louise, esse processo se manifesta a céu aberto. Ela ali se acha sujeitada ao campo dos significantes do Outro, ainda que, nela, o Outro permaneça marcado por uma exterioridade real, a do texto escrito, por exemplo. Ao ir se colocar sob um significante, depois sob outro – ogro, depois bebê; menina, depois mãe pequena –, Louise se aliena enquanto sujeito. Essa alienação é uma operação fundamental para poder falar de um sujeito. A outra operação é a da separação, mas Louise ainda não chegou aí.

---

[40] Em *A interpretação dos sonhos* de Freud não faltam exemplos de sonhos nos quais é possível identificar o sujeito a partir de diferentes lugares. Conforme o nome do lugar (o significante) que considerarmos ser o do sujeito, a interpretação não será a mesma.

Os impasses do pequeno Hans e os de Louise

Lacan já dizia, em 1956, que era porque o pequeno Hans estava diante de um impasse que ele devia remanejar, pelo viés de um deslocamento operatório, o conjunto dos elementos significantes à sua disposição. Esse remanejamento faz com que Hans encontre uma nova articulação, embora esta só possa desembocar em novo impasse. De um ponto de vista estrutural, é bem o trabalho de Louise que vemos ali descrito. Com duas diferenças. Em primeiro lugar, Louise só pode "funcionar" apoiando-se a cada instante num enunciado retirado de um fragmento de discurso pertencente ao real da literatura infantil à sua disposição[41]. Mas, sobretudo, os impasses de Louise não são os do pequeno Hans. O problema de Louise não é sair de uma situação em que ela ocuparia o lugar do falo que falta à mãe, como era o caso para Hans. Ela não tem, como este, que fazer o luto do *objeto a* de que seria portadora, objeto causa do desejo materno. O impasse para Louise se situa justamente na impossibilidade em que ela se encontra de se apresentar como uma imagem falicamente investida no olhar do Outro.

Se o problema de Hans é cessar de ser o falo para poder esperar tê-lo um dia, Louise, esta, está trabalhando não a *separação*, mas bem a própria possibilidade de entrar na *alienação*, não só aquela que é própria do estádio do espelho – alienação numa imagem fálica no olhar do Outro –, mas ainda a alienação nos significantes. Vimos no material de Louise que aceitar fazer-se sujeito de um enunciado é admitir fazer-se representar por um significante que remete a outro significante, o lugar do sujeito oscilando a cada vez.

As diferenças entre o caso de Louise e o de Hans esclarecem as respectivas funções da *alienação* e da *separação* na constituição do sujeito. Hans, como bom neurótico, consegue trabalhar o registro da *separação*: poderá entrar numa dialética do desejo e visar um objeto que lhe falta. Louise, enquanto sujeito, vacila de significante em significante; e nada,

---

[41] Não é impensável que James Joyce tenha, em sua escrita, recorrido a um tipo de suplência análoga, quando construiu seus enunciados em grande parte sobre pedaços de discursos tirados da literatura mundial.

por enquanto, parece vir marcá-la de uma falta que faria com que visasse um objeto causa de seu desejo. Nela, ainda não se pode falar de *fantasia* propriamente dita. Porém, graças a seu trabalho, Louise consegue entrar na *alienação*. E isto é uma vitória, pois é possível pensar que, sem todo o trabalho que cumpriu, Louise não teria tido acesso a ela; teria ficado aquém. Talvez fosse, aliás, a definição do autismo: o fato de permanecer aquém do registro da *alienação*.

CAPÍTULO 9

A SUPLÊNCIA DA REPRESENTAÇÃO NUMA CRIANÇA PÓS-AUTISTA (RETORNO A HALIL)

Para mostrar como uma criança que apresentou uma síndrome autística comprovada vai poder suprir a falta da rede das representações inconscientes[1], retomemos o caso clínico de Halil, agora com quatro anos de idade. Vejamos primeiro como, durante seu terceiro ano de tratamento, ele se interessou pelas imagens bidimensionais e, bem particularmente, por aquelas da publicidade.

Bem cedo, tão logo saiu do fechamento autístico, uma primeira imagem chamou sua atenção, a de um casal abraçado na tampa de uma caixa de bombons *Quality Street* que a secretária do dispensário dava às crianças. Nas férias de verão do ano anterior, ele fora com a família à Turquia, de onde a mãe me enviara um cartão postal representando, entre outros, o busto de Ataturk. Quando em seguida lhe mostrei esse cartão, fiquei surpresa por vê-lo designar e nomear o personagem de Ataturk bem como o crescente de lua tornado símbolo do Islã.

É por ocasião de um mal-entendido entre nós que Halil introduz maciçamente as imagens publicitárias que se tornarão um suporte material, a um só tempo rico e estranho, para seu trabalho na cura. Algumas semanas

---

[1] A propósito das representações inconscientes, *cf.* M.-C. Laznik-Penot, *La Psychanalyse à l'épreuve de...*, *op. cit.*

antes do início do período de que vamos falar, Halil, que tinha então quatro anos, adquirira o hábito de proferir – de modo aliás muito distinto – palavras sempre sem vínculo com os objetos presentes. Eram precedidas de uma interpelação insistente: "*Titia! Titia!*", nome pelo qual me designava na época. Parecia muito contente quando eu lhe dizia o que tal palavra me evocava, quando eu o reconhecia. Assim fazendo, eu acreditava lhe assinalar a existência de um laço entre a imagem sonora da palavra e uma possível imagem visual. Foi, por exemplo, o caso da representação da palavra *mask*: pensei, então, numa máscara de Zorro que estava em nosso armário de brinquedos.

E depois, um dia, era em dezembro, ele lançou o significante *Robotix*, e fui obrigada a lhe responder: "*Não vejo; conheço robô, mas Robotix não conheço*". No dia seguinte, ele me trazia um folheto publicitário de brinquedos, muito colorido, daqueles que encontramos nas caixinhas de correio com a proximidade das festas de Natal. Mostrou-me a imagem da palavra *Robotix*, dizendo: "*Olhe Titia, olha o Robotix!*". É o nome de uma marca de brinquedos, assim como *Mask*, que eu havia tomado por um objeto. Ele acolheu com alegria esse reconhecimento da imagem visual da palavra em sua relação com a imagem sonora. Esse novo tipo de articulação significante parecia fazer com que ele próprio se reconhecesse.

Foram provavelmente as imagens publicitárias da televisão que produziram nele um enlaçamento entre a imagem visual do nome de certas marcas e a correspondente imagem acústica. Com efeito, uma marca publicitária se reconhece pela relação perfeitamente identificável entre a imagem sonora de seu nome e a imagem visual, o grafismo particular que a representa: seu logotipo, sua *assinatura*, fiador de sua soberania. O interesse de Halil talvez provenha do fato de o signo assim formado entre o significante e o significado parecer constituir uma unidade fixa – escapando, assim, ao deslizamento próprio à cadeia significante habitual.

Por outro lado, percebi que a imagem do brinquedo ao lado do nome da marca não o interessava nem um pouco; só bem mais tarde foi que ele se dignou a lançar um olhar. A partir dessa sessão, ele se pôs a buscar as imagens de revistas e catálogos que podiam lhe cair nas mãos. Procurei conservar numa pasta com seu nome todas as imagens que ele trazia. Breve, ele próprio foi ao armário buscar sua pasta para rever algumas.

A meu pedido ou ao da mãe, Halil aceitava, já há um certo tempo, fazer rabiscos numa folha de papel. Mas, uma vez identificado o rastro no

A SUPLÊNCIA DA REPRESENTAÇÃO NUMA CRIANÇA PÓS-AUTISTA

papel, o aspecto propriamente icônico do grafismo o deixava perfeitamente indiferente. Ele ainda não era por certo capaz de produzir graficamente uma forma acabada. Mas não manifestava muito interesse pelos desenhos que a mãe e eu podíamos fazer para ele, não mais que por aqueles que estavam nos livros. Até o dia em que, tendo-o ouvido proferir em turco as palavras *mesquita* e *minarete*, desenhei-os para ele. Naquela mesma noite, ele falou disso na frente do pai. Posteriormente, pediu-me diversas vezes que os refizesse. Foi seu primeiro interesse por uma imagem desenhada.

Partindo de três fragmentos de sessões escalonadas em dois meses, vamos tentar assinalar como Halil se apoia essencialmente nas imagens publicitárias para criar o que chamo de *suplências*. Minha hipótese é que servem para remediar nele uma falha central de organização dos pensamentos inconscientes. A riqueza metafórico-metonímica desses pensamentos parece-me suportada pela organização da *representância* – pela significância[2]. O material clínico provém de sessões a que assistia a Dra. Seneschal, nossa observadora. Sem suas notas, teria sido impossível acompanhar o trabalho de Halil sobre as imagens.

Fragmentos de uma sessão de janeiro
Primeira parte da sessão, sem a mãe

Halil pega uma folha de papel e começa imediatamente a rabiscar, dizendo: "*Um peixe, um bolo*". Numa segunda folha, desenha uma forma vermelha, depois me pede para lhe fazer uma mesquita. Tento utilizar sua própria forma para desenhá-la (fig. 1). Quando termino, ele exclama: "*Mesquita, cuco!*" e começa a rabiscá-la com uma caneta esferográfica. Enquanto continua a rasurar o desenho, repete: "*Cuco!*", o significante para ele do desaparecimento de um objeto. Acaba cobrindo por inteiro o desenho da mesquita enquanto comenta: "*A porta... cuco a porta! O minarete*".

A seu pedido, fazemos juntos um terceiro desenho do mesmo gênero. Ele em seguida faz um quarto, depois um quinto que ele chama: "*cocô*" (fig. 2). Acrescenta pontos, dizendo: "*Desenho... bom dia desenho!*".

---

[2] Termo pelo qual Lacan traduz a representância em 1964. A propósito de representância, ver M.-C. Laznik-Penot, *op. cit.*

Figura 1

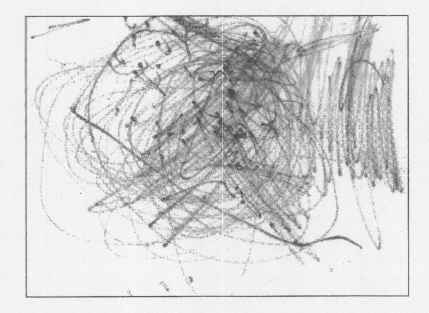

Figura 2

A SUPLÊNCIA DA REPRESENTAÇÃO NUMA CRIANÇA PÓS-AUTISTA

183

Como olha a Dra. Seneschal com muita inquietude, lembro a ele que ela escreve o que ele diz. Ele então acrescenta: *"Halil... Bom dia Halil... Robotix"*.

Vemos que o nome próprio da marca *Robotix* vem justapor-se a seu nome, no lugar do patronímico, num momento de dificuldade para ele. Ele julgou seu desenho *cocô* e sentiu-se de repente inquieto diante da presença da observadora que ele vive como estranha.

Um pouco mais tarde, nessa mesma parte da sessão, ele vai buscar no armário a cobra grande de plástico desmontável da qual gosta muito[3] e diz, enquanto a reconstrói:

Halil: *Tu aris* (?)[4]*... a cobra... e tivaz* (?) *... as costas... yilann* (que quer dizer *cobra* em turco).

Ele pega uma mamadeira vazia, brinca de beber nela e de me dar de beber, depois fica muito agitado. Vai então buscar no armário uma caixa com massa de modelar, faz outra cobra que vai colocar no chão ao lado da primeira. Ele próprio a nomeia *yilann* (cobra). Esta é muito grande, composta de várias salsichas de massa, colocadas uma atrás da outra. Antes, Halil sempre havia recusado tocar na massa de modelar, dizendo que era *cocô* e *sujo*. Parece que, a partir do momento em que desenhou um *cocô* e o nomeou, pôde começar a brincar com massa.

Digo-lhe: *Essa cobra é grande, é um papai cobra"*.

Halil então declara de uma só vez: *"Elefante! Biblioteca, kitap Mustafá abi, bebek... bûldu! Fanta... as duas fanta bûldu. As duas titias; titia, é a outra titia Seyyare. Desenho! Chamar desenho"*.

Ao escutá-lo, acho que estou sonhando: parece-me que, pela primeira vez, Halil tenta contar-me, *in absentia*, algo que lhe vem à memória. Como *kitap* significa *livro* em turco e *abi* quer dizer *irmão*, tenho a impressão de que ele está me falando de um livro de biblioteca de seu irmão Mustafá. E como *bebek buldu* quer dizer *encontrou bebê*, penso que ele me conta que encontrou um bebê, que encontrou dois elefantes.

---

[3] A mesma com a qual ele já brincava. Ver capítulo 3.

[4] Os pontos de interrogação indicam sequências fonemáticas às quais não pudemos ligar nenhuma *representação de palavra*.

Segunda parte da sessão, com a mãe

A mãe me confirma pouco depois que Mustafá, o irmão de Halil, de fato pegou emprestado na biblioteca um livro que conta a história de dois elefantes, um grande e um pequeno. Estamos as duas extremamente espantadas com o aparecimento dessa faculdade narrativa em Halil. Ele passa a ser capaz de evocar um encadeamento significante a propósito de objetos ausentes.

A cadeia discursiva do menino toma apoio em sua possibilidade de evocar novamente traços mnésicos visuais, imagens do livro. Estamos com frequência confrontados, sobretudo nas psicoses, com a gravidade das *deficiências simbólicas*. Mas esse fragmento clínico nos lembra também que: "*Nós somos assim – é nossa fraqueza animal –, precisamos de imagens. E, na falta de imagens, símbolos por vezes não surgem*", como diz Lacan[5].

Como vimos, Halil começou a se interessar pela imagem bidimensional quando descobriu um laço entre a imagem sonora de um nome próprio e o traço escrito correspondente. Foi a imagem gráfica que em primeiro lugar o interessou. Posteriormente, pôde sustentar uma cadeia significante apoiando-se em imagens visuais. Aliás, quando para numa imagem, seja ela qual for, diz, em turco, *okudum*, o que significa *eu li*. Para ele, olhar imagens é ler.

Figura 3

---

[5] J. Lacan, *Le Moi dans la théorie de Freud et dans la technique de la psychanalise*, op. cit., p. 111.

A SUPLÊNCIA DA REPRESENTAÇÃO NUMA CRIANÇA PÓS-AUTISTA 185

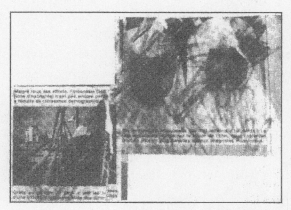
Figura 4

Figura 5

Figura 6

Figura 7

Figura 8

Voltemos à sequência do material clínico. Tão logo a mãe está na sala, Halil pede sua pasta. Tira dela revistas que escolheu na sala de espera. Folheia-as muito rápido, designando e comentando certas imagens: "*Yengeler – bicicleta*" (fig. 3 e 4). Vira rápido várias páginas, e diz mostrando uma nova imagem: "*Yede, yeterde*" (fig. 5). Já está numa outra página e ordena: "*Dur moça!*" (fig. 6). Mal tenho tempo de guardar o número da página que ele olha outra e diz: "*Cuco!*" (fig. 7). Depois, continua tão rápido como se soubesse perfeitamente onde se encontram na revista as outras imagens que lhe dizem respeito. Já o ouço dizer: "*Burda, inecigibi. Yazmuslar!*". A mãe lhe passa as canetinhas hidrográficas, *yazmuslar* significando *escrever*. Halil rabisca e beija a imagem de um menino que come um livro (fig. 8).

Como comento: "*Você gosta dos livros e da imagem do menino que gosta dos livros*", ele me responde: "*Varmuz*", o que a mãe traduz por: *tem isso*.

O material dessa sessão, e sobretudo a sequência de imagens, é bem típico daquilo que Halil produz de modo reiterado durante vários meses. Esse material tal como foi retranscrito na hora é indecifrável e desnorteante, mas restitui exatamente a situação diante da qual eu própria me encontrava. Se não podia compreender suas significações, supunha, no entanto, que Halil fazia um trabalho sobre representações, o que a meu ver tinha um valor importante. Era ele quem constituía uma série a partir dessas imagens, pois elas de modo algum se apresentavam reunidas nas revistas onde ele as pescava. A necessidade que o levava a reuni-las parecia-me comparável àquela que preside ao trabalho do sonho. Por essas séries de imagens, Halil produzia a céu aberto o substituto daquilo que teria sido, num outro, uma série associativa de pensamentos inconscientes. Direi que *isso* falava em voz alta, diante dele e de mim, e que ele não sabia o que me dizia. Sem supor uma intencionalidade em Halil, eu pensava que essas falas que nele circulavam implicavam uma relação entre as diferentes imagens que ele fazia desfilar e giravam em torno de algo importante que ele ignorava. Mas, para poder praticar cortes nessa ronda incessante e deixar significações aparecerem, ainda era preciso que eu mesma ali não me perdesse.

Análise da sequência de imagens

Há pouco a dizer sobre a primeira imagem que ele nomeia *bicicleta* (fig. 3). Ela só parece ter valor significante em relação à seguinte, já que ele sempre as indicou de maneira concomitante, a das duas mulheres muçulmanas (fig. 4) cujo rosto está envolvido por um véu, como sua mãe. Ele as chama *yengeller*, o que quer dizer *tias* em turco. Essa imagem explica as últimas palavras que ele pronunciou logo antes da chegada da mãe. Ele exclamara, como se se lembrasse de algo: "*As duas titias; titia, é a outra titia Seyyare Desenho! chamado desenho!*", e tinha então pedido sua pasta e encontrado a imagem da revista. Ele talvez chame essas titias *Seyyare*, nome de solteira da mãe, para distingui-las da titia que não usa lenço, eu, a analista. A lembrança dos dois elefantes do livro do irmão deve ter evocado as duas titias; depois, a palavra *titia* faz voltar a lembrança da imagem da revista. Aliás, ele próprio diz isso: isso (lhe) *chama* (*traz à lembrança*) o que ele nomeia um *desenho*, isto é, a imagem que ele vai procurar na revista. Logo, é que em seu aparelho psíquico, em sua memória, giravam um certo número de significantes disponíveis, já constituídos por *representações de palavras* enlaçadas a *lembranças de objetos*.

Entre a imagem da bicicleta e a das duas tias maternas, parece haver para ele um vínculo necessário. Mas qual é a natureza desse vínculo? Já se trata de uma articulação lógica, portanto, de uma hiância causal? Ou, então, estamos diante de uma simples *articulação sincrônica*, as duas imagens só tendo ainda valor de *sinais perceptivos* ligados por simultaneidade[6]? Ao olhar essa imagem das duas mulheres muçulmanas, a mãe de Halil me conta que as tias que ficaram na Turquia usam os mesmos xales brancos. Halil, em sua busca febril no meio das revistas da sala de espera, faz verdadeiros achados! Não diz nada do senhor de camisa vermelha embaixo, à esquerda, mas sempre o aponta com o dedo na mesma sequência; até o dia em que o separa definitivamente das duas tias.

Yede yeterde quer dizer *comê-lo* (fig. 5). Trata-se da publicidade de uma torta. O que se come talvez já seja uma representação de desejo. Em

---

[6] Faço aqui alusão aos dois registros de organização significante tais como Lacan os lê na carta dita 52 de Freud a Fliess, in *La Naissance de la psychanalyse, op. cit.*, de que já falei no capítulo 3.

todo caso, essa imagem o conduz diretamente a outra, a de uma mulher de perfil, duplicada pelo rosto de uma máscara vista de frente (fig. 6). Essa figura voltará em outras sessões e sempre desencadeará nele uma grande inquietude. Nesse dia, ele tenta enfrentá-la, dizendo-lhe: "*Dur moça!*". O imperativo turco *Dur!* pode ser traduzido por *não se mexa!* ou, então, por *pare!* Como se a senhora em questão estivesse disposta a pular sobre ele. A mãe costumava empregar esse verbo, por exemplo quando desejava vestir Halil. Embora se trate de um imperativo que ele tomou emprestado do discurso materno, ele não o repete em ecolalia, já que diz *Dur moça!*

Quanto à mulher seguinte (fig. 7), seus olhos e sua boca de dentes amplamente exibidos com frequência chamaram sua atenção. O fato de ele dizer *cuco* ao vê-la talvez indique seu desejo de fazê-la desaparecer. A partir do momento em que pôde brincar de *cuco* comigo, com frequência me fez desaparecer envolvendo meu rosto com a cortina. Aliás, podemos pensar que a imagem da senhora de cabelos castanhos (fig. 7) se refere à analista. Haveria ali um deslocamento da imagem materna, representada pelas mulheres muçulmanas, para essa mulher "de cabelos".

Ele vai agora encontrar uma imagem dele, a do menino de sua idade que come o livro (fig. 8). Trata-se de uma representação da dimensão especular do próximo, ele próprio o diz: "*Burda, inecigibi*" (que se traduz por *pronto, é a mesma coisa*). Ele anuncia, então, que vai escrever e a mãe lhe passa as canetinhas. Ele rabisca a imagem do menino e a beija. Como lhe digo que ele gosta dos livros e da imagem do menino que gosta dos livros, ele responde: "*Varmuz*", o que a mãe traduz por *tem isso*.

A imagem do menino representa não só uma possível identificação especular, mas também uma solução para a inquietude que uma pulsão oral pode deixar pairar. Após as figuras femininas que talvez representem um inquietante perigo de engolimento, Halil passa a uma nova proposta: comer o livro. É verdade que a mãe lê o Corão e que o Islã faz parte, como o judaísmo, dessas civilizações que comem o livro[7]. Nada espantoso, então, que Halil queira escrever, isto é, apor sua marca sobre esse menino ao qual devota um amor narcísico. Há algum tempo, tão logo algo lhe interessa numa imagem, ele a rabisca, declarando: "*Yazde*", que quer dizer *(ele) escreveu*. Porém sua réplica, *tem isso*, leva a pensar que

---

[7] Ver, a esse respeito, G. Haddad, *Comer o livro*, Rio de Janeiro, Companhia de Freud, 2004.

o encontro jubilante de uma imagem narcísica não implica para ele a submissão a uma castração, nem o reconhecimento da falta no Outro. As insígnias que são o véu e o livro o remetem a traços da mãe e excluem o pai que não sabe justamente ler o árabe e, portanto, não pode ler o Livro.

Como disse, essa sequência vai voltar repetidas vezes, com algumas pequenas variantes[8]. Inevitavelmente, a imagem das mulheres muçulmanas que ele chama *tias* (fig. 4) o faz passar àquela da mulher de perfil, duplicada pelo rosto maquilado, de frente (fig. 6). Essa imagem faz surgir em Halil um ponto de angústia. Poderia essa imagem muito pregnante, que podemos dizer sobrecompletada – para ele, parece se tratar da mesma criatura apresentada de frente e de perfil –, representar o ponto onde emerge o gozo do Outro[9]? Notemos, em todo caso, que Halil não foge mais dessas representações que evidentemente estão marcadas por um certo desprazer, ele não evita mais sistematicamente o estranho. Ele não está mais regido pelo mecanismo de elisão. Essa Coisa estranha de agora em diante está nele e ele não consegue deixar de girar em volta, de tentar aprisioná-la. Halil aí está num estado *pós-autístico*. Com efeito, proponho assim nomear a situação da criança autista que passa a ser capaz de suportar representações carregadas de desprazer sem recorrer aos mecanismos de fechamento autístico, ou seja, quando não está mais regida essencialmente pelo princípio de prazer que tende a evitar todo desprazer; ou, ainda, quando se instala o estranho radical que é o Outro[10] no próprio cerne de suas representações psíquicas, de modo que os processos associativos, daqui por diante, não conseguem mais senão girar em torno desse centro, tal como o anel da pulsão.

FRAGMENTOS DE UMA SESSÃO DE MEADOS DE FEVEREIRO
HALIL SEM A MÃE

Na véspera, não houve sessão. Será por isso que Halil está com raiva? Em todo caso, já na sala de espera, quando ele percebe nossa observadora

---

[8] Algumas dessas imagens parecem constituir um trajeto obrigatório para seu circuito pulsional, pois nelas reconhecemos certos tempos fortes.

[9] O que me parece ilustrar de maneira impressionante o que Lacan afirmava: "o desejo emerge num confronto com a imagem", *Les Écrits techniques de Freud, op. cit.*, p. 212.

[10] A Coisa, segundo Lacan. A esse respeito, ver M.-C. Laznik-Penot, *op. cit.*

que já está instalada na minha sala, ele faz: "*Te! Te!*", vira-se então para a mãe e lhe declara em turco: "*Cuspo*". Depois, entra na sala segurando nas mãos a tampa de uma caixa de *Vaca-que-ri*[11]*; está muito excitado.

Eis a transcrição fonética da sessão. A pronúncia estranha e, sobretudo, a total ausência de escansão, ao solidificar os enunciados, os deixam, numa primeira escuta, desprovidos de significação.

Halil: *O quetutens... o bebê, eléquê, quetutens, fazer ela, a framboesa.*

Eu: *Não vejo framboesa. Será que é por ser vermelha?* Mostro-lhe a vaca que é vermelha.

Halil: *Vermelha!* Vai buscar as canetinhas, todo contente, e começa a desenhar. Enquanto faz um rabisco circular, Halil diz: *Caiulete caiu lete a vaca, o que ela tem*[12]*. Colore a forma que desenhou, manifestamente com raiva.

Eu: *Ah! mas você sente* cólera! *Ela está toda coberta.*

Halil: *Vaca que ri colór* [cor, colore ou cólera]... *a mu aliali... e ali é a vaca, o leite e lete vaca té. Eh! eh! O desenho, a colór, o bebê, aqui o bebê.* Enquanto fala, mostra-me a caixinha pendurada na orelha da vaca, na tampa da qual está, como se sabe, a imagem em tamanho menor da própria vaca (fig. 9). Halil continua: *O bicho grande. Mustafá Robotix.*

Figura 9

---

[11] Marca de queijo muito conhecida. (N. T.)
[12] Em francês: *Tambalé tombé lé la vache, ce qu'elle a* [*sékéla*]. (N. T.)

Encontramos em suas sequências de fonemas a mesma ausência de espaçamento que aquela que já observamos na sequência das imagens que me fazem pensar numa sobreimpressão. Um trabalho de decifração *a posteriori* sobre as notas tomadas pela observadora fez com que entendêssemos o que vem a seguir.

A introdução das cesuras dá isto: *o* [*le*] *o que tu tens... o bebê, ele é o quê, onde é que ela está? O que tu tens?*

A questão – *o que tu tens?* – voltou com frequência depois. Como a restituí com as cesuras, estas puderam ser ouvidas em seus próprios enunciados. Quanto ao artigo definido *o* [*le*] que precede o enunciado solidificado – *o o que tu tens* –, ele lhe confere um caráter de substantivo ainda mais marcado, como se *o-que-tu-tens* passasse a ser um nome. Notemos a presença do embreador (*shifter*) *tu*. Lembremos a fórmula de Lacan: o sujeito recebe sua mensagem do Outro sob uma forma invertida. Antes até da emergência de um *"quem sou eu?"*, devia existir no sujeito uma resposta sob o modo de um *"tu és"*. Esse *tu* atesta bem que se trata aqui de um enunciado do Outro não ainda invertido, o que é, em suma, bem banal. Entretanto, a forma interrogativa desse enunciado pode chamar nossa atenção. Pode ser um fragmento da questão: *"O que é que tu tens?"*.

Um acontecimento fez com que eu entendesse a origem desse enunciado interrogativo. Inquietudes profissionais haviam agravado a depressão do pai de Halil. Como eu achara ter ouvido nas palavras do menino que o pai teria até chorado, convidei este para vir a uma sessão. Fiquei então sabendo que, já há algum tempo, Halil vinha agredindo o pai verbal e fisicamente; o que é bem corrente em meninos com pais deprimidos. Sabemos que a legítima cólera paterna que a criança busca desencadear costuma arranjar muitas coisas, tanto de um lado como do outro. E, em vez de encontrar um pai severo, Halil estava confrontado com um homem *perplexo*. A única coisa que o pai podia enviar-lhe, num total desespero, era: *"Mas o que tu tens, por que fazes isso?"*. Ele não conseguia estabelecer nenhuma relação entre sua depressão e o apelo do filho por um pai forte. Assim, o gesto do menino lhe parecia absurdo, o ato de um louco. E a questão do pai não fornecia ao filho nenhum elemento para que se situasse, nenhuma intimação, nenhum *"tu és..."*. que, em contrapartida, teria conferido ao pai um lugar de Outro, o que poderia ter feito com que o menino se perguntasse: *"quem sou eu?..."*.

É verdade que Halil havia apresentado uma síndrome autística caracterizada. Suas estereotipias, como podemos lembrar, tinham provocado nas pessoas à sua volta reações de incredulidade, de incompreensão; como se o que o menino mostrava fosse para eles completamente estranho, não lhes dissesse respeito em nada. Mas, embora até a síndrome autística tivesse desaparecido, o pai continuara a lhe repetir a mesma questão incrédula[13].

O fragmento truncado, solidificado, do enunciado paterno – *quetutens* – indica, no entanto, que a repetição já se instaurou e que o menino está preso no simbólico, naquilo que Lacan chama o discurso do Outro e que ele define como o discurso do circuito no qual nos encontramos integrados[14].

Retomemos a análise do material clínico. A sequência seguinte revela a mesma ausência de corte: *o bebê eléquê ondeletá*[15]* (ele é o quê, onde é que ela está?), *quetutens* (o que tu tens), *fazer ela, a framboesa*. Notaremos o aparecimento de um embreador, a terceira pessoa do feminino singular, *ela* (onde é que ela está?), que com toda certeza remete à vaca. Que lugar vem ocupar essa vaca? Ela parece justaposta, mais que logicamente articulada, ao *bebê* que a precede. Esse *bebê* poderia ter constituído a inicial de um *quem sou eu?*, sob a forma de um *ele é o quê?*, não fosse a forma solidificada – *eléquê* – sob a qual a questão se apresenta. Notemos, na oportunidade, que é no lugar do outro enquanto imagem especular – o bebê – que a questão surge: *ele é o quê?*

Depois, vem o verbo *fazer* tomado substantivamente e a passagem, seguindo o processo primário, *à framboesa*. Em iguais circunstâncias, a

---

[13] O fato de a questão ser formulada em francês, língua que o pai pratica muito pouco, parece-me sublinhar o caráter estranho que tinha esse filho a seus olhos.

[14] *Cf.* J. Lacan, *Le Séminaire, livre II, Le Moi dans la théorie de Freud et dans la technique de la psychanalyse, op. cit.*, p. 112. O termo *circuito* aqui empregado por Lacan pertence à cibernética. Compara o homem à máquina dotada de memória ao mostrar que, tanto em um como no outro, a primeira experiência circula no estado de mensagem. Essa comparação visa mostrar que gênero de determinismo simbólico o homem recebe da linguagem.

[15] Em francês: *le bébé inéquoi okélé, seketa, la faire, la framboise.* (N. T.)

mãe exclama irritada: "*Ele diz qualquer coisa!*". E talvez não esteja errada. Porém tomei o partido enquanto analista de pensar que existe uma articulação significante à qual não se escapa. É o que me incita a dizer a Halil que não vejo framboesa e a lhe perguntar se ele diz isso "por ser vermelha". Nada prova que a substituição significante metafórica que lhe proponho seja verdadeira. Pouco importa; ela o leva a mudar de registro: ele vai passar ao grafismo. Com efeito, ele exclama, todo contente: "*vermelha!*", vai buscar as canetinhas, faz um rabisco circular e comenta: [em francês] *Tambalé, tombé-lé la vache, ce qu'elle a*. Duas retranscrições parecem possíveis: *caiu leite, a vaca*; ou então: *caída o é, a vaca*. Nenhuma é absurda. O significante *leite* reaparecerá no enunciado seguinte. A questão de saber se ela caiu poderia articular-se àquela de saber *o que ela tem*. Mas a ideia de um jogo de equivocidade com certeza só está presente em nossa escuta.

Mesmo desenhando, ele está manifestamente em cólera, o que lhe observo. Halil responde: "*Vache qui rit couleure*" [Vaca que ri colór], em que é difícil saber se devemos entender *couleur* [cor], *colère* [cólera] ou, então, os dois. Ele continua: "*la mou lebaleba...* (là-bas, là-bas) *et là c'est la vache, du lait et lé vache té*. [*a mu aliali e ali é a vaca, o leite e lete vaca te*]. Este último fragmento deixa uma possível incerteza entre *e leite vai comprar* ou, então, *e a vaca tu és*. Dois anos mais tarde, ele vai dizer à mãe e, por vezes, à analista: "*Sua vaca*". Por outro lado, a ordem que ele deu à mãe para *comprar* um produto de tal ou tal marca deve ter tido um papel separador entre eles, na medida em que, ao pagar para comprar, a mãe reconhece uma espécie de submissão a uma soberania, nem que seja àquela da grande marca à qual presta homenagem com sua compra.

Esse fragmento dá a impressão de um fogo de artifício polissêmico, é abundante de equívocos que desarticulam a língua. Durante uma exposição sobre esse material clínico, sugeriram-me seu parentesco com alguns dos escritos de James Joyce e, em particular, *Finnegans Wake*[16]. Esse paralelo, à primeira vista escandaloso – comparar uma criança autista com um dos gênios da literatura de nosso século –, pede que de imediato precisemos seus limites. Isto dito, seu interesse é duplo. Aproximar do valor

---

[16] Agradeço aqui aos membros do cartel da Associação Freudiana sobre James Joyce pelas observações apaixonantes que me fizeram.

de um texto o dizer desse menino confere a essa fala uma dignidade. Ora, tentei mostrar como, por não ter podido vir ocupar um lugar de ideal para aqueles que faziam as vezes de Outro, um menino pode ver-se privado das representações parentais, únicas capazes de lhe conferir um valor de objeto *causa de desejo*. A comparação com Joyce conduziu a equipe que cuidava de Halil e ele mesmo, pouco depois, a considerar de outro modo seu dizer.

Em segundo lugar, nessa aproximação, a questão é saber se há algo em comum com as estruturas desses dois sujeitos, por outro lado tão dessemelhantes. Parece tratar-se de uma patologia do imaginário. Para Halil, tivemos muitas oportunidades de ressaltá-la; e é justamente a respeito de Joyce que Lacan diz: "Quando o imaginário cai fora, o real não se enlaça ao inconsciente[17]". Outras considerações vão no mesmo sentido. A aparente riqueza polissêmica não abre para o jogo de uma verdadeira equivocidade, pois não há possibilidade de *metaforização*, uma vez que as duas significações previamente evocadas vêm no mesmo lugar ao mesmo tempo. Poderíamos dizer que se trata de várias significações não intercambiáveis, mas, ao contrário, solidificadas entre si nessa espécie de concreção que Lacan chamou uma *holofrase*[18]. Essas observações permitem levantar uma hipótese. Partindo do modelo freudiano da dupla inscrição no aparelho psíquico[19], direi que o discurso de Halil se situa no nível da primeira inscrição significante, aquela que só supõe a sincronia. A segunda inscrição, própria ao registro do inconsciente – supondo a hiância causal e instaurando a diacronia –, ainda não estaria distinguida da primeira. O que me parece ser o caso de Halil quando fala sem o suporte das imagens. Como vimos a propósito da sessão de janeiro, parece que, apoiando-se nas imagens, Halil consegue instalar uma suplência à circulação dos pensamentos inconscientes. Mas talvez isso provenha da intervenção da analista que tenta descobrir uma relação causal entre as imagens.

Qual pode ser o trabalho de um analista com os enunciados holofrásticos? Instalar as cesuras faltantes. Logo, proceder ao inverso do que

---

[17] J. Lacan, seminário *O Sinthoma*, aula de 20 de janeiro de 1976, publicado in *Ornicar?* nº 11.

[18] J. Lacan fala repetidas vezes da *holofrase*. Ver *Les Écrits techniques de Freud, op. cit.*, p. 250, *Les Quatre Concepts fondamentaux de la psychanalyse, op. cit.*, p. 215. Ver ainda o artigo de A. Stevens, "L'holophrase entre psychose et psychosomatique", in *Ornicar?*, nº 42.

[19] Trata-se da carta dita 52 de Freud a Fliess, *cf.* capítulo 3.

A SUPLÊNCIA DA REPRESENTAÇÃO NUMA CRIANÇA PÓS-AUTISTA

convém fazer com um neurótico numa cura clássica. Como o neurótico acredita saber a significação do que diz, o trabalho do analista consiste em reintroduzir a equivocidade em seu discurso. A cesura faz com que a criança entre na temporalidade; é ela quem faz uma significação surgir.

Venhamos ao último enunciado de Halil: "*Eh! eh! O desenho, a* coulère [cor, cólera], *o bebê, ali o bebê, o bicho grande. Mustafá Robitix*".

Sublinhamos mais acima a importância do nome próprio *Robotix*, que provocou o interesse do menino pela figurabilidade. O nome dessa marca publicitária está agora unido ao nome de seu irmão Mustafá, no lugar em geral reservado ao patronímico. Essa conjunção ocorreu várias vezes nas sessões. Tivemos um exemplo no fragmento clínico em que é a seu nome que o nome da marca vem se justapor: *Halil Robotix*.

Não é seguro que se trate de uma simples coincidência. Dissemos mais acima que a ordem enunciada pelo menino: "*vá comprar*", destinada, parece, à figura materna, podia servir de agente separador entre a mãe e ele. Podemos supor que o nome de marcas possa, para ele, ter feito as vezes de uma ortopedia imaginária do nome do pai; imaginária na medida em que a imagem da força das marcas funciona para a mãe do lado não do ideal do eu, mas de um eu ideal. Para essa mulher muçulmana, imigrada na França por razões econômicas e confinada em casa, facilmente concebemos a fascinação que pode exercer, do ponto de vista do eu ideal, essa quantidade de produtos fabulosos, cujas marcas são promovidas pela televisão, as quais ela homenageia comprando-as nos supermercados[20]. Se, para Halil, o nome dessas marcas teve tal papel na instalação de um imaginário, deve ter sido pelo fato de o Outro materno, de certo modo, ter-lhes reconhecido a soberania, sobretudo durante as compras no supermercado – sempre na presença de Halil.

As grandes marcas soberanas de nossa sociedade de consumo são como divindades às quais a mãe se submete como todos nós, nem que seja por dar dinheiro para as compras. O pai, em compensação, só aparece para a mulher como um homem diminuído, incapaz de ganhar dinheiro suficiente para suprir as necessidades da família, incapaz de ler o Corão.

---

[20] Sobre esse ponto, ver A. Fourcade e O. Cabat, "Anthropologie de la publicité", in *Influence de la publicité sur la durée de vie des marques*, Fond. Jour de France, Paris, 1981, pp. 187 segs.

Segundo fragmento da sessão de meados de fevereiro

Halil vai até o armário buscar sua pasta enquanto diz: "*A vaca dá o queijo. Pasta! É tão bom, tu estás aí!*". Tira dela revistas; como de hábito, começa a folheá-las bem rápido, comentando certas imagens.

Halil: "*Moto* (fig. 3), *yengeler vamos é quem?* (fig. 4) *yengeler abla onde está o desenho, Planeta* (fig. 6), *caiu* (fig. 7), *et ali Popi*". Na verdade, ele não designa Popi mas a senhora do Intermarché (fig. 7).

Larga a revista e volta a procurar ainda mais febrilmente na pasta. Tira uma imagem, comenta: "*Vaca-que-ri, a vaca*" (fig. 9). Depois, diz entre os dentes: "*Bateu! O que tu tens, e o bebê*". O que ele chama de bebê da vaca é com toda certeza a caixinha de Vaca-que-ri pendurada na orelha desta.

Encontra o primeiro folheto publicitário que me havia trazido e exclama: "*Olha os Robotix, ah!... patins de rodinhas!...*". Mas já folheia outra revista. Para na imagem de uma menina que lê sentada numa poltrona, e comenta: "*Biblioteca Pomme d'api*[21][22]*". Virou as páginas e disse, apontando um menino que faz bolinhos (fig. 11): "*Eh! O bombom, o bombom! O pequeno, pequeno, biblioteca*". Numa nova página, interpela-me: "*Eh! Titia! É moça-moço*" (fig. 10).

Figura 10

---

[21] Imagem não reproduzida.
[22] Pomme d'api, revista mensal para crianças de 3 a 7 anos. (N. T.)

A SUPLÊNCIA DA REPRESENTAÇÃO NUMA CRIANÇA PÓS-AUTISTA

Encontramos aqui quase a mesma série de imagens trazidas por ele na sessão de 5 de janeiro. Halil parece passar novamente pelas mesmas representações como se devesse repetir um movimento circular em torno de um centro que permanece invisível. Mas, a cada vez, parece operar novos acertos entre as imagens.

Essa nova série começa na mesma ordem que a de 5 de janeiro, exceto que ele nomeia *moto* o que havia chamado *bicicleta*[23]. Nos dois casos, parece se tratar de um apelo a uma figura masculina que permitiria que ele enfrentasse essas tias, as *yengeler abla*, pois essas mulheres muçulmanas o remetem ao conjunto das mulheres do lado materno que o inquietam muito[24]. Aliás, ele vai tentar dominar a situação ao *desenhá-las*, como diz, isto é, ao recobri-las com traços coloridos. Primeiramente, a da mulher maquilada que ele chama, nessa hora, *planeta* (fig. 6). Ora, *planeta* em turco diz-se *seyyare*, que é justamente o patronímico de sua família materna[25]. Aliás, ele havia feito alusão a esse patronímico ao evocar *in absentia* a imagem das duas tias. Nesta sequência, essa imagem o remete à moça morena que descobre os dentes (fig. 7), a respeito da qual ele diz *caiu*.

Depois, conta uma primeira *mentira*, ao dizer "*e ali Popi*" e ao apontar a mesma moça. Ora, Popi é uma outra imagem de sua pasta (fig. 8) que ele nesse dia não tirou. Logo, ele encontra, graças a esse suporte de imagens, uma possível intercambilidade, uma flexibilidade entre os elementos, que ele não possui do ponto de vista do discurso. Popi, o menino que come os livros, como vimos, é uma imagem dele mesmo.

Em seguida, a Vaca-que-ri aparece de novo. É uma figura constante desse período do tratamento. Durante essa mesma sessão, ele comenta: "*A vaca, ela dá queijo*". Por vezes a chama *bicho grande*, diz que ela está em cólera; e chama *bebê* a caixinha de Vaca-que-ri pendurada na orelha. Esse

---

[23] Esse trabalho de análise dos detalhes entre séries semelhantes me foi sugerido pelo trabalho feito por Balbo sobre as séries de desenhos infantis. Ver G. Balbo, "Le dessin comme originaire passage à l'écrit", in *Discours psychanalytique*, nº 18, março-abril 1986, Paris, Clims.

[24] *Yenge* é uma tia por aliança e *abla* uma irmã mais velha, e também uma cunhada mais velha.

[25] Para respeitar o segredo profissional, todos os nomes e prenomes neste livro são evidentemente fictícios. Mas foram substituídos por outros que conservam as mesmas relações estruturais.

mitema da reprodução por cissiparidade incluído na imagem publicitária vem com toda certeza negar a diferença sexual para Halil e fazer a economia da série de imagens ligada à castração; como veremos, ela deixa Halil sem defesa diante do perigo de engolimento. Notemos, por enquanto, que ele tenta tranquilizar-se ao encontrar na pasta a escrita e o logotipo do nome próprio *Robotix*.

Parece-me ser a questão "como vêm os bebês?" que o leva a se interessar pela imagem do menino e a dizer: *fazer bombons* (fig. 11). Essa representação faz imediatamente surgir outra imagem bem aterrorizante, a de uma figura geométrica (fig. 10) que ele nomeia, muito a propósito, *moço-moça*, como se fosse apenas uma única e mesma coisa. Halil fica muito angustiado diante da boca grande aberta dessa estranha figuração do casal parental confundido.

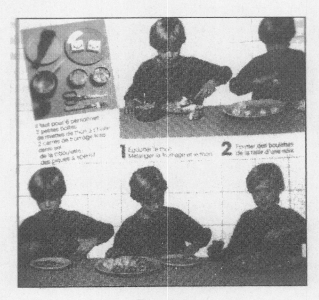

Figura 11

TERCEIRO FRAGMENTO DA MESMA SESSÃO

No final dessa mesma sessão, ele de repente diz, como se um pensamento lhe viesse à mente: "*Folha... apla*". Em seguida, apoiando-se em certas imagens da pasta, mas sem ir vê-las, evoca *in absentia*: *"Menina, bolo"*. Trata-se de uma menina que faz um bolo de chocolate (fig. 12). Ele continua: *"Marhas* (tesoura), *cocô, bumbum* (mostrando as nádegas e rindo), *anne, o leite hum! É bom. 1,2,3,4,5, o bicho grande"*.

Ao dizer *folha... apla*, Halil introduz uma equivalência entre *apla* que quer dizer *irmã* e *folha*. Ele assim confirma a equivalência homofônica que eu havia identificado há algum tempo em seu discurso entre *folha morta* e *filha morta*. Diante da janela de minha sala, há uma árvore, da qual Halil vem com muita tristeza acompanhando, a cada outono, a queda das folhas. Eu achava, então, que era da irmã pequena morta bem antes de seu nascimento que se tratava.

A menina que faz um bolo de chocolate (fig. 12) vai desempenhar um papel importante na sequência do tratamento. Parece associar chocolate a cocô e interrogar-se sobre as possibilidades anais da procriação.

Figura 12

Agora, seu enunciado: *anne, o leite, hum! É bom*. Sabemos que *anne* quer dizer *mamãe*. Mas de onde ele tira o resto? Como, ao falar, ele parecia lembrar-se de algo, fui procurar em sua pasta após a sessão que imagem ele pudera bem evocar ali. Encontrei uma publicidade para leite cuja marca ele havia rabiscado. Nessa imagem, vemos vários bebês no interior de uma geladeira (fig. 13). Nas sessões seguintes, notei que ela provocava quase inevitavelmente em Halil aquele *hum! É bom!*, enunciado que ele havia ligado ao leite nesse dia. Halil designava nessa imagem uma forma muito concreta de engolimento dos bebês.

Figura 13

Se agora considerarmos o conjunto desse fragmento clínico, notaremos que, para além do processo primário que rege essa série associativa, já aparece uma hiância causal entre os diversos elementos. É justamente graças às imagens, evocadas aí *in absentia*, que um tal processo de pensamento é tornado possível. Em que ele se distingue do trabalho do sonho, com o qual ele tem em comum a regressão à imagem no sentido tópico do termo? Halil foi buscar essas imagens no real. Em seguida as trabalhou, marcou, assinou. Minha hipótese é que esse trabalho de busca, de marcação simbólica das imagens vem suprir uma falha de imaginário nele, que tornava problemática a organização das representações próprias ao registro do inconsciente[26].

Sessão de 8 de março

Vamos ver como Halil toma apoio nos mitemas que estão incorporados nas imagens publicitárias para superar suas próprias aporias e chegar a um esboço de construção mítica pessoal.

Nesse dia, tão logo entra na sala, corre até o armário onde está sua pasta, gritando: "*A menina! Quero! Quero!*". Vem sentar-se ao meu lado com a pasta e me mostra a imagem do menino (fig. 11) enquanto diz: "*Menina... pirulitos e bombons...*". Há uns quinze dias que ele faz questão de chamá-lo assim. Ele lança ao acaso: "*Bolo de chocolate, onde estás tu? Chocolate salgado*" (sujo é?[27]*).

Ele me diz para esperar, sai da sala e volta com uma caixa registradora que pegou na sala de espera. Queria pôr dentro as moedas pelo lugar de onde elas saem. Mostra-me as nádegas e as moedas e me diz rindo: "*E ali cocô*". Pega de volta a pasta e me mostra uma publicidade de fraldas de bebês, dizendo: "*Fralda!*"[28]*. E deixa-se cair no chão, sobre as nádegas.

Em seguida, pega de volta a pasta, para na imagem de um ursinho de pelúcia que traz na barriga um balão tão grande que parece estar grávido (fig. 14) e o rabisca. Deixa-se de novo cair no chão, se levanta, vai até a janela e declara, olhando a árvore cujas folhas caíram todas: "*Menina...*". (filha [*petite fille*] ou folha [*feuille*]? Fica triste e me diz batendo na vidraça: "*Não, não, não, cair*[29]", que parece ser para ele uma forma imperativa-negativa, um *eu não quero que*.

---

[26] Faço aqui alusão à *Vorstellungsrepräsentanz*.

[27] Pode haver homofonia em francês entre *salé* [salgado] e *sale est* [sujo é]. (N. T.)

[28] Em francês *couche*, que também é o imperativo do verbo *deitar*. (N. T.)

[29] Em turco, *cair* também pode querer dizer *dar à luz, parir*.

Figura 14

Talvez a lembrança de outra imagem tenha feito com que passasse do *ursinho gordo* às *folhas-meninas mortas*. Nela parou com frequência, ainda que jamais tenha dito nada. Trata-se do mesmo ursinho que trazia a bola-barriga grande; desta vez, ele puxa um carrinho de jardineiro cheio não de folhas, mas de bonecas-meninas (fig. 15)!

Figura 15

A SUPLÊNCIA DA REPRESENTAÇÃO NUMA CRIANÇA PÓS-AUTISTA *203*

Halil então envolve minha cabeça com a cortina e comenta: *"Titia Laznik, cuco!"*. Como me belisca o nariz, pergunto a ele se quer tirá-lo de mim. Ele me responde: *"Não, o nolho!"*. Lembro a ele que *a gente conta, mas que a gente não faz*. Então, ele diz: *"Konia... menina, bebê a popê"*. Trata-se de *Popi*[30]* ou de *poupée* [boneca]? Em todo caso, durante as férias em Konya, na Turquia, ele jogou a boneca pela janela e a perdeu. Foi também em Konya que a irmã pequena morreu.

Não tenho tempo de lhe dizer o que quer que seja, pois ele já está fuçando febrilmente na pasta, declarando: *"Moça-moço, procura!"*. Querendo ajudá-lo, com medo de que derrube tudo, proponho-lhe, erradamente, a imagem que ele havia denominado, numa sessão precedente, *Senhora Queijo* (fig. 16). Muito irritado, ele a rasga, dizendo: *"Tê! Colorido"*[31]*. Diz o endereço do centro onde o atendo e acrescenta: *"É bom!"*. Entretanto, está muito agitado e terá dificuldades de se recuperar.

Em que meu *erro* pôde desencadear esse distúrbio nele? Foi que confundi *Senhora Queijo* (fig. 16) com *moço-moça*, denominação que Halil reservava à figura geométrica (fig. 10). Meu *erro* pode muito bem ter fundido juntas duas teorias míticas relativas à reprodução que deviam ficar separadas.

Até ali, o queijo tinha feito com que Halil conservasse o mito de uma reprodução por cissiparidade? Já um ano antes, tinha se interessado por uma publicidade para o queijo *Chaumes* na qual se vê um círculo onde se destaca uma porção triangular. Mas é a *Vaca-que-ri* que devia fornecer-lhe o modelo de seu mito. Se uma *vaca dá queijo*, como ele declarou, a *Vaca-que-ri* supõe que um círculo engendre outro círculo, e assim por diante *ad infinitum*. Esse mito comporta um perigo, o do engolimento do produto pela figura matriz. Ora, justamente, se olharmos atentamente a publicidade de *Senhora Queijo*, vemos que se trata de uma mulher grávida que come queijo! Talvez Halil não tenha querido ou podido perceber a figura masculina dessa publicidade como um *senhor*[32].

---

[30] Revista mensal para crianças de um a três anos. (N. T.)

[31] Em francês, *colorié*, que tanto pode lembrar *colorido* quanto *colère y est*, isto é, cólera aí está. (N. T.)

[32] Depois de meu erro que parece ter tido valor de interpretação, ele me observou que, no verso da página dessa publicidade, estava a foto do Sr. Chirac, em companhia de uma

Figura 16

Uma outra imagem publicitária representa esse perigo de engolimento: a de um homem que surfa numa onda de cerveja que por pouco não o engole (fig. 17). Ora, Halil sempre denominou essa imagem, contra todo mundo, *queijo*; como se figurasse a mesma ameaça de engolimento que seu mito de reprodução por cissiparidade.

Umas sessões mais tarde, ele retomará a imagem de *Senhora Queijo* para desenhar-lhe na barriga o que chamará uma *çiçek* – uma *flor* em turco. Nessa mesma época, um dos deuses cujo culto ele partilha com a mãe nos supermercados é a marca *Yoplait*. Quando encontra sua publicidade nas revistas que folheia, para nela regularmente e se apressa em colorir-lhe o logotipo, que é justamente uma florzinha (fig. 18).

---

senhora, e ele me declarou que aquele senhor era *maire* [prefeito] (*mère*) [mãe?].

Figura 17

Figura 18

Yoplait entrou em sua vida pelo nome de um de seus produtos: os *Yoko*. Lembremos que essa palavra constituiu para Halil a primeira possibilidade de nomear a ausência, a falta – *yoko* significando *não há* em turco[33]. E parece que a florzinha, emblema de Yoplait, lhe forneceu um suporte à representação da perda, pois, ao falar turco com a mãe, ele sempre fez questão de nomear *çiçek* as folhas mortas caídas das árvores (Foram essas *folhas* que, pelo viés da possível homofonia, permitiram que falássemos da filhinha morta da mãe, sua irmã mais velha.).

Precisei de muito tempo para perceber que as publicidades de *Yoplait* divulgavam igualmente o mitema da reprodução por cissiparidade – o potinho de iogurte saindo de uma boneca russa (fig. 18)! Eu no entanto deveria ter percebido isso, já que há em minha sala uma série de bonecas russas idênticas; elas bem cedo chamaram a atenção de Halil, que tirava uma de dentro da outra, nomeando-as *yengeler* – tias, justamente.

Em Halil, só dois anos mais tarde, logo, aos seis anos, é que o desenho se instalará em toda a legibilidade de seu desdobramento espaço-temporal.

Na época, ele raramente desenhava nas folhas de papel; às vezes, no entanto, resolvia traçar formas num quadro negro grande, na sala onde eu o atendia. Embora, já há alguns meses, tivesse adquirido a capacidade motora de coordenar o traçado, seu grafismo permanecia indecifrável, pois não comportava nenhum espaçamento. A sobreimpressão dos traços dava um pacote informe de linhas, uma espécie de arabesco. No entanto, seguindo passo a passo a execução, eu acreditava entrever por momentos o traçado de uma carta, ou então formas, como a de uma casa. Graças às anotações da Dra. Seneschal, conforme a ordem de aparecimento dos diferentes traçados, pudemos fazer uma análise espacializada que o desenho final de Halil tornava impossível.

Fragmento de uma sessão do início do quarto ano de tratamento

Ele desenha muito rápido o grafismo "a". Pergunto-lhe se se trata da letra F (inicial de seu verdadeiro nome). Ele parece não ouvir e acrescenta

---

[33] Ver capítulo 3. O *yok* podendo ser traduzido por *ele ou ela está ausente*.

o grafismo "b". Pergunto-lhe se é uma bola, mas ele já está em outro grafismo: uma linha ascendente e descendente (linha 1) que ele próprio nomeia: "*Tobogã*". De imediato acrescenta um novo traço (linha 2), em cima.

Digo-lhe: "*Há alguém que caiu*". Com efeito, essa linha 2 me lembra um traçado que ele fez várias vezes com o dedo no ar para representar o desabamento brutal de um chão que deixa cair tudo o que suportava. Eu havia denominado *tobogã* todos os planos inclinados que ele usava para encenar a queda dos objetos. Ele buscava assim dar conta do vivido de desabamento interior que havia numerosas vezes experimentado, por exemplo durante os terrores noturnos de sua primeiríssima infância. Essa encenação fizera com que eu entendesse que os próprios fundamentos nos quais ele repousava pareciam-lhe, então, virar pelo avesso[34].

Retomemos o curso da sessão. Halil vai até a janela e olha o pátio onde se acha justamente um tobogã. Desenho, então, um boneco que cai do tobogã. Halil volta ao quadro negro e traça as linhas 3 e 4. Digo-lhe: "*É uma casa, há uma casa grande e uma casa pequena*". Como ele traça a linha 4, digo-lhe: "*Ah! tem um chão*". Ele traça a linha 5 de cada lado do "teto". Quando ele desenha a linha 6 no interior da forma "casa", digo-lhe: há alguma coisa na casa. Nesse momento, ele cobre (linha 7) o boneco que eu havia desenhado, solta um enorme suspiro e diz: "*Ele não está aí*".

Tudo isso aconteceu rápido demais. Diante do resultado final (fig. 19)[35], em face dessas sucessivas sobreimpressões, pergunto-me se não se trata simplesmente de uma garatuja e se não sonhei em voz alta que era uma escrita da qual cada traço corresponderia – como um ideograma – à representação de um pensamento. Tenho o sentimento de ter querido impor escansões significantes ali onde isso não significava absolutamente nada.

De qualquer modo, vamos continuar assim por alguns meses. Ele desenhará a cada vez do mesmo modo: superpondo os grafismos uns so-

---

[34] Halil um dia me trouxe a imagem de um carro que se espatifava no interior de uma casa, depois de ter furado o teto, dizendo: "*Olha, titia, é isso tobogã*". Eu havia admirado sua capacidade de ir descobrir no meio das revistas que ficavam na sala de espera a imagem que faria com que desse uma representação figurada que correspondesse à palavra que eu lhe havia proposto para explicar sua experiência primeira de desabamento.

[35] A fig. 19 corresponde à cópia feita no momento pela Dra. Seneschal.

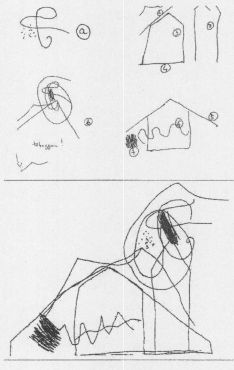

Figura 19

bre os outros e quase sem nenhum comentário. E eu vou tentar operar nesse magma dos cortes significantes para fixar possíveis significações e restituí-las a ele, embora pense estar falando sozinha.

E, de repente, cinco meses mais tarde, o desenho se abre numa espacialidade que responde à temporalidade de sua feitura. Os grafismos não se encavalam mais, há uma escansão entre as figuras, que se tornam imediatamente legíveis. Muito espantada, considero o desenho reconhecível agora que se desdobra sobre todo o espaço do quadro negro (fig. 20). Posteriormente, Halil vai sempre desenhar em papel; podemos ver (fig. 21) uma de suas produções efetuadas quatro meses mais tarde, que retoma o tema da casa. O que se passou, então?

Figura 20

Figura 21

Ao trabalhar as notas da sessão anterior, pude encontrar uma sequência que eu havia completamente esquecido. Depois de, como de hábito, desenhar no quadro negro, sobrepondo os traços, Halil traçou uma série de bastões paralelos, enquanto declarava: "*Isso é senhora Laznik, isso é senhora Laznik, isso é senhora Laznik, isso é senhora Laznik*".

Lembrei-me de ter experimentado, então, um certo desespero diante dessa série de bastõezinhos. Suportava mal ser reduzida a um traço, e havia até pensado, um pouco desanimada, que decididamente aquele menino recusava a figurabilidade em seu grafismo. O que talvez explicasse por que eu havia esquecido essa sequência. No entanto, na sessão seguinte, o desenho figurativo se instalava. Certo, o papel da analista fora o de introduzir pela barra da cesura o espaçamento que torna possível a emergência de uma significação. Mas o que Halil havia representado sob a forma dessa série de traços verticais era precisamente a função do nome próprio da analista.

O NOME PRÓPRIO COMO PURO TRAÇO DIFERENCIAL

Nessa série de bastões – apagamento, rejeição de todo elemento figurativo –, meu patronímico vê-se reduzido a ser apenas um puro traço distintivo. Desempenha aí o papel de uma marca capaz de encarnar a diferença como tal, já que permite uma operação de espaçamento. O traço retira de meu nome próprio qualquer diferença qualitativa para só lhe deixar o que Lacan chama a *diferença significante*. Estamos aí diante da definição exata que Lacan, em seu seminário sobre *A identificação*, dá do *traço unário*. Essa sequência da cura de Halil nos faz tocar com o dedo o que Lacan aponta como sendo o elemento principal do nome próprio, a saber, seu caráter distintivo, e que ele situa como *função da letra*, pois recusa fazer a função do nome próprio depender de seu aspecto fonemático[36]: "Só pode haver definição do nome próprio na medida em que existe uma relação entre a emissão nomeante e algo que, em sua natureza radical, é da ordem da letra[37]".

Tal proposição pode parecer ainda mais desconcertante porquanto Halil não sabe ler. E muitas civilizações usaram os nomes próprios antes do aparecimento da escrita. Para responder a essa objeção, Lacan evoca algo que lembra muito o grafismo de Halil: a série dos bastõezinhos gravados

---

[36] Em sua obra *A teoria dos nomes próprios*, sir Allan H. Gardiner propõe a ideia de um investimento particular do material sonoro do nome próprio. Em resposta, Lacan observa que a diferença fonemática é um caráter distintivo absolutamente geral de todo o funcionamento da língua. Quanto ao investimento, ele duvida que esteja sempre presente.
[37] J. Lacan, "A identificação", seminário inédito (1961-62), aula de dezembro de 1961.

A SUPLÊNCIA DA REPRESENTAÇÃO NUMA CRIANÇA PÓS-AUTISTA

211

no osso de um mamífero há uns trinta mil anos. Esses traços, que Lacan evoca com emoção admirativa, são para ele *significantes*. Várias aulas depois, ele ainda responde: "Essa linha de bastõezinhos, isto é, a repetição do aparentemente idêntico, cria, extrai o que chamo não o símbolo, mas a entrada, no real – como significante inscrito –, da escrita[38]". "Nomear, diz ele ainda, é primeiramente algo que tem a ver com uma leitura do traço-um que designa a diferença absoluta". E acrescenta que esse traço sempre está ligado não ao som, mas à escrita.

Lacan retomou de Freud a questão da identificação com o *traço unário*. Trata-se de uma identificação secundária com um traço do objeto amado no momento em que esse objeto parece perdido.

Eu me vira obrigada a passar a cura de Halil de três para duas sessões por semana, o que lhe dissera. Ora, é justamente numa de suas últimas terceiras sessões que ele transforma meu patronímico em traço unário.

O nome próprio que um sujeito geralmente recebe de um pai comporta pelo menos duas ordens de funções. Uma é mais especialmente ligada à letra enquanto traço distintivo puro. A segunda, como sublinha Charles Melman[39], é garantir ao sujeito um lugar no Outro. Esse lugar supõe o pertencimento a um *Heim*, para retomar um termo alemão, ao familiar, um lugar de natureza eminentemente simbólica, onde o sujeito pode tomar apoio naquilo que um ancestral arrumou para ele. A criança vem ocupá-lo ao se identificar com o nome do pai como traço unário. Essa identificação vai suportar a constituição de seu ideal do eu, único apto a resistir à sua captação imaginária no mundo materno da imagem especular, isto é, a ser contrapeso a seu eu ideal.

Na transferência, o patronímico da analista fez com que Halil instaurasse um primeiro corte e, portanto, o espaçamento. Mas é evidente que não podia fornecer-lhe esse *Heim*, esse lugar na linhagem que teria feito com que construísse um ideal do eu. Vamos ver que esse menino havia ficado prisioneiro da imagem especular materna, o que teve consequências dramáticas quando nasceu um irmão mais novo.

---

[38] J. Lacan, *op. cit.*, aula de 28 de fevereiro de 1962.
[39] C. Melman, "Refoulement et déterminisme des névroses", aula de 9 de novembro de 1989.

CAPÍTULO 10

SE A INVEJA NÃO PUDER DESEMBOCAR NO CIÚME, A FANTASIA NÃO PODE SE INSTALAR[1]

Do sujeito do enunciado ao sujeito do desejo

Se, ao interrogarmos as condições da subjetivação, pudemos assinalar aquelas que presidem ao advento do *sujeito do enunciado*, só entrevimos as condições que tornam possíveis aquelas do *sujeito da enunciação*. Esse registro, próprio do desejo, supõe um sujeito capaz de reconhecer-se como faltante de um objeto que ele pode, em consequência, desejar.

Segundo Jacques Lacan, existiria um momento fundador da constituição do sujeito do desejo concomitante ao da constituição do próprio objeto. Ele fala disso como de uma experiência crucial cujo paradigma ele vê no encontro com um irmão mais novo mamando no seio da mãe. Já em 1938, em *Os complexos familiares*, Jacques Lacan ressaltou o papel do aparecimento desse mais novo no seio da família na constituição do aparelho psíquico de um sujeito. A isso dedica um capítulo que denominou *o complexo do intruso*, situado entre o complexo de desmame e o complexo de Édipo. Esse lugar central dado ao irmão na história do sujeito vai

---

[1] O material clínico apresentado neste capítulo já deu lugar a um artigo, "Quando a *invidia* não consegue desembocar no ciúme fraterno: crônica de uma morte anunciada", publicado em *La Psychanalyse de l'enfant*, nº 14, revista da Associação Freudiana.

RUMO À FALA

manter-se ao longo de sua obra, através de seu interesse pelo que ele chama a *invídia*, que ele progressivamente vai distinguir do ciúme fraterno[2].

Na continuação de meu trabalho clínico com Halil, fui testemunha dessa experiência decisiva. Aprendi, assim, que ela podia fracassar e que o sujeito do desejo podia não advir. Embora conhecesse essa possibilidade, essa prova me pegou de surpresa e me foi penoso vivê-la. Porém, como nada esclarece melhor o processo normal que o patológico, volto ao material desse período da cura por ele permitir que se interrogue sobre as condições necessárias à constituição não só do objeto como do sujeito do desejo, isto é, à instalação da fantasia.

Quando Halil parecia ter saído de um estado tipicamente autístico, que falava e desenhava já relativamente bem, o nascimento de um irmão pequeno vai fazê-lo cair no insustentável. Como sabemos, Halil tivera um acesso tardio ao estádio do espelho[3]. Ainda estava experimentando-se como sujeito de seus próprios enunciados quando sobreveio a notícia da gravidez da mãe. Nessa época, o pai dessa mulher falece na Turquia após longa doença. Sua morte vai passar praticamente despercebida durante o fim dessa gravidez. O retorno de importantes sintomas em Halil ocupa a frente da cena: não se trata mais de fechamento autístico, mas de comportamentos hipomaníacos, de jogos de derrisão, de desestruturação da linguagem, seu discurso por vezes desaparecendo debaixo de onomatopeias ou de ruídos guturais. Ele recomeça a recorrer a nomes de marcas.

Na véspera do nascimento do irmão, como ele repete que vão comprar um bebê e cita o tempo todo as marcas Philips e Sony, proponho-lhe que converse sobre isso com a mãe. Digo a esta, a sério, que seu filho se pergunta de que marca é o bebê que vai ser comprado: Philips ou Sony? A expressão *comprar o bebê* não a choca: é assim que se anunciam os nascimentos em casa. Mas a interrogação sobre a marca da criança a faz vacilar. Em seguida, ela se recompõe, compreende o que está acontecendo, e responde maravilhada: *"Mas, é claro! Vai ser um bebê Seyyare"*, seu patroní-

---

[2] O conceito de "irmão" não deve ser entendido no sentido restrito apenas da acepção biológica.

[3] Ver capítulo 1.

SE A INVEJA NÃO PUDER DESEMBOCAR NO CIÚME

mico de solteira. O filho a escuta e desenha, então, um boneco barbudo. Pergunto-lhe se conhece alguém que use barba. É claro, os irmãos dela usam barba, já que são todos *Hajj*, isto é, puderam fazer a peregrinação a Meca por ocasião da festa do carneiro. O pai de Halil não o é.

Já notamos que o patronímico do pai não era para Halil nem portador de um traço diferencial que lhe permitisse se sustentar de um corte com o grande todo materno, nem metafórico de um lugar fálico quanto à mãe. Com o nascimento do irmão mais novo, Halil viu-se numa situação sem saída[4], preso numa relação mortífera de absorção especular para com o irmão pequeno. Não conseguia se descolar dela por falta de um possível apoio na ordem do ideal, do lado do pai. Esse impasse se resolveu com uma morte.

Mas, para analisar as implicações que levaram a esse acontecimento traumático, sigamos as balizas da cura no período após o nascimento do irmão pequeno.

UMA CENA AGOSTINIANA

Desde que o bebê nasceu, Halil anda muito desorganizado, mas pede sempre à mãe que venha com o irmãozinho para me mostrar.

Um dia, vejo então chegar a mãe com o bebê no colo e Halil a seu lado. Ele parece contente e me chama para que eu venha ver seu irmão pequeno. É então que, como num conto de fadas, várias mulheres da equipe irrompem na sala de espera com exclamações alegres. Rodeiam o bebê, parecem ignorar a existência de Halil, que está afastado do centro da cena. A mãe, é visível, está muito feliz com o deslumbramento geral produzido por seu bebê.

Vejo Halil ficar lívido, petrificado; em seguida, ele lança um olhar amargo para o irmão que responde com sorrisos a todos os olhares que o cercam. Logo avalio o caráter dramático da situação. Esses olhares, que são apenas para o bebê, são vitais para Halil, ele que começou tão tarde a olhar

---

[4] M.-C. Laznik-Penot: "Le patronyme d'un enfant comme pur trait différentiel", "Le patronyme", in *Le Trimestre psychanalytique*, nº 1, 1992, pub. da Associação Freudiana.

e que, por tanto tempo, foi ele mesmo olhado como um puro real[5]. Para ele, o desmame de um olhar fundador do Outro primordial ainda não está efetuado. Ele está ali, pálido, e tenho o sentimento de que algo que mal acabava de se instaurar nele novamente vacila. Depois, ele se recompõe, corre até o irmão para beijá-lo, morde-lhe o pé – o que faz o bebê chorar e a mãe protestar – e vai dignamente para minha sala.

Lembro-me de ter então pensado que íamos trabalhar o ciúme fraterno, mas não houve nem sinal dele. Nos quatro meses seguintes, Halil atravessa momentos bem longos durante os quais sua linguagem se desorganiza, seu corpo torna-se o lugar de expressão de sonoplastias guturais, difíceis de imitar, espécies de explosões sonoras, emitidas por nenhum sujeito a não ser aquele de uma derrisão gozosa. Esses momentos alternam com sequências em que ele pode encenar uma família usando bonequinhos. Em todos esses roteiros, uma constante: nada deve jamais separar o bebê e a mãe. Existem outras crianças no roteiro, mas um pouco afastadas, enquanto que o bebê e a mãe formam uma unidade indissolúvel e como que sagrada.

Ele não só não encena nenhuma representação de ciúme como rechaça com veemência minhas tentativas para introduzir a figura de um irmão ciumento que quer afastar o bebê. Halil atém-se à cena congelada e imutável da completude materna. Essa cena o aniquila enquanto sujeito. Ele afunda numa derrisão na qual parece se comprazer.

A professora e a logopedista que o atendem em sessões individuais declaram que parece não haver mais ninguém nele a quem se dirigir, exceto quando se zangam.

A morte do irmão

Em julho, cinco meses após o nascimento do bebê, Halil não vem durante duas semanas. O que raramente havia acontecido, mas não perce-

---

[5] Faço aqui referência a um conceito empregado por Lacan a propósito do esquema ótico. A propósito do uso deste último na clínica do autismo, ver M.-C. Laznik-Penot, *La Psychanalyse à l'épreuve de..., op. cit.*

SE A INVEJA NÃO PUDER DESEMBOCAR NO CIÚME *217*

bo de imediato, já que eu mesma me ausentei por doença nesse período. É o irmão quem o acompanha, e, na hora, não noto que os dois meninos estão muito pálidos.

Na sala, Halil de imediato me conta uma história que me parece literalmente inverossímil: "*Não tem mais bebê. Eu comi uma cenoura, dei então uma cenoura a M. (o bebê), então os bombeiros vieram, então M. morreu e papai foi com M. de avião para a Turquia*".

Tenho um momento de vacilação, pergunto-me se não é uma fantasia, embora, até então, esse menino não tivesse conseguido exprimir nenhuma. Como ele persiste, acabo lhe propondo que vá buscar o irmão. Este, com o rosto pálido, confirma tudo o que foi dito. Acrescenta que foi por essa razão que Halil não voltara ao tratamento, e que hoje, ele, o irmão de doze anos, tomou a iniciativa de trazê-lo. Telefono à mãe, ela me conta com uma voz fraca o que se passou: Halil deu uma cenoura ao irmãozinho que sufocou. O médico do bairro chamou os bombeiros que tentaram tirar a cenoura, esta se quebrou, um fragmento entrou nos pulmões, e o bebê morreu. Pergunto-lhe o que ela e o marido disseram a Halil. "*Nada* – responde a mãe –, *não adiantaria nada ter um segundo morto*". Ela acrescenta que, de qualquer modo, é inútil cuidar dele seja de que maneira for. Foi por isso que ela não se manifestou.

Estamos, então, no mês de julho, e a mãe deve viajar dois dias depois para a Alemanha ao encontro da família. Vamos ficar dois meses sem nos ver. Para mim, é impensável deixar aqueles dois meninos irem embora assim. Uma visita a domicílio é organizada com dois membros da equipe que os acompanham até em casa. Digo-lhes que proponham à mãe uma sessão extraordinária para o dia seguinte, mas no meu consultório, já que é um dia em que o centro está fechado.

A visita a domicílio acaba sendo muito importante para a mãe e para Halil. A mãe conta aos dois membros da equipe que ela descascou quatro cenouras, colocou-as num prato na geladeira, observando bem que havia uma para cada um, a fim de evitar as brigas, pois os filhos gostam muito de cenouras. Halil tem dois irmãos mais velhos. Cada um pegou sua cenoura e a mãe foi fazer compras. Halil pegou, então, a quarta cenoura e a deu ao bebê... A mãe mostra fotos do bebê, está transtornada, mas parece aliviada por poder falar.

Halil acompanha com muito interesse tudo o que se diz, mas na hora em que as mulheres da equipe, na porta, se preparam para sair, ele se agarra a elas berrando num tal desespero que a mãe, que primeiro afirmara não poder vir me ver no dia seguinte, lhe promete tentar, o que o acalma. No dia seguinte, ela telefona para minha casa para me dizer que tem dor nas costas, que não pode se mexer e que viaja no dia seguinte. Mas sua voz não está mais fraca.

O que acontece com Halil na cena da sala de espera, quando todas as mulheres envolvem o irmãozinho com o olhar?

Essa cena lembra aquela descrita por Santo Agostinho, no quarto século de nossa era, nas *Confissões* e comentada várias vezes por Lacan: "Vi com meus próprios olhos e bem observei um pequenino tomado de ciúme: ele ainda não falava e não conseguia, sem empalidecer, deter seu olhar no espetáculo amargo de seu irmão de leite[6]". Lacan também diz desse olhar que "ele tem o efeito de um veneno".

Erik Porge escreveu um excelente artigo sobre as variantes de tradução e interpretação que Lacan pôde dar dessa cena[7]. De minha parte, vou me contentar em evocar as abordagens teóricas mais operantes para extrair as grandes linhas da estrutura do presente caso.

Para Lacan, trata-se de uma experiência crucial, a do momento lógico fundador do desejo. Essa experiência, de alcance bem geral, mesmo assim só pode surgir através de uma formalização proposta por Lacan em seu seminário "O desejo e sua interpretação[8]". Ele ali afirma que *"nessa experiência nasce a primeira apreensão do objeto uma vez que o sujeito dele é privado"*. Nesse ponto, inicia-se a possibilidade de uma relação entre o objeto e o sujeito. Mas de que sujeito se trata? Lacan tem um momento de hesitação: a palidez do menino que olha leva-o a formular a hipótese de sujeito com índice *i*, imaginário, isto é, que não adveio simbolicamente, não barrado. Por enquanto, limitemo-nos a sublinhar essa hesitação, ainda

---

[6] Santo Agostinho, *Confissions*, I, VII, citado por J. Lacan, in *Les Complexes familiaux*, *op. cit.*, p. 36.

[7] E. Porge: "Un écran à l'envie", in "La Frérocité", revista *Littoral*, nº 30.

[8] J. Lacan, "O desejo e sua interpretação", seminário inédito, 11 de fevereiro de 1959.

Se a inveja não puder desembocar no ciúme

que, em sua fórmula, Lacan pareça tomar posição, já que representa esse sujeito por $.

A fórmula escrita por Lacan no quadro contém a da fantasia; mas é bem mais complexa. Vamos aqui expô-la passo a passo, pois, que eu saiba, só foi utilizada por Lacan nesse seminário e não parece ter especialmente chamado a atenção em nossos meios[9], como se só se tratasse ali de um avatar sem interesse da fórmula mais geral da fantasia. Ora, a meu ver, ela não só é a única a permitir esclarecer casos clínicos como o de Halil, mas também a única de que dispúnhamos para explicar o malogro da instalação da estrutura do desejo. Vejamos a fórmula tal como Lacan a escreveu:

$$\frac{i\,(a)}{\$} \lozenge \frac{a}{I}$$

Uma coisa não deixa dúvida: trata-se do momento em que pode nascer[10] a atividade da metáfora, já que vamos ver que essa fórmula consiste na articulação de uma dupla substituição. A primeira é representada por **. O sujeito ($) cai para baixo enquanto o irmão de leite, i (a), usurpa seu lugar. A segunda substituição é representada por **.

O objeto *a* – neste caso descrito por Santo Agostinho, o seio – vem tomar o lugar da mãe ideal, toda Uma, primeira forma do Um, aqui representado por I. Essas duas operações ocorrem de maneira concomitante, o que Lacan representa com o punção $\lozenge$.

Resta examinar duas outras relações notáveis que resultam da operação de um quiasma: primeiramente ($ $\lozenge$ a), em que se acha representada a relação do sujeito, ($), com o objeto *a*, no caso em questão, o seio; em seguida {i (a) $\lozenge$ I}, que representa uma completude entre o bebê no seio i (a) e a mãe ideal (I).

Estamos agora em condição de ler a fórmula da seguinte maneira: o sujeito ($) toma consciência do *objeto a* (aqui, o seio) ao mesmo tempo que toma consciência de que dele é privado por essa outra criança i (a), o irmão de leite que usurpa seu lugar. Simultaneamente ($\lozenge$), quando esse *objeto a*

---

[9] Exceto a de Erik Porge, que a destacou bem no artigo citado.

[10] Ou não nascer, como veremos no presente caso clínico.

com o qual a outra criança i (a) parece estar sendo saciada pela mãe {i(a) ◊ I} vem, ele mesmo, substituir-se à mãe enquanto objeto desejado **, ele se torna um elemento significante[11].

Logo, essa fórmula parece representar de maneira conveniente o momento em que se instalam de maneira concomitante o *objeto a*, o sujeito enquanto desejante ($), e sua relação fantasmática com esse objeto ($ ◊ a). Estamos aqui em presença da fórmula lacaniana da fantasia.

Lembremos que, antes de inscrever a fórmula no quadro, Lacan tem uma hesitação: pergunta-se de que sujeito se trata ali; se é um sujeito que deve ser designado com o índice i minúsculo, (S_i), vítima de uma autodestruição passional significada por sua palidez, ou então poderia ser concebido como uma primeira apreensão da ordem simbólica.

Essa hesitação de Lacan parece-me reveladora das possibilidades que se oferecem para abordar o momento fundador do desejo no sujeito *infans*. Se Lacan insiste no fato de que a cena agostiniana é uma experiência crucial, é bem porque o sujeito barrado virá – ou não virá, acrescentarei – ali se constituir. Com efeito, o sujeito barrado pode não se constituir, aterrorizado pela emergência do desejo.

No seminário sobre *A identificação*, Lacan diz textualmente que o objeto que se constitui como objeto perdido remete a uma perda na própria imagem, a uma perda no eu [*moi*]. Por isso, o sujeito barrado só pode se instaurar contanto que suporte essa perda na imagem, esse "ressoar do desejo até no mais íntimo de seu ser, essa ameaça que o abala em seus próprios fundamentos, revelando sua falta fundamental[12]". Somos então levados a pensar que, em certos casos, a subjetivação não é suficiente para permitir a instalação da fantasia.

Em *Os quatro conceitos fundamentais...*[13], Lacan faz uma distinção entre ciúme e *invidia*. Está imaginando, então, a cena agostiniana como momento fundador dessa inveja, quando o outro não é nada para o sujeito,

---

[11] A possibilidade dessa substituição metafórica não depende unicamente da criança, mas também daquela que ocupa o lugar do Outro, a mãe. Como vimos no capítulo 5, a própria constituição do *objeto a* depende da possibilidade para o Outro parental de se viver como se pudessem lhe tirar um pedaço, como se ele próprio suportasse a incompletude.

[12] J. Lacan, "A identificação", seminário inédito, 14 de março de 1962.

[13] J. Lacan, *Les Quatre Concepts fondamentaux de la psychanalyse, op. cit.*, pp. 65-109.

a não ser a *imagem fundadora de seu desejo*, diante da qual ele empalidece, por ela ser a própria imagem de uma completude que se fecha novamente. Quanto ao ciúme fraterno, ele só advém no sujeito já subjetivado, barrado e, por isso, separado de seu semelhante que ele pode considerar como um outro e, com razão, odiar com felicidade.

Ao empalidecer diante dos olhares admirados pousados sobre o irmão, Halil é como o sujeito designado com o *i, Si*, sujeito da autodestruição passional que empalidece. O *objeto a* é aqui o olhar do Outro – difratado nesses olhares de mulheres em volta do bebê. O sujeito Halil toma consciência do *objeto a* ao mesmo tempo que percebe que dele é privado por essa outra criança i (a), o irmão pequeno. Neste caso, este último não é de modo algum para Halil um outrem, mas unicamente a própria imagem de uma completude que o exclui.

De modo geral, após esse *fading* inicial, essa queda, o sujeito reaparece para entrar numa relação triangular com o objeto causa de seu desejo e com aquele que se tornou seu semelhante ao mesmo tempo que seu rival. É esse triângulo que permite a constituição da atividade fantasmática de um sujeito. É o que Lacan chama de ciúme fraterno propriamente dito.

O caso de Halil comporta outro registro, que podemos ler como um avatar da mesma fórmula. Se uma criança não puder sustentar a ressonância do desejo em seu ser, essa revelação de sua falta fundamental, se ficar completamente fascinada pela imagem de completude, ela arrisca aniquilar-se radicalmente, talvez até definitivamente, como sujeito. Poderíamos dizer que, no lugar da fantasia, ocorre um suicídio *soft*: o sujeito está inteiramente absorvido na imagem especular i (a) e, por intermédio da satisfação entrevista, reabsorvido no Outro materno. A derrisão gozosa em que Halil se comprazia, optando pela fusão original com o Um materno, é uma situação bem corrente entre os antigos autistas, que chamamos *evolução deficitária*[14].

Já em 1938, em *Os complexos familiares*, Lacan imagina a possibilidade de tal desfecho catastrófico. Ele pensava que a situação traumática pro-

---

[14] Na minha opinião, essa evolução deficitária seria o efeito do malogro da instalação do desejo e não a causa do autismo, como uma certa defectologia organicista parece preconizar.

duzida pelo nascimento de um mais novo pode não desembocar no ciúme, mas num instinto de morte voltado contra o sujeito. "A reação do paciente ao traumatismo depende de seu desenvolvimento psíquico. Surpreendido pelo intruso no desespero do desmame, ele o reativa sem cessar em seu espetáculo: faz, então, uma regressão que se revelará, conforme os destinos do eu [*moi*], como psicose esquizofrênica ou como neurose hipocondría-ca[15]". Ao invés de abolir o outro, gratuitamente, pelo prazer – como diz Lacan, mencionando a riqueza dos jogos fantasmáticos das crianças quando do nascimento de irmãos mais novos –, é a si mesmo que Halil abole. Ao invés de consumar a perda do objeto materno, é à sua recomposição em unidade totalizante que ele se oferece. Ela produz um gozo mortífero, o de antes do desmame, um gozo de ser engolido.

Logo, não surpreende que Halil me tenha dado a ver repetitivamente essa imagem de completude bebê-mãe diante da qual ele se aniquilava na derrisão, ao passo que meus esforços de abertura do espaço imaginário à fantasia de ciúme mostravam-se totalmente infrutíferos.

A MORDIDA

Se a imagem de completude materna é a tal ponto mortífera para Halil, seu gesto de beijar-morder o pé do irmãozinho poderia passar pela tentativa de marcá-lo com uma falta, uma incompletude. Lembremos que, numa das primeiras vezes que Halil pôde sustentar um enunciado como "eu" [*je*], ele o faz mordendo a mãe e declarando: "*Eu mordi*[16]". Na sala de espera, sua tentativa – ainda irrisória, malograda – visa apenas produzir uma marca, um entalhe análogo ao traço unário de que fala Lacan. Somos inclinados a interpretar o acontecimento que causou a morte do irmão como um efeito de transitivismo mais que como um verdadeiro desejo de destruir um rival. Para manter a colagem entre seu eu [*moi*] e sua imagem de completude projetada sobre o irmão, tornava-se indispensável que essa imagem dele mesmo não fosse excluída de nenhum gozo relativo a ele. Se

---

[15] J. Lacan, *Les Complexes familiaux*, *op. cit.*, p. 47.
[16] Ver capítulo 2.

ele comia e gostava de cenoura, sua imagem devia fazer do mesmo jeito, não podia se ver faltante.

A hipótese de um efeito de transitivismo parece-me confirmada pela fantasia que ele me conta na sessão após a volta das férias: "*Titia* (eu, a analista) *ela vai cair pela janela; ela vai se quebrar; depois, eu vou trazer bebês; eles vão cair; eu também vou cair*".

A INSTALAÇÃO DO TEMPO E DA REPRESENTAÇÃO DO OBJETO AUSENTE

De volta das férias, Halil me pergunta: "*Me diz qual foi o dia em que eu vim te ver e em que as moças foram na minha casa*". Respondo-lhe que era uma sexta-feira. Ele acrescenta: "*E que dia a minha mãe telefonou para a tua casa para dizer que não podia me levar na tua casa?*". Respondo-lhe que era no dia seguinte, um sábado. Ele continua: "*Ah! bom! E que dia eu peguei o trem com minha mãe e meu irmão para ir para a Alemanha?*". Digo-lhe que foi um dia depois, um domingo.

Ele repete, como que para si mesmo, mas com muita atenção, essas três referências temporais. A partir desse dia, o tempo se instalou de maneira definitiva nesse antigo autista que, até então, só conhecia o presente absoluto. O tempo começou a transcorrer não a partir da data da morte do irmão, mas do dia em que o acontecimento foi contado.

No final dessa mesma sessão, ele pede para ir buscar a mãe e, diante dela, me diz: "*Vou te contar o que aconteceu na Alemanha, quando tu não estavas lá, e meu pai também não, ele não estava lá, ele estava na Turquia*". Esse menino não só fala de um fato passado, colocando o verbo no passado, o que nunca fizera antes, mas pode ainda nomear, enquanto tal, o tempo da ausência da terapeuta e do pai.

Conta-me, então, com muitos detalhes, como foram as férias no seio da família materna, depois traz a fantasia dos bebês caídos pela janela, a primeira fantasia de que me tenha falado.

A mãe nos diz que as férias foram ótimas. Só depois que voltou a Paris é que sofre de novo com a perda do bebê. Durante muito tempo, vai ser para ela muito doloroso falar sobre isso. É Halil quem, indiretamente, vai abordar o assunto.

O irmão morto se torna um pequeno outro

Durante os dois meses que se seguem a sua volta, Halil constrói infatigavelmente famílias completas em que não falta ninguém. Ele recorta de uma revista uma imagem onde estão uma mãe e vários filhos, entre eles um bebê do qual ela troca as fraldas. Ele diz que se trata de seu irmãozinho e nomeia a si próprio num lugar diferente. Também encena brincadeiras nas quais, aí ainda, o bebê está presente, mas distinto dele. Não há mais nesse menino nenhum rastro da derrisão que o significava anteriormente. Como me pergunto se não estou diante de uma negação da morte, interrogo-o sobre esse irmão. Ele murmura baixinho, num sopro de voz: "*Ele morreu*".

Quer, então, trazer-me as fotos do irmão morto, mas a mãe vai levar tempo antes de resolver fazê-lo. Conta que as fotos foram tiradas justo na véspera de sua morte, pois em seu país não se fotografam os recém-nascidos, que ainda podem morrer. Sente-se que teria preferido que as fotos nunca tivessem existido. É difícil para ela começar um trabalho de luto, como sempre lhe foi difícil, sobretudo desde o nascimento desse filho, suportar qualquer incompletude da própria imagem. Lembremos a dificuldade que tinha de se representar não só a perda da primeira filha, mas até a dos cabelos.

Reconhecimento de uma falta na mãe

Em outra sessão, Halil me conta diante da mãe uma nova fantasia: "*Tu estavas morto, então, tudo estava quebrado, todo mundo estava morto, não havia mais ninguém*[17]". A mãe o interpela vivamente, pede-lhe que pare de dizer bobagens, parecendo chocada diante de uma nova irrupção de destrutividade no filho.

---

[17] A morte do irmão pequeno aconteceu num momento em que eu me encontrava doente, provavelmente em razão de dificuldades familiares. Não é impossível que ele pudesse ter percebido uma diminuição de investimento de minha parte, o que o teria deixado momentaneamente mais permeável a efeitos de indução de tipo psicótico.

Pergunto a ela, então, se não lhe parece que, quando perdemos um ser muito querido, é como se os outros não existissem, como se não houvesse mais nada na Terra. Ela responde que, de fato, sentia algo assim. Olha, então, o filho com espanto, percebe que havia dito o que ela própria não conseguia se formular. Halil parece efetuar um trabalho ativo, permitindo que a mãe suporte sua incompletude.

A suspensão do recalque infantil materno

Início de novembro, dois meses depois da volta das férias, Halil me diz: "*Vá buscar a minha mãe, a gente vai falar do pai*". Pergunto-lhe se quer falar do pai dele. Ele me responde: "*Não, a gente vai falar do pai dela*".

A mãe me informa que está justamente fazendo um ano que seu pai morreu – pai cujo nome fora dado ao bebê. Sugiro-lhe, então, que Halil ouviu falar do assunto em casa. Nada disso, ela diz, nem o marido nem os filhos tocaram no assunto. – Talvez ela tenha então conversado sobre isso com os irmãos ou com a mãe ao telefone? – De fato, eles todos se falaram ao telefone, mas ninguém fez alusão ao pai morto. A própria mãe está doente e foi dela que se falou. Ela pensou muito nisso, mas não ousara, até então, tocar no assunto com ninguém, já que ninguém conversava com ela sobre aquilo.

Digo-lhe que talvez ela fosse, como única filha, mais apegada ao pai. Ela me responde que, quando fez doze anos, o pai foi trabalhar na Europa. Desde então, via-o raramente; por isso duvida que possa ser muito apegada a ele. Como lhe digo que, aos doze anos, muita coisa já aconteceu, ela me repete mais uma vez que não se lembra de nada da infância. Em seguida, enumera novamente os irmãos: um irmão quatro anos mais velho, um irmão pequeno nascido quando ela tinha três, o seguinte nascido quando este último tinha quatro anos. Digo a ela: "*Quatro e três sete; você tinha, então, sete anos*". E, de repente, ela se lembra: fora terrível para ela, tivera de parar de ir à escola para cuidar do bebê, pois os pais trabalhavam no campo. Ficara muito triste, pois os estudos eram muito importantes para ela. Agora ela sabe gritar; mas, na época, não disse nada. Os irmãos, todos, estudaram muito. O pai também lia muito, em árabe e em turco. Ao passo que ela só pode ler o Corão, sem ser capaz de traduzir. Quanto ao marido, não consegue sequer lê-lo...

Sublinho simplesmente que, quando nasceu esse terceiro irmãozinho, ela tinha a mesma idade que Halil no nascimento do bebê. Ela fica sonhadora.

Nunca mais conversamos sobre o que foi dito nessa sessão. Mas a mãe não acusou mais Halil do que quer que fosse; como se algo nela tivesse mudado por completo quanto ao lugar onde pudera colocar o filho.

Só mais tarde me lembrei que, quando Halil tinha entre dezoito meses e três anos, a mãe estava convicta de que não podia deixá-lo um só instante perto de um bebê, pois ele iria estrangulá-lo. Antes de poder deixá-lo brincar tranquilamente com outros meninos pequenos, um longo trabalho fora necessário para lhe mostrar que era ela quem tinha uma fantasia de criança assassina com relação a seu filho e que não havia nada de alarmante na atitude dele.

Não se trata de modo algum de reduzir o ato de Halil à execução de uma fantasia materna poderosamente recalcada ou não simbolizada. Ainda que existisse um laço entre as duas situações, a questão permanece: por que esse garoto, mais que um outro, se teria deixado atravessar desse modo pela fantasia materna?

A primeira denegação

Durante todo esse período, Halil não fez mais alusão às condições em que o irmão havia morrido. Exceto uma vez, indiretamente, através de uma brincadeira: ele é dentista e sou o doente; ele quer enfiar na minha boca o aparelho do dentista que muito rápido se transforma na cabeça de um diplódoco que quer me comer. Ele se excita, imagina que a casa está pegando fogo e manda então chamar os bombeiros.

Lembro a ele que os bombeiros vieram no dia da morte do irmãozinho. Halil me responde de maneira violenta e peremptória: *"Não é verdade, eles não vieram! Não, não, os bombeiros não vieram!"*.

É a primeira vez que ele formula uma denegação. Podemos pensar que um recalque se instalou? Mas, então, que relação com a experiência traumática da morte do irmão?

Algum tempo depois, enquanto Halil desenha, ouço um canto tipicamente islâmico. O canto é tão preciso e sutil que acho, primeiro, que se trata de uma gravação. Ora, é bem Halil quem canta, e a cadeia melódica é passada em toda sua complexidade. São cantos religiosos turcos. Parece que Halil os escuta o dia inteiro, mas a mãe está com raiva: não gosta de lhe emprestar as fitas, pois ele as estraga. Com efeito, Halil faz questão de decorar certos cantos, de modo que, de tanto avançar e retroceder, às vezes se engana de botão e apaga as passagens. As fitas ficaram quase inaudíveis. Depois de longas negociações sobre a importância do que está em jogo acerca desses cantos, a mãe consegue encontrar outros originais dos quais faço cópias para Halil que, aliás, não as danificou mais.

Durante todo esse período, tento retranscrever[18] alguns pedacinhos das frases cantadas por Halil para pedir a tradução à mãe. Finalmente, é ele quem dita para a mãe certos cantos aos quais parece mais especialmente apegado. A mãe relê as frases tentando traduzi-las para mim. Mas é só quando pego fragmentos que têm uma significação para mim que eles podem, em espelho, ser mensagem para a mãe[19]. Sem que eu possa entender o sentido exato, os pedaços de frase que a mãe traduz parecem-me ter a ver com a morte precoce e o destino inelutável e exprimir isso com muita sensibilidade. Decido pedir a uma tradutora que passe para nós em francês as anotações que, ditadas pelo filho, a mãe tomou dos fragmentos de canto por ele escolhidos. Vejamos dois trechos dessas traduções:

> *Tu eras com uma jovem árvore neste mundo mortal*
> *Arrancaram-te as raízes, te dás conta?*
> *Tua folha secou, tua rosa murchará*
> *O anjo da morte baterá à tua porta.*

---

[18] Desde que se introduziu o espaçamento em Halil, não há mais observador na sessão.
[19] Descrevemos esse processo no capítulo 1.

Em seguida:

Teus dentes caíram, te dás conta?
Teu corpo está podre, te dás conta?
Tu não pensas nunca em morrer
Tu não abandonas o riso,
Haveria uma solução para não pôr a camisa branca sem colarinho?
Sobre teus cabelos negros nevará
Tua folha secará, tua rosa murchará.

Segundo a mãe, que os compara com o que escuta nas fitas, certas variações seriam criações de Halil. Também me explica que a *rosa* é uma referência à criança em seu país. Eis que a mãe de Halil espontaneamente me designa uma metáfora!

Além de sua capacidade de escolher textos, o reconhecimento de seu dom real para o canto mudou o olhar dos pais para Halil. Ainda mais que ele só partilhava esse dom com um dos primos do lado materno que vivia na Alemanha; primo de prestígio, já que brevemente se tornará imã. Pela primeira vez, a imagem de Halil é falicizada aos olhos deles.

Esses cantos poderão fazer as vezes de *nome do pai*, isto é, representar para Halil o pertencimento a um "*Heim*", a um "*familiar*"? Será que poderão fazer com que ele se inscreva numa linhagem, a de uma família muçulmana na qual o trabalho sobre os textos sagrados vale reconhecimento?

A QUESTÃO DA RESPONSABILIDADE DO SUJEITO

No caso de Halil, é possível falar de uma subjetivação *a posteriori*, após o ato que causou a morte do irmão?

Durante jornadas dedicadas à responsabilidade do sujeito, Fetih Bem Slama fez uma exposição sobre o que, no Islã, inaugura a possibilidade da subjetivação. A seu ver, se, na teologia cristã, o pecado original coloca a responsabilidade do sujeito, no Corão é o *a posteriori* do assassinato de Abel por seu irmão Caim que instaura a subjetivação, isto é, a possibilidade para um sujeito de se reconhecer como responsável.

SE A INVEJA NÃO PUDER DESEMBOCAR NO CIÚME

É na Surata V que o assassinato é descrito. Caim e Abel nela só aparecem designados alternativamente por *um* e *outro*, como se, com efeito, ainda estivéssemos, miticamente, no sujeito de antes da nomeação. Só no *a posteriori* da morte, quando Deus envia um corvo para lhe mostrar como enterrar, que Caim toma consciência de seu ato e o assume.

E Halil, ele assume seu ato? Dezoito meses após o acontecimento traumático, sua professora no hospital-dia vem me contar o seguinte episódio que a deixou transtornada. Trabalhando no computador, Halil escreve: *Halil, mamãe, papai, bb.* A professora o interroga sobre esse *bb.* Ele diz que quer escrever *bebê.* Ela lhe explica que não é assim que se escreve, lhe explica a regra e ele se corrige. Ela então lhe pergunta se o *bebê* é ele. "*Não,* responde, *é o meu irmão*". Ela lhe diz que pensava que seus irmãos fossem maiores. Ele lhe replica: "*Não, é o meu irmãozinho*".

A professora: *Eu não sabia que tu tinhas um irmão pequeno.*

Halil: *Eu tinha um irmão pequeno, eu dei uma cenoura para ele e, então, ele morreu.* Tudo isso proferido num sussurro, sua voz sendo apenas um sopro que se ouve no silêncio total que de repente se estabeleceu na sala. A professora, muito mexida, recusou continuar a escutá-lo, disse-lhe que era em terapia que ele devia falar daquelas coisas.

Está fora de questão concluir com uma nota falsamente otimista. Nem tudo está resolvido, longe disso. Se há sujeito atualmente em Halil, ele se sustenta de uma oposição sistemática – ainda que não seja insuperável – a tudo o que podem lhe propor, o que faz a equipe do hospital-dia[20] dizer que ele é "caracterial".

Essa oposição a meu ver atenua a impossibilidade para ele de encontrar um suporte identificatório no traço, uma vez que este remete ao nome do pai. É este o problema atual para Halil. É verdade que, em sua tenra infância, as experiências de satisfação não se repetiram de tal maneira que a *Coisa* e *o objeto* pudessem se constituir convenientemente. Mas, nele,

---

[20] Halil estava primeiro numa classe de aperfeiçoamento de uma escola privada onde se submetia relativamente bem às exigências de um meio escolar normal. Após a emoção suscitada pela morte do irmão, tomou-se a decisão de colocá-lo em hospital-dia, à qual só pude me submeter. Entretanto, parece-me que é do interesse das crianças autistas tornadas capazes de se exprimir no mesmo grau que Halil, sempre que isso for possível, serem mantidas no circuito da escolaridade normal, pelo menos na escola primária.

o Nome-do-Pai tampouco desempenhou seu papel que teria permitido a constituição de um ideal do eu distinto do eu ideal. Ele poderia então ter escapado à fascinação na imagem de completude materna. Entretanto, podemos pensar que a tentativa de "cura" [*guérison*] através dos cantos religiosos foi uma iniciativa que visava fazer a fala do Outro circular, fala que lembra uma ordem simbólica que preexistia ao próprio nascimento e à própria morte. E isto não para apaziguar uma culpa ainda muito mal estabelecida, mas para fazer com que Halil encontrasse uma saída para uma frustração radical que a morte do bebê não resolvia, já que, em suas representações, o bebê sempre ocupava o lugar central da família.

Halil acaba de fazer onze anos, fala perfeitamente duas línguas e tem um grau de autonomia razoável para a idade. No entanto, descubro que a mãe continua a limpar-lhe as nádegas. Fui obrigada a proibir à mãe[21] o corpo do filho. Assim, tive que sustentar uma fala paterna que não tivera autoridade.

Halil devia viajar de férias para a Turquia no início do verão, período que eu queria dedicar à redação deste livro. Iríamos, então, passar dois meses sem nos ver. Na última sessão, ele me trouxe seu boné, do qual gostava muito. Inscrevera nele seu nome e desenhara dois bonecos; fez questão de ressaltar que éramos nós dois. Pediu-me que ficasse com ele durante o verão, o que fiz. Foi assim que, sob seu comando, escrevi este livro.

---

[21] Em francês, evidentemente, ao contrário do que eu pudera afirmar no fim do primeiro capítulo quanto à ideia de que o turco podia ser a língua materna desse menino; era em turco que a mãe deveria ter-lhe sido proibida.

CONCLUSÃO

A questão do sujeito, que atravessa todo este livro, é um vasto problema. Jacques Lacan trouxe a ela sua contribuição ao definir um sujeito do inconsciente: aquele que, na fantasia, entra em relação com o objeto do desejo, o qual, por definição, lhe falta. Mas a clínica do autismo nos ensina que essa articulação não está presente de imediato e pode até jamais advir.

O *sujeito do enunciado* é apenas um primeiro registro e, no início, pode ser apenas puramente ecolálico. Ele permite, então, ver, a céu aberto, como o discurso vem do Outro e, às vezes, sem inversão alguma. Mas a simples frase ecolálica indica, pelo menos, um domínio alienante do significante sobre aquele que talvez possa um dia advir como sujeito. Ela já é começo de um possível trabalho. Para que a criança possa, retrospectivamente, reconhecer-se como sujeito do enunciado que ela acaba de proferir, é preciso que um Outro real, em carne e osso, se constitua como lugar de endereçamento daquilo que ele, em consequência, resolve ouvir como mensagem. Numa cura de criança autista, cabe primeiro ao analista ocupar esse lugar, antecipando-se a um sujeito do desejo por vir.

Tampouco é evidente para uma criança autista inverter os pronomes pessoais, isto é, ser capaz de inverter o discurso que lhe vem do Outro, retomando-o por conta própria. É preciso que tenha antes constituído uma relação com seu semelhante no espelho, experiência que lhe permite enriquecer o *je* com um *moi*, que ela vai reconhecer em sua imagem especular. Essa operação só é possível se a criança estiver em relação com um Outro (lugar ocupado na transferência pelo analista) capaz de suportar algo de sua própria incompletude.

Notamos, então, com surpresa, que o nascimento do sujeito supõe a experiência de uma perda de algo vivido como se pertencesse ao corpo da criança. Essa experiência traumática parece ter valor fundador, como se só pudesse haver sujeito por efeito de uma perda, de uma queda.

A escola dita *cognitivista* atribui a impossibilidade de inverter os pronomes pessoais a uma incapacidade constitutiva na criança. A meu ver, longe de fornecer a prova de uma deficiência, ela é antes indicativa dos caminhos e das possíveis emboscadas da questão do sujeito.

Como disse, com uma criança autista, podemos falar de psicanálise ao avesso, já que se trata, antes de mais nada, de permitir que se instale a alienação constitutiva do eu [*moi*], que o sujeito do enunciado possa emergir. Só então a questão do *sujeito da enunciação*, do sujeito do desejo, poderá colocar-se. O que não quer necessariamente dizer resolver-se. O material clínico da cura de uma criança autista pode esclarecer esse momento fundador de perda em que o objeto e o sujeito do desejo vão se constituir, de maneira sempre simultânea. Entretanto, vimos como essa prova quase fracassou; o sujeito poderia ter escolhido soçobrar na derrisão para não enfrentar a experiência crucial do momento lógico fundador de seu desejo. Por só se constituir como objeto perdido, o objeto do desejo necessariamente implica uma perda concomitante no próprio eu [*moi*]. Essa revelação de sua falta fundamental é uma ameaça que alguns não conseguem suportar. Nestes, nenhuma fantasia poderá se instalar; haverá fracasso da constituição do *sujeito do inconsciente*. A consequência é o risco de evolução deficitária que o trabalho analítico também deve tentar evitar.

POSFÁCIO

MUSEUR OU *SCRIBE*: ANÁLISE SEMIÓTICA DE UMA CENA CLÍNICA

Erika Maria Parlato-Oliveira[1]

O signo é exatamente a mediação do pensar e nele os seres se encontram em um constante diálogo e se constituem interpretantes do todo a que pertencem.

(LAURO FREDERICO BARBOSA DA SILVEIRA, 1997)

Analisar uma cena clínica psicanalítica por um outro referencial teórico é submeter uma análise a uma outra análise e não substituir uma análise por outra. Esta tarefa vem então na direção de verificar o quanto outras referências teóricas podem contribuir para alargar os horizontes interpretativos produzidos nesta clínica. Para tanto escolhemos uma passagem clínica do caso Halil.

Fazer entrar a análise semiótica nesta análise psicanalítica exige um esforço de retomada, embora breve, das relações que foram estabelecidas pelo campo psicanalítico, na figura de Lacan, com a proposta semiótica produzida por Peirce. Assim como a apresentação de alguns conceitos teóricos propostos por este campo de saber sobre a linguagem, a semiótica peirciana.

---

[1] Mestre em linguística pela UNICAMP. Doutora em Comunicação e Semiótica pela PUC-SP. Doutora em Ciências Cognitivas e Psicolinguística pela EHESS-LSCP. Professora da Faculdade de Medicina da Universidade Federal de Minas Gerais — UFMG.

O *contato*, na acepção filosófica do termo, entre diferentes campos de saber deixa, invariavelmente, marcas que podem ser retraçadas por um trabalho epistêmico minucioso; não é, no entanto, o caso de nosso trabalho, mas, sim, o de Balat (2000) com seu livro *Des fondements sémiotiques de la psychanalyse: Peirce après Freud et Lacan*.

Mas algumas referências que Lacan faz em seus seminários nos ajudam a dotar de importância nosso intento. A partir de 1960, Lacan faz diversas citações ao trabalho semiótico de Peirce, embora não as faça em seus *Escritos*. Estas referências devem-se à sua leitura da obra disponível de Peirce naquele momento, já que as obras completas de Peirce são de difícil acesso em função da quantidade de escritos que não se encontram ainda publicados, o mesmo ocorrendo com os Seminários de Lacan.

Procuraremos, neste texto, apresentar, a partir de algumas referências de Lacan a Peirce, o quão fértil pode ser a apropriação da proposta analítica de Peirce para a interpretação do *phanéron* clínico psicanalítico.

Em 1960 aparece uma citação de Lacan a Peirce no seminário *A ética da psicanálise*, referência importante, pois aqui Lacan toma Peirce e não Saussure para delinear o conceito de signo: "E o signo, segundo a expressão de Peirce, é o que está no lugar de algo para alguém"[2].

Este *lugar de algo* é o objeto para alguém que atua como intérprete; Lacan comenta assim a forma como o pensamento triádico de Peirce inscreve a noção de signo: signo-objeto-intérprete, ou seja, a representação é uma operação de um signo na sua relação com o objeto pelo intérprete da representação.

A partir de então Lacan irá tomar Peirce em diversas ocasiões, fazendo uso das proposições e análises lógicas feitas por este autor. E em 1962[3], tida por muitos como a primeira referência a Peirce, Lacan adverte, sem nomear Peirce, que está lendo um excelente livro de um autor americano e que no futuro alguém irá dizer que o que ele está produzindo foi retirado do pensamento deste autor, "Néanmoins je me suis amené à la pensée que quelque mandarins parmi mes auditeurs viendraient me dire un jour que c'est là que j'ai pêché"; não é, no entanto, o caso do nosso texto.

---

[2] J. Lacan, *A ética da psicanálise* (1959-60), p. 116.

[3] J. Lacan em *A identificação* (1961-62), seminário inédito.

POSFÁCIO   *235*

Já em 1968, no Seminário 15 *O ato psicanalítico*[4], Lacan retoma
Peirce para, através dele, sustentar a tese de que não há nenhum traço da
função do sujeito ao predicado que sustente verdadeiramente o suporte do
sujeito. E que este se situa naquilo que é representado para um significante
por outro significante. E finaliza salientando que não pode passar todo o
tempo do seminário a insistir o quanto se pode tirar dos esquemas propostos por Peirce.

> Ninguém mais que ele [...] sublinhou melhor, nem com mais elegância,
> qual é a essência do fundamento do qual resulta a distinção do universal e
> do particular e o laço do universal ao termo "sujeito". [...]
> Tal é a definição válida do sujeito, na medida em que, em qualquer enun-
> ciação predicativa, ele é essencialmente esse algo que é apenas representado
> para um significante por um outro significante.

No mesmo Seminário, mais à frente, Lacan afirma, tomando Peirce,
que pela lógica chega-se àquilo pelo qual o trabalho do analista deve se
pautar: "Porque é aquém dessa tentativa de captura da enunciação pelas
redes do enunciado que nós, os analistas, nos encontramos".

No Seminário 19 de 1972 ... *ou pire*[5], cuja cópia chegou às minhas mãos alguns anos atrás por intermédio de Marie-Christine Laznik,
que estava presente neste Seminário, Lacan irá, por intermédio do filósofo
François Recanati, que faz uma longa exposição sobre a teoria peirciana,
utilizar alguns conceitos e ideias de Peirce para aproximá-los e expandir o
próprio campo psicanalítico. Um conceito que particularmente nos interessa neste trabalho é o de *não-inscrito* que Peirce chama de *potencial*. Este
potencial Lacan toma como sendo igual ao campo de possibilidades como
determinante do impossível. O potencial é o lugar onde se inscrevem as
impossibilidades, é a possibilidade geral das impossibilidades não efetuadas, quer dizer, ainda não-inscritas.

Para finalizar esta pequena passagem de Lacan com Peirce, já que
existem outras numerosas passagens aqui não exploradas, tomaremos a in-

---

[4] J. Lacan, *O ato psicanalítico* (1967-68), seminário inédito.
[5] J. Lacan, ... *ou pire* (1971-72), seminário inédito.

dicação que Lacan faz, neste mesmo Seminário 19, sobre a interpretação analítica e sobre o objeto, via semiótica peirciana.

> l'interprétation, ce qui l'autre jour vous a été mis au tableau sous la forme du triangle dit sémiotique, sous la forme du représentamen, de l'interprétant et ici l'objet, et pour montrer que la relation est toujours ternaire, à savoir que c'est le couple représentamen-objet qui est toujours à réinterpréter, c'est cela dont il s'agit dans l'analyse. [...] Quel est cet objet dans Peirce ? C'est de là que la nouvelle interpretation, qu'il n'y a pas fin à ce à quoi elle peut venir, sauf à ce qu'il y ait une limite précisement, qui est bien ce à quoi le discours analytique doit advenir, à condition qu'il ne croupisse pas dans son piétinement actuel.

E para enfatizar a nossa proposta interpretativa:

> Qu'est-ce qu'il faut au schéma de Peirce, substituer pour que ça colle avec mon articulation du discours analytique? C'est simple comme bonjour, à l'effet de ce dont il s'agit dans la cure analytique, il n'y a pas d'autre représentamen que l'objet *petit a*. L'objet petit a dont l'analyste se fait le representamen justement, lui-même, à la place du semblant.

Chegamos agora a Peirce por ele mesmo e aos conceitos que ele constrói e que são fundamentais para o trabalho analítico. Vamos começar pela definição proposta por ele acerca do signo, definição esta que implica uma relação triádica deste com outros dois elementos, o objeto e o intérprete. Peirce acentua que esta não pode ser uma relação entre pares e assegura o lugar do sujeito na relação com o objeto e com a linguagem na própria definição de signo, introduzido no conceito do processo de semiose: "par semiosis, j'entends une action ou influence qui est (ou implique) la coopération des trois sujets tels qu'un signe, son objet et son interprétant, cette influence tri-relative n'étant en aucune façon réductible à des actions entre paires" PEIRCE, C. S..

Nesta teoria dos signos de Peirce, podemos dizer que todo signo é dotado de uma tripla condição, a de intérprete, de interpretado e de ser signo (objeto). Isso porque o signo é condição *da* e *para* a interpretação na medida em que interpreta o signo que o precede e é interpretado pelo sub-

POSFÁCIO

sequente: passado, presente e futuro. Ele o é na relação com o precedente e com o subsequente, assim como com ele próprio.

Peirce faz a distinção precisa entre as funções *denotativas* e *representativas* do signo, sendo a primeira real e a segunda simbólica. A denotação se aplica à condição em que o signo é ligado fisicamente ao seu objeto (direta ou indiretamente). No nível representativo não há relação com o objeto, mas sim uma relação com o pensamento. A atribuição de um signo a um objeto é sempre um processo de inferência.

Assim, todos os pensamentos, para Peirce, são pensamentos-signos traduzidos e ou interpretados pelos pensamentos-signos seguintes sem a possibilidade de interrupção, salvo a morte. Esta seria, para ele, a essência do signo.

Em 1904, Peirce (*Collected papers*) propõe sua teoria da semiose como signo-ação. O interpretante de um signo é seu resultado significativo. O signo neste modelo passa a ter três formas de interpretantes: afetivo, energético e lógico:

1) Afetivo – é o primeiro efeito que se pode produzir, ou seja, o sentimento que ele evoca e produz é significativo, é um sentimento de reconhecimento. Ex. a música é um signo no qual prevalece o interpretante afetivo.

2) Energético – o sujeito deve agir corporalmente ou mentalmente na sua interpretação.

3) Lógico – é a sua significação, o efeito significativo deste signo. Este interpretante é condicional e final.

Toda semiose é uma relação triádica: representamen, interpretante e objeto.

> Un signe, ou representamen, est quelque chose que tient lieu pour quelqu'un de quelque chose sans quelque rapport ou à quelque titre. Il s'adresse à quelqu'un, c'est-à-dire crée dans l'esprit de cette personne un signe équivalent ou peut-être un signe plus developpé. Ce signe qu'il crée, je l'appelle l'interprétant du premier signe. Se signe tient lieu de quelque chose: de son objet[6].

---

[6] C. S. Peirce, *Écrits sur le signe*, p. 121.

O Phanéron (aquele que se mostra), para Peirce, é uma presença e não pode ser traduzido como algo conhecido; ele, enquanto percepto, é sempre um objeto de análise: "La phanéroscopie est la description du phanéron; par phanéron, j'entends la totalité collective de tout ce qui, de quelque manière et en quelque sens que ce soit, est présent à l'esprit, sans considérer aucunement se cela correspond à quelque chose de réel ou non"[7].

O conceito de Phanéron é, em seu substrato passível de experiência, um conceito ligado à secundidade e dela pode manifestar o que há de esforço. Contudo, em suas qualidades pode também se caracterizar como simples primeiridade na forma da espontaneidade, ou, ao contrário, manifestar o *continuum* e a lei, na forma de terceiridade. Considerado como simples aparência não se restringe à forma dos fenômenos psicológicos no sentido filosófico do termo, como se fora produzido internamente pelo sujeito.

Precisamente enquanto experimentado ou passível de experimentação, o Phanéron restringe o fenômeno ao fato e não à subjetividade daquele a quem o fenômeno aparece. Toda semiose ocorre nesta condição, mas ela não prescinde da primeiridade e da terceiridade que, cada uma a seu modo, são mais genéricas.

Sendo a *primeiridade* a categoria da qualidade, ela tem uma generalidade que lhe é particular, rica, profusa e extravagante. Desta forma, muitas possibilidades que fazem parte das possibilidades da primeiridade podem não ser reveladas jamais.

O outro elemento genérico é a *terceiridade*, sem o qual não há inferência, no qual a regra, a lei, ordena e dá validade independente aos termos em relação.

A secundidade é assim a categoria da união existencial.

En tout percept, il est possibile de "demeler" les trois catégories de priméité, secondéité et tiercéité. La priméité, c'est l'expérience à l'état pur, sans référence autre qu'elle-même, la secondéité, c'est la réaction de l'esprit à l'expérience pure du percept et la tiercéité, c'est la réaction en tant que réaction, séparée de l'esprit et du percept, la médiation pure[8].

---

[7] *Ibid.*, p. 67.

[8] G. Deladalle, *Écrits sur le signe de C. S. Peirce*, 1978, p. 33.

POSFÁCIO

239

A estas temporalidades da semiose ajustam-se outras condições para a nossa análise, que são os conceitos triádicos de quali-signo, sin-signo, legi-signo; ícone, índice, símbolo e rema, dicissigno, argumento.

	Primeiridade	Secundida	Terceiridade
Representamen	Quali-signo	Sin-signo	Legi-signo
Objeto	Ícone	Índice	Símbolo
Interpretante	Rema	Dicissigno	Argumento

O quali-signo remete à dimensão de que em si um signo é uma aparência; na condição de sin-signo ele é um objeto ou um acontecimento singular e como legi-signo ele remete à generalidade da lei.

O ícone é um signo que possui a característica que o tornaria significante mesmo se seu objeto não existisse. Já o índice é um signo que perderá imediatamente seu caráter de signo se seu objeto for suprimido. Um símbolo é um signo que perderá o caráter de signo se não tiver um interpretante.

Um rema é um signo que compreende, como representante, seu objeto tão somente em seus caracteres essenciais. Um dicissigno é um signo que compreende como representante seu objeto na relação à existência real. Um argumento é um signo que compreende como representante seu objeto na sua condição de signo.

ANÁLISE TRIÁDICA – UM TRIÁLOGO?

Para analisar este extrato clínico, tomaremos estas produções – mãe, criança, analista – como três vozes que estabelecem um processo triádico semiótico, um triálogo, sem que um genuíno diálogo pareça se estabelecer.

Para tentar entrar em contato com esse filho tão fechado, a mãe de Halil, como muitas outras em iguais circunstâncias, havia adquirido o hábito de solicitá-lo muito e de segui-lo por toda parte, do que o menino se protegia como de uma intrusão. Nesse dia, ele vai tomar a fala para defender seu espaço. Com efeito, há um canto da sala onde ele costuma se refugiar e que a mãe ainda não invadiu. Desta vez, querendo segui-lo, ela ali penetra. O menino então se encolhe no canto e grita: "*Atta!*".

Sei que *atta* é uma palavra da língua turca, pois a mãe costuma empregá-la. Na hora, não encontro mais sua significação. Ela por sua vez não reage; é como se nada tivesse sido dito. Mas, como a interrogo sobre a significação dessa palavra, ela responde: "*Sair, saia*".

Dias mais tarde, graças à ajuda de uma pessoa de língua turca, ficarei sabendo que, na verdade, *atta* é uma forma infantil do convite para *ir passear*, um "*vai passear!*". A mãe entendeu bem, mas isso não parece fazer sentido algum para ela, não é uma *mensagem*. Não houvera comunicação. É preciso que eu acredite que Halil enuncia o que considero uma mensagem para que isso tenha, *a posteriori*, efeito sobre ela – um efeito devastador cuja violência os deixa, ela e o filho, apavorados diante dessa palavra separadora.

Esta trialogia é composta pelas vozes do *scribe, museur, intérprete*. Estas vozes são lugares de significação ligadas às funções semióticas da comunicação, da narração e da significação. E estas três vozes são sempre como cenas superpostas, são lugares lógicos de combinações que marcam as etapas, os momentos no interior da duração do signo.

1ª Cria uma representação ou uma evocação sobre a base de sua estrita impulsão – a voz do *scribe*.
2ª Explora o mundo e liga a representação sugerida ao contexto, produz informações colaterais – a voz do *museur*.
3ª Vem assegurar a mediação entre as duas primeiras vozes, eventualmente transformar a representação operando cortes ou fazendo novas inserções para conduzir o conjunto (*scribe* e *museur*) em direção a alguma outra coisa, uma voz que confirma, que fecha e que, simultaneamente, abre, realizando o *será* do signo – a voz do *intérprete*.

Para Balat estas relações semióticas promovem um processo em que aquilo que o *scribe* inscreve deve receber a existência do intérprete, cujo trabalho consiste em fazer existir o discurso do *museur* no trabalho do *scribe*. O que faria com que o objeto fosse produzido a partir do representamen.

Desta forma Balat irá marcar o tempo de cada uma dessas vozes sugerindo que elas, apesar do encontro, estão marcadas por uma tempo-

POSFÁCIO   *241*

ralidade diversa. O *scribe* está no tempo presente, o da comunicação e da representação em ato; o *museur* está no passado, marcado por aquilo que já se encontra marcado, o *Era uma vez...* (dos contos de fadas), já o *intérprete* está no futuro, nas possibilidades de mudanças possíveis das atitudes.

Função/ Vozes	*Scribe*	*Museur*	*Intérprete*
Comunicação	Produção Inconsciente da criança – *atta*	Mãe fala a criança – *partir, parte* e a Demanda do analista – o que ele disse?	O nada (não é nada)
Narração	Mãe fala a criança – *partir, parte*	Criança, mãe e analista – produção, negação e ininteligibilidade (*atta / partir, parte* (o que ele disse?)	Diálogo analista-mãe (isto é algo!, X não é nada!)
Significação	Demanda do analista – o que ele disse?	A criança na sua tripla relação: ela mesma, sua mãe e o analista (*atta / partir, parte /* o que ele disse?*)	Trialogia: mãe-analista-criança (não disse nada x disse algo = reconheço, pelo embate, que disse)

Esta tabela visualiza o movimento que cada um dos atores faz ocupando lugares lógicos na duração do signo, inscrevendo, contemplando o já existente e revelando a existência potencial das impossibilidades não-inscritas.

A inscrição de Halil na sua formulação sígnica de *atta* encontra na sua mãe uma narração/tradução lexical sem marcas de um sujeito que constrói um representamen, mas que se inscreve no momento em que a escuta do analista, mesmo sem saber, marca por sua voz interrogadora o potencial não-inscrito do significante *atta*.

A contemplação da mãe remete-a ao passado das possibilidades de significação de falas de Halil que marcam, supostamente, estereotipias e encontra a ausência da intenção significante na voz de Halil – *Sair, saia.* Esta produção se dá em decorrência do questionamento do analista que sabe, por ser analista, surpreender-se mesmo diante de uma repetição. Surpreende-se por estar diante de algo que não sabe o que é em sua contemplação narrativa. Halil também contempla: a sua voz, a recepção de sua voz por parte de sua mãe como sendo nada, e a recepção do analista como não sendo o nada da mãe.

A interpretação da voz de Halil, que ocorre como não sendo para a mãe e como sendo para o analista, travando uma "batalha" interpretativa entre passado e futuro, oferece a Halil a possibilidade potencial de seu ato – *atta* – como sendo algo que possibilita uma disputa, o que não deixa, assim, que seu *atta* fique somente na condição de uma primeiridade sonora de ruído vocalizado.

Esta análise permite vislumbrar um enlace em que as vozes encadeiam-se, sendo que, fora desta cadeia de vozes e das posições em cena, as vozes e os signos só serão peças destacáveis e artificialmente justapostas. O processo clínico analisado possui uma coesão formal tal como a música, ou a peça teatral em que há um exaustivo e preciso percurso que é ali realizado pelo conjunto de vozes que animam a cena. Esta última constitui-se numa *obra* sem texto prévio e apresenta uma tessitura possível que revela os lugares marcados pelos agentes em suas posições significantes e nas suas produções sonoras.

Referências bibliográficas

BALAT, M. "Sémiotique, transfert et coma", in *Chimères,* n.12, 1991.

BALAT, M. *Des fondements sémiotiques de la psychanalyse: Peirce après Freud et Lacan*, Paris: Harmattan, 2000.

BLIKSTEIN, I. *Kaspar Hauser ou a fabricação da realidade*. São Paulo: Cultrix, 1990.

DELADALLE, G. *Ecrits sur le signe de C. S. Peirce*. Paris: Seuil, 1978.

DELION, P. *L'enfant autiste, le bébé et la sémiotique*. Paris: PUF, 2000.

ECO, U. "Abertura, informação, comunicação", in *Obra aberta*. São Paulo: Perspectiva, 1986.

ECO, U. *Tratado geral de semiótica*. São Paulo: Perspectiva, 1990.

KRISTEVA, J. "El gesto, practica o comunicacion?", in *Semiotica 1*. Madri: Editorial Fundamentos, 1981.

LACAN, J. (1959-60). *O Seminário, livro 7: a ética da psicanálise*. Rio de Janeiro: Zahar, 1988.

LACAN, J. (1961-62). L'identification, séminaire inédit.

LACAN, J. (1967-68). L'acte psychanalytique, séminaire inédit.

LACAN, J. (1971-72). ... *ou pire*, Séminaire inédit.

PEIRCE, C. S. *Philosophical writings of Peirce*. Dover Publications, New York, 1955.

PEIRCE, C. S. *Semiótica*. Perspectiva, São Paulo, 1977.

PEIRCE, C. S. *Écrits sur le signe*. Seuil, Paris, 1978.

SANTAELLA, L. *A percepção*. Experimento, São Paulo, 1993.

SILVEIRA, L. F. B. "Subsídios para um retrato de Charles Sanders Peirce". In: *O sujeito entre a língua e a linguagem,* Série Linguagem 2. Erika Maria Parlato e Lauro Frederico Barbosa da Silveira (Orgs). São Paulo: Lovise, 1997.

FONTES

AJURIAGUERRA J. de, DIATKINE R., KALMANSON D., "Les troubles du déve-loppement du langage au cours des états psychotiques précoces", in *La Psychiatrie de l'enfant*, 3ᵉ trimestre 1959, Paris, PUF.

ASSOUN P.L., *Introduction à l'épistémologie freudienne*, Paris, Payot, 1981.

AUGUSTIN saint, *Confessions*, I, VII, Seuil, coll. Points Sagesse, 1982, tr. fr. Louis de Mondadon.

AULAGNIER P., Quelqu'un a tué quelque chose", in "Voies d'entrée dans la psychose", *Topique* n° 35-36, 1985.

- "Le retrait dans l'hallucination, un équivalent du retrait autistique", in *Lieux d'enfance*, n° 3, 1985.
- *La Violence de l'interprétation*, Paris, PUF, 1986.

BALBO G., "Le dessin comme originaire passage à l'écriture", in *Le Discours psychanalytique*, n° 18, março/abril 86, Paris, Clims.

- "De l'oreille à l'œil en un tour de main", in "Quand la langue fait symp-tôme", *La Psychanalyse de l'enfant*, n° ¾, 1987, p. 219-220.
- "Aliamet", in "Le dessin à la lettre", *La Psychanalyse de l'enfant*, n° 8, 1990, p. 9-28.

BERGÈS J., Somatolalie, in "Le Corps", *Le Trimestre psychanalytique*, n° 2, 1991, publication de l'Association freudienne.

BERQUEZ G., *L'Autisme infantile*, Paris, PUF, 1983.

Bible de Jérusalem, 1955.

DIATKINE R., "L'autisme infantile précoce (un point de vue psychanalytique en 1993)", in *L'Enfant dans l'adulte*, Paris, Delachaux et Niestlé, Neuchatel, 1994.

DOLTO F., *L'Image inconsciente du corps*, Seuil, Paris, 1994.

FERREIRA-OLIVEIRA S., "De l'interaction mère-bebê au dialogue mère et bébé: le premier pas", in *Psychanalyse de l'enfant*, n° 16, éd. Ass. Freudienne, Paris, 1995.

FOURCADE A. e CABAT O., "Anthropologie de la publicité", in *Influence de la publicité sur la durée de vie des marques*, Paris, Fond. Jour de France, 1981, p. 187 *segs*.

FRAIBERG SELMA, "Pathological Defenses in Infancy", in *Psychoanalytic Quarterly*, vol. LI, n° 4, 1982.

FREUD S.,

- *Cinq psychanalyses* (1910), tr. fr. M. Bonaparte, R. Lœvenstein, Paris, PUF, 1066.
- *La Naissance de la psychanalyse* (1887-1902), tr. A. Berman, Paris, PUF, 1977.
- *L'Inconscient* (1915), *Œuvres complètes*, vol. XIII, tr. fr. dir. A. Bourguignon, P. Cotet, J. Laplanche, Paris, PUF, 1988.
- *Inhibition, symptôme et angoisse* (1926), tr. M. Tort, Paris, PUF, 1968.
- *Le Mot d'esprit et sa relation à l'inconscient* (1905), tr. fr. D. Messier, Paris, Gallimard, 1988.
- *Psychologie des masses et analyse du moi* (1921), *Œuvres complètes*, vol. XVI, tr. fr. dir. A. Bourguignon, P. Cotet, J. Laplanche, Paris, PUF, 1991.
- *La Question de l'analyse profane* (1927), tr. fr. J. Altounian, A. et O. Bourguignon, P. Cotet, A. Rauzy, Paris, Gallimard, 1985.
- *Névrose, psychose et perversion*, tr. fr. dir. J. Laplanche, Paris, PUF, 1973.
- *Métapsychologie* (1915), tr. fr. J. Laplanche et J.-B. Pontalis, Paris, Gallimard, 1968.
- *Totem et tabou* (1912-13), *Quelques concordances entre la vie psychique des sauvages et celle des névrosés*, tr. fr. M. Weber, Paris, Gallimard, 1993.

GRANDIN T., *Ma vie d'autiste*, Paris, éd. Odile Jacob.

- "De l'"autisme à la schizophrénie chez l'enfant", in *Topique*, n° 35-36, mai 1985, p. 47-65.

HADDAD G., *Manger le livre*, Paris, Grasset, coll. Figures, 1984. *Comer o livro*, Rio de Janeiro, Companhia de Freud, 2004.

HASSOUN J., "Histoire de transmettre", in "Traduire, interpréter, transmettre", *L'Artichaut*, nº 4, Strasbourg, 1987.

* *L'Exil de la langue*, Paris, Point Hors Ligne, 1993.
* *Fragments de langue maternelle*, Paris, Payot, 1979.
* "Les langues de l'exil", in *Le Racisme, mythe e science*, Bruxelles, éd. Complexe, 1981.

JAKOBSON R., "Les embrayeurs, les catégories verbales et le verbe russe", tr. N. Ruwet, in *Essais de linguistique générale*, vol. I, Paris, Minuit, 1962.

KANNER L.,

* "Follow up Study in Eleven Autistic Children Originally Reported in 1943", in *Journal of Autisme and Childhood Schizophrenia*, 1971, vol. I, nº 2, p. 119-145.
* "Autistic Disturbances of Affective Contact", tr. fr. G. Berquez, in *L'Autisme infantile*, PUF, 1983.
* "Irrelevant and Metaphorical Language in Early Infantile Autism", in *American Journal of Psychiatry*, 1946, 103, p. 242-246.

KLEIN M., "L'importance de la formation du symbole dans le développement du moi", in *Essais de psychanalyse*, tr. fr. M. Derrida, Paris, Payot, 1968, p. 263-278.

KOVALOVSKY P. M., "Le mot d'esprit et son excès", in *Annales du IIᵉ Congrès interassociatif*, Paris, 1991.

LACAN J., "Les Formations de l'inconscient", seminário inédito (1957-58).

* *Ecrits*, Paris, Seuil, 1966.
* *Le Séminaire, livre I, les Ecrits techniques de Freud* (1953-54), Paris, Seuil, 1975.
* *Le Séminaire, livre II, Le Moi dans la théorie de Freud et dans la technique de la psychanalyse* (1954-55), Paris, Seuil, 1980.
* *Le Séminaire, livre IV, La Relation d'objet* (1956-57), Paris, Seuil, 1994.
* *Le Séminaire, livre VII, L'Ethique de la psychanalyse* (1959-60), Paris, Seuil, 1986.
* *Le Séminaire, livre VIII, Le Transfert* (1960-61), Paris, Seuil, 1991.
* *Le Séminaire, livre XI, Les Quatre Concepts fondamentaux de la psychanalyse* (1964), Paris, Seuil, 1973.

- *Les Complexes familiaux dans la formation de l'individu. Essai d'analyse d'une fonction en psychologie*, in *Encyclopédie française*, 1938, reeditada pelas éd. Navarin, Paris, 1984.
- "A angústia", 1962-63, seminário inédito.
- "A identificação", 1961-62, seminário inédito.
- "O desejo e sua interpretação", 1958-59, seminário inédito.
- "As formações do inconsciente", 1957-58, seminário inédito.
- "Les non dupes errent", 1973-74, seminário inédito.
- "Le Sinthome", 1975-76, seminário publicado em *Ornicar?*, nº 11.
- Prefácio à edição inglesa do seminário XI, in *Ornicar?* nº 13-14 (1976).
- "De um Outro ao outro", seminário inédito, aula de 21.2.1968.

LAZNIK-PENOT M.-C.,

- "La mise en place du concept de jouissance chez Lacan", in "Plaisir et jouissance", *Rev. franc. de psy.,* tome LIV, 1990, Paris, PUF, p. 55 sgs.
- "Le patronyme d'un enfant comme pur trait différentiel", in "Le patronyme", *Le Trimestre psychanalytique*, nº 1, 1992, pub. de l'Ass. Freudienne.
- "Pour une théorie lacanienne des pulsions", in *Le Discours psychanalytique*, nº 10, Paris, éd. Ass. freudienne, 1994.
- "L'enfant psychotique est-il lettre volée?", in *La Psychanalyse de l'enfant*, nº 1, Paris, Clims, 1985.
- "L'enfance des stéréotypies dans la symptomatologie autistique", in *Cliniques méditerranéennes*, nº 13-14, C.I.R.P.C., univ. de Provence, Aux-en-Provence, 1987.
- "Quand l'*invidia* ne pas déboucher sur la jalousie fraternelle: chronique d'une mort annoncée", publicado em *La Psychanalyse de l'enfant*, nº 14, revue de l'Association freudienne.
- *La Psychanalyse à l'épreuve de la clinique de l'autisme*, Arcanes, a ser publicado.

LÉVI-STRAUSS C., "Introduction à l'œuvre de Marcel Mauss", in Marcel Mauss, *Sociologie et Anthropologie*, Paris, PUF, 1968, p. IX-LII.

LEFORT R. e R., *Naissance de l'Autre*, Paris, Seuil, 1980.

MANNONI M., *Amour, haine, séparation. Renouer avec la langue perdue de l'enfance*, Paris, Denoël, coll. L'Espace analytique, 1993.

MARCELLI D., "La position autistique. Hypothèses psychopatologiques et ontogénétiques", in *Psychiat. de l'enf.,* vol. XXVI, I, 1983, PUF.

FONTES

MATHELIN C., *Raisins verts et dents agacées. Clinique psychanalytique avec les enfants*, Paris, Denoël, coll. L'Espace analytique, 1994.

MEHLER J. e DUPOUX E., *Naître humain*, Paris, Odile Jacob, 1990.

MELMAN ch.,
- "Structures lacaniennes des psychoses", seminário de 11.10.1983.
- "Refoulement et déterminisme des névroses", seminário de 9.11.1989.
- "L'enfant K7", in *La Psychanalyse de l'enfant*, éd. Ass. freud., Paris, 1995.
- "La linguisterie", seminário de 21.1.93.
- "Chimneys Weeping", in "Le Langage et l'inconscient après les enseignements de Freud et de Lacan", Bibl. du *Trim. psych.*, pub. de l'Ass. freud., Paris, 1989.

MELTZER D. *et alii*, *Explorations dans le monde de l'autisme*, tr. fr. G. Haag *et al.*, Paris, Payot, 1980.

PAULO, Epístola aos romanos.

Le Pai, obra coletiva, Paris, Denoël, coll. L'Espace analytique, 1989.

PINGUET M., *La Mort volontaire au Japon*, Paris, Gallimard, 1985.

PORGE E., "Un écran à l'envie", in "La Frérocité", revista *Littoral*, nº 30, outobro de 1990.

ROBERTIE J. (de la), "Langue maternelle et Inconscient", in "Mère, Mort, Parole", *Lettres de l'Ecole freudienne*, nº 22, sur les Journées de Lille, 1977.

SARTRE J.-P., *L'Être et le Néant*, Paris, Gallimard, 1990.

SENESCHAL M.-A., "Autisme infantile précoce, approche clinique et psychopathologique à partir d'un cas suivi précocement en psychothérapie", tese de doutorado em medicina, fac de méd. Saint-Antoine, Paris, 1988.

SOLER C., "Hors discours, autisme et paranoïa", in *Les Feuillets psychanalytiques du Courtil*, nº 2, Bruxelas, maio de 1990.

STEVENS A., "L'holophrase entre psychose et psychosomatique", in *Ornicar?*, nº 42, Paris, Navarin, Seuil, outono de 1987-1988.

TUSTIN F.,
- *Autisme et protection*, tr. fr. A.L. Hecker, Paris, Seuil, 1992.
- *Autisme et psychose de l'enfant*, tr. fr. M. Davidovici, Paris, Seuil, 1977.
- *Les États autistiques chez l'enfant*, tr. fr. Ch. Cler, M. Davidovici, Paris, Seuil, 1986.
- *Le Trou noir de la psyché*, tr. fr. P. Chemla, Paris, Seuil, 1989.

WINNICOTT D.W., *Jeu et réalité*, tr. fr. C. Monod, Paris, Gallimard, 1976.